가보고 싶은
나라
알수록
재미있는
나라

폴란드

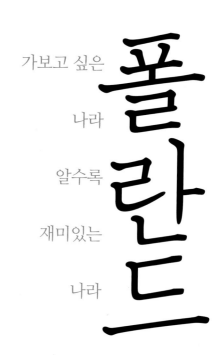

가보고 싶은

나라

알수록

재미있는

나라

폴란드

윤현중 지음

역사공간

서울에서 폴란드 바르샤바로 떠난 것이 지금부터 9년 전인 2004년 봄이었다. 그때 온 가족과 함께 폴란드에 간 이유는 북한의 미래 체제전망과 관련해 폴란드의 성공적인 시장경제로의 전환을 연구하기 위해서였다.

유학이 결정되면서부터 관련 국가정보를 찾고 폴란드어를 배우는 등 일찌감치 유학준비를 했다. 그렇지만 준비는 예상한 대로 난관투성이였다. 우리나라와 50년간 수교가 없던 나라였고, 국교를 튼 지 13년밖에 안 된 나라였기 때문이다. 참으로 막막하기 짝이 없었다.

다행히 주한폴란드대사관에서 근 5년 만의 첫 공무원 유학자를 발견했다고 기꺼이 도와주는 바람에 유학 갈 장소는 정할 수 있었지만 말이다. 이 자리를 빌려 그때 도움을 준 폴란드대사관 우르술라 참사관께 감사를 드린다.

'폴란드'라는 나라 이름을 들으면 왠지 우리와 비슷한 나라, 강대국에 둘러싸여 있고 나라 없는 설움을 겪었던 나라, 20세기 초 신생국가로 출발한 나라라는 점에서 동질감과 친숙함을 느낀다. 그렇게 가깝게 느껴지는 폴란드지만 막상 서점이나 도서관에 가보면 관련 책이나 참고할 만한 자료가 너무 없는 것에 놀란다. 어쩌다 관련 서적이라곤 번역서―그것도 서양인이 만든 오래된 이야기—이거나 역사, 회화 등 어느 한 분야에 국한된 책뿐이다. 이런 번역서나 기존 책은 너무 오래되거나 지엽적이어서 현실성과 생동감을 느낄 수 없고, 또한 작자가 직접 경험해보고 당해보지 않은 이야기여서 실감 나지 않는다.

이걸로는 그 나라의 모습을 그려볼 수 없다.

이와 같은 정보부족, 도움이 될 만한 책의 빈곤이 지금의 이 책을 쓰게 된 직접적인 동기가 되었다. 얼마나 폴란드에 관한 정보에 목말랐던지 '유학 마치고 나오는 즉시 폴란드에 대한 글을 써야지……' 했던 것이 능력부족으로 오늘에 와서야 그 뜻을 이루게 되었다.

그런 만큼 이 책의 목적은 폴란드라는 나라를 알기 쉽게 이해하도록 소개하려는데 의의가 있다. 나 자신이 유학을 준비하면서 그토록 많은 애로와 불편을 겪었으므로 앞으로는 나와 같은 불편을 겪지 않도록 해보자는 것이다. 그것이 책을 쓰게 된 근본 동기이고 유학 다녀 온 지 7년이 지난 지금껏 포기 않고 책을 만들어온 이유다.

이러한 목적에 따라 책에서는 폴란드의 유구한 가톨릭 전통이나 사회제도, 음식, 문학, 음악, 영화 등 다양한 문화를 소개했다. 그 외 현지에서 공부하고 체험한 것을 토대로 정치경제문제, 사회제도에 관한 것, 관광 명소와 폴란드 사람과의 교제, 현지정착에 도움될 만한 팁까지 거의 빠트리지 않고 담았다. 그런 만큼 이 책이 폴란드의 적절한 입문서 겸 안내서가 될 수 있으리라 본다.

이 책을 만든 목적 두 번째는 우리나라 사람의 폴란드에 대한 관심 증가, 추세를 따르고 또 한편 그것을 반영하고자 하는 것이다. 우리나라와 폴란드는 2000년 이후 명사들의 상호방문과 대학 간 교류, 학자들의 편찬 활동과 교류사업으로 양국 관계가 유례없이 활발하다. 폴란드 문학을 자주 번역·소개하면서 문학이 대중들의 마음을 파고들고, 좋아하는 독자도 늘어났다. 이것은 하나의 변화이고 트렌드이다.

앞으로 폴란드 문화에 대한 강의도 생겨나서, 이 책이 우리나라와 폴란드 간 경제교류와 관광의 대폭적인 증가에 일정 기여하면 좋겠다.

이 책을 쓰기 위해 많은 노력을 기울였다.

폴란드에 있을 때는 2년간 살면서 체험한 것을 생생하게 일기장에 담았고, 또 교제를 위해 현지인으로부터 폴란드어를 배웠으며, 문화차이를 이해하기 위해 폴란드 사람과 세미나를 열었으며, 다양한 계층의 폴란드 사람들과 폭넓은 대화를 나누었다. 특히 바르샤바대학교 경제학과 박사들과의 대화는 이 나라를 거시적으로 이해하는 데 많은 도움을 주었다. 또 한편 이 나라의 급격한 변화를 주도한 폴란드 전 부총리 겸 재무부장관인 발체로비치가 쓴 회고록은 이 나라의 현대사를 이해하는 데 큰 도움이 됐다. 그뿐 아니라 현지에서 오래 산 교민들의 생생한 이야기와 우리 투자업체 등의 보고서도 참고했다. 귀국해서는 국내에 출판된 폴란드 관련 서적들과 미처 읽지 못했던 영어 및 번역서적을 틈나는 대로 읽었고 필요한 부분을 활용했다. 인터넷 지식까지 포함하면 읽어본 것은 한층 더 많아질 것이다. 이렇게 해서 책을 만들었다.

이 책이 나오기까지 아내 양정옥에게 고마움을 전하고 싶다. 처음에는 말도 안 되는 시작을 했지만, 오늘 책으로 나오기까지 격려와 지혜, 용기를 주었고, 기나긴 출간과정의 소중한 동반자가 되어주었다.

이민희 강원대 교수와의 인연과 바르샤바에서의 폴란드에 관한 대화, 우정에도 감사드린다. 또 폴란드에서 가족이나 다름없이 지낸 캐롤리나와도 기쁨을 같이하고 싶다. 가족의 폴란드 정착을 도와주었고 우리나라와 폴란드 문화의 인식 차이를 알게 해주었다. 그 외에도 우리 가족의 폴란드 정착을 도와준 모든 분들께 이 자리를 빌려 감사를 드린다.

역사공간의 주혜숙 대표에게도 박수와 감사를 드린다. 원고가 마음에 들면 시장성을 따지지 않는다는 대범한 모습을 보고 이런 분이 있어 책이 나올 수 있구나 하는 생각이 들었다. 편집원 여러분께도 감사를 드린다.

2013년 8월

윤현중

폴란드, 폴란드 사람

현재 이 나라는 폴란드인이 98퍼센트를 차지하는 단일민족 국가다.

그러나 제2차 세계대전 이전까지만 해도 소수민족 분규로 정치사회적 혼란이 그칠 새 없었던 다민족 국가였다. 그 속에는 오래 전부터 폴란드 땅에 들어와 살았던 독일인, 나라 없는 설움을 겪어야 했던 유대인, 연합왕국이 되면서 공동 주인이 된 리투아니아인, 합병되어 농노 처지가 된 우크라이나인, 벨라루스인이 있었다. 소수민족 문제는 언제나 주변국들의 개입을 불러왔고, 수많은 민족 간의 갈등과 유혈 충돌이 있었다.

중동부 유럽의 중심국가

폴란드Poland, 폴란드어로 '폴스카Polska'는 너른 초원의 땅이란 의미다. 푸른 들판이 끝없이 이어지는 나라, 자세히 보면 저지대로 호수가 많다. 밀과 감자가 재배되고 들판 곳곳에 숲이 있고 강이 흐르는 나라다.

폴란드는 중부 유럽에 속한다. 엄밀히 말하면 유럽의 중앙에서 약간 동쪽에 위치한다. 형세를 보면 서쪽으로 독일과 이웃하면서 서유럽의 최전방 위치에 있고 동쪽으로 벨라루스, 우크라이나, 리투아니아 등과 접하여 이들 나라들의 선진국 노릇을 한다. 남쪽으로는 카르파티아 산맥을 따라 슬로바키아, 체코와 붙어 있다. 경계선에는 유명한 타트라 산이 펼쳐져 있고 산속 곳곳에 호수를 끼고 있어 국경선답지 않은 관광지를 이룬다. 유럽을 분단시켰던 냉전 시기에는 헝가리, 체코슬로바키아 등과 함께 바르샤바 동맹군의 보루였다가 지금은 유럽연합EU 회원국으로서 자유민주주의 시장경제 공동체의 동쪽을 지키는 전초 역할을 하고 있다.

지도에서 보면 영토의 모양은 사면체에 가깝고 경계선은 자로 그은 듯 직선에 가깝다. 자연적 경계선이 없는 지형 탓이기도 하지만, 실은 제2차 세계

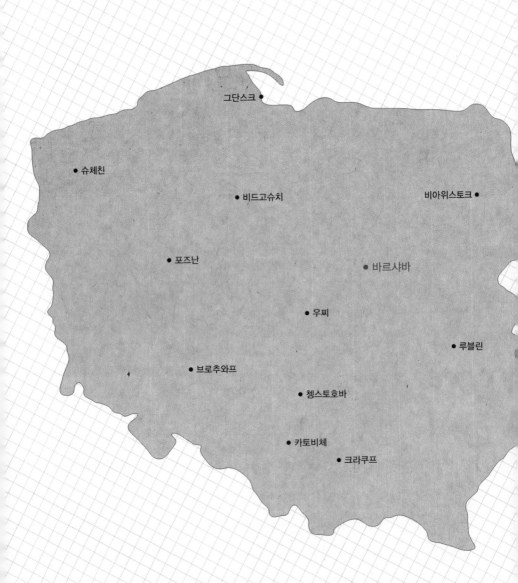

폴란드

그단스크 ●

● 슈체친

● 비드고슈치

비아위스토크 ●

● 포즈난

● 바르샤바

● 우찌

● 루블린

● 브로추와프

● 쳉스토호바

● 카토비체

● 크라쿠프

대전 주요 승전국들이 인위적으로 그은 선이기 때문이다. 그 결과 칼리닌그라드Kaliningrad가 있는 육지의 섬이 러시아령으로 폴란드와 접하게 되었다. 폴란드가 러시아와 붙어 있지 않으면서도 러시아와 접하고 있다는 말을 듣고 있는 이유이기도 하다. 영토의 북쪽은 폴란드 역사상 가장 넓은 범위에 걸쳐서 발트해를 접하고 있다.

과거 폴란드 영토는 지금의 모습과 많이 달랐다. 한때 영토가 발트해에서 흑해에 이를 만큼 넓은 대륙을 차지하기도 했지만, 또 어떤 때는 주변 강대국들의 간섭과 침략으로 영토 모습이 게리맨더링gerrymandering•의 선거구처럼 되었을 때도 있었다. 역사의 오랜 기간 현재의 발트 해변 지역은 독일 땅이었고, 심지어 영토 한복판을 지나가는 비스와Wisła강을 통제하지 못할 때도 있었다. 폴란드의 역사지도를 보면 얼마나 많은 시련이 있었는지 실감하게 된다. 역사적으로 너무 많은 영토 변화가 있었기 때문에 우스갯소리로 폴란드 역사와 지리를 가르치는 교사들에게 월급을 더 준다는 농담이 있을 정도이다.

현재 이 나라는 폴란드인이 98퍼센트를 차지하는 단일민족 국가다. 그러나 제2차 세계대전 이전까지만 해도 소수민족 분규로 정치사회적 혼란이 그칠 새 없었던 다민족 국가였다. 그 다민족 속에는 오래전부터 폴란드 땅에 들어와 살았던 독일인, 나라 없는 설움을 겪어야 했던 유대인, 연합왕국이

• 다수당에 의한 당리당략적 선거구 획정을 말하는데, 선거구 모습이 도마뱀 '샐러맨더'의 모습과 비슷하다 하여 주도한 사람의 이름과 합성해 그렇게 붙여졌다.

되면서 공동 주인이 된 리투아니아인, 합병되어 농노 처지가 된 우크라이나인, 벨라루스인이 있었다. 소수민족문제는 언제나 주변국들의 개입을 불러왔고, 민족 간에 숱한 갈등과 유혈 충돌이 있었다.

이렇게 하여 역사의 오랜 기간 폴란드와 그 주변지역은 여러 민족이 공존하는 곳이 되고 이로 말미암아 전쟁이 벌어지거나 분쟁이 발생하는 일이 많았다. 폴란드 사람은 피해자가 되어 추방되기도 하고 혹은 항거하고, 어떤 때는 박해자가 되어 이민족을 쫓아내기도 했다. 민족분규는 종종 국가 간 분쟁으로 발전하여 군사적 충돌까지 일어나기도 했다.

이러한 민족분규는 국경선 조정과 민족단위 국가가 만들어지면서 해결되어 갔다. 주로 소련의 입김이 많이 작용했다. 소련은 1939년에 차지한 영토의 국경선을 고수했다. 폴란드는 승전국이었지만, 더 큰 승전국인 소련에 막혀 영토가 조정되었다. 국제사회는 폴란드인이 많이 사는 곳을 폴란드 영토로 정하면서 폴란드 밖의 폴란드인을 불러들인 대신 폴란드 안의 이민족을 내보냈다. 이런 식으로 폴란드가 자정된 결과 지금의 단일민족 국가가 되었다. 결과적으로 폴란드는 전쟁 전의 영토 중 동쪽 땅(지금의 우크라이나와 벨라루스의 일부)을 소련에 뺏기는 대신 서쪽과 북쪽의 독일 땅을 승전 대가로 보상받았다. 이렇게 조정된 국경선은 서쪽으로 오데르-나이세 강, 남쪽으로 카르파티안 산맥, 동쪽으로 부그 강, 북쪽으로 발트 해를 면하게 됐다.

---

* 이 선은 1939년 독일과 소련간에 합의한 국경선과 유사하고, 영국 외무상이 1919~1920년 폴란드-소비에트 적군간 전쟁의 휴전선으로 제의한 커즌선(Curzon Line)과 일치한다.

국경선 조정 결과 많은 사람들이 정든 땅과 집을 두고 자기 나라로 이주해야 했다. 폴란드에 거주하던 독일인은 모든 재산을 남겨둔 채 독일로 이주했고 우크라이나 등 동쪽 땅의 폴란드인들은 폴란드의 영토가 된 서쪽의 구독일 땅으로 이주했다. 바웬사Lech Wałęsa의 자서전 『희망의 길』을 보면, 그렇게 이주한 사람을 만날 수 있다.

"미장원 주인은 폴란드 땅이었던 동부로부터 송환되어 온 여자였다. 그녀는 소련에 남겨두고 온 재산에 대한 보상으로 어느 작은 집의 별채를 할당받았다."[1]

철의 장막 속에 있어 잘 드러나지 않았지만 이때 민족의 대이동이 있었던 것이다. 독일은 패전으로 동부지역 영토의 상당 부분을 폴란드와 소련에 뺏겼다. 독일 지도를 보면 수도 베를린이 지나치게 동쪽에 치우쳐 있음을 볼 수 있는데, 이것은 수도의 동쪽 날개라 할 포메라니아, 브란덴부르크, 실레지아 땅 일부를 상실했기 때문이다. 폴란드는 공산국가로 있는 동안 동독과 국경선 인정 협정을 맺었고, 서독과 수교하면서 또 다시 국경선 인정협정을 맺었으며, 독일이 통일된 이후 한 번 더 통일독일과 국경선 인정협정을 체결했다. 동쪽지역을 소련에 잃고 대신 서쪽 지역을 독일로부터 보상받았으므로 독일이 또 다시 국경선 문제를 제기할까 봐 걱정되는 것이다.

---

1 레흐 바웬사, 『희망의 길』, 1988, 73쪽

사계절과 날씨

폴란드는 사계절이 있지만, 우기와 건기가 우리나라와 반대다. 여름이 건조하고 겨울이 습하다. 위도 상으로 우리나라보다 훨씬 더 북극에 가깝게 있어 극지 기후의 특성을 많이 볼 수 있다. 여름에는 오로라 현상으로 잘 어두워지지 않고 겨울은 오후 3시면 컴컴해진다.

한 여름은 우리나라 못지않게 덥다. 유럽이고 조금 북쪽에 있어 그리 덥지 않을 것으로 생각하기 쉬우나, 우리나라와 별반 다르지 않다. 7월 휴가 기간에 지내보니 낮이 무척 길고 후텁지근하고 숨이 막혔다. 그러나 홍수나 장마, 태풍 같은 날씨는 볼 수 없다. 그저 맑은 날만 계속된다. 늦은 시간까지 햇살이 따가우므로 선글라스가 필요하다. 폴란드 사람치고 선글라스를 착용하지 않은 사람이 없을 만큼 하나의 필수품이 되어 있다. 그렇지만 모자는 쓰지 않는다. 모자는 겨울철 추위를 막는데 사용한다.

이 나라에 좋은 것이 하나 있다. 여름철 벌레가 적고 집에서 모기를 볼 수 없다는 점이다. 숲속에 모기가 없진 않으나, 집안으로 들어오지 않는다. 다만, 녹음이 짙어지는 한 여름에도 매미 소리를 들을 수 없는 건 조금 아쉽다.

낙조가 아름다운 호수

여름과 가을의 경계선은 7월 말로 그때쯤 되면 더위가 한풀 꺾인다. 건기가 끝나고 우기가 찾아온다. 기후 변화의 조짐은 맑던 하늘을 먹장구름이 가리는 데서 시작된다. 비를 뿌리는 날이 많아지고 밤 사이 자동차가 비에 흠뻑 젖을 때가 많다. 9월 중순이 되면 잦은 비바람에 나뭇잎이 우수수 떨어지고 해가 짧아지면서 공기가 싸늘해진다.

10월 초가 되면 서리가 내린다. 밤새 공기가 식어 오싹해진다. 우리나라에 있을 때 느껴보지 못한 차가움에 몸이 움츠러든다. 비가 시도때도 없이 내리면서 외투가 필요하다. 이즈음이 되면 모자나 모자 달린 외투, 목도리, 스웨터, 우산이 필수품이다.

환절기여서 많은 사람들이 감기에 걸린다. 한국 사람, 폴란드 사람을 가리지 않지만, 감기에 대한 반응은 달랐다. 폴란드 사람은 과장되었다고 할 만큼 움츠리지만, 한국 사람은 '이까짓 것쯤이야' 하는 태도로 폴란드 사람을 놀라게 했다. 이곳의 감기는 쉽게 낫지 않으므로 예방이 최선이다. 감기를 예방하고 치유하는 데 이 나라 사람들은 자연처방에 많이 의존한다. 뜨겁고 영양이 듬뿍 든 수프를 먹거나 뜨거운 부드카를 한 잔 하거나, 혹은 꿀이나 설탕물을 마신다. 우리나라 사람처럼 손쉽게 약을 지어먹으려고 하지 않는다. '로수우Rosół'라는 닭고기를 우려낸 수프를 먹기도 한다. 그 수프에 콧물이 많이 나오게 하는 성분이 있어 세균을 몸 밖으로 배출시키기 때문이다.

내가 있던 연구소의 폴란드 동료들은 한국 사람이 감기에 잘 걸리지 않는 이유를 다음과 같이 말했다.

"한국 사람은 마늘을 많이 먹고 야채를 좋아하며 녹차를 많이 마신다. 그
　때문에 감기에 걸리지 않는다."

여기서도 알 수 있듯이 폴란드 사람들은 자연적인 데서 감기를 이겨내는 힘이 있다고 믿는다. 이 나라에서 가벼운 옷차림은 위험하다. 가을철 냉기, 갑자기 식어버리는 한기가 여간 독하지 않기 때문이다. 나 역시 10월 중순경

나무숲

재킷만 걸치고 나왔다가 밤에 추워서 오들오들 떤 적이 있었다.

폴란드에 사는 사람이라면 누구랄 것 없이 단단한 옷차림을 한다. 그렇게 춥지 않은데도 모든 상황에 대비하듯 옷을 챙겨 입는다.

11월이 되면 오후 4시에 어스름이 깔리고 6시에는 아예 캄캄해진다. 밤

6시만 되어도 바깥 공기가 여간 매섭지 않아 외출할 엄두가 나지 않는다. 11월 말에는 눈이 내린다. 바르샤바에 있을 때였다. 그때도 종일 눈이 와 그치지 않더니 땅에 있는 모든 것을 하얗게 덮어버렸다. 영화 '닥터 지바고'에서 봤던 그런 폭설이었다. 그리고 한번 내린 눈은 겨울이 끝날 때까지 녹지 않는다.

간혹 날씨가 풀리는데, 그때는 눈이 녹아 길바닥이 진흙탕이 된다. 온통 질퍽거리는 바닥으로 인해 길이 마를 날이 없고 차는 흙탕물로 범벅이 된다.

겨울철은 구름이 머리 위로 낮게 깔린다. 그래서인지 겨울 내내 갇힌 듯 답답하고 언제나 어둠속 혹은 물안개에 휩싸여 있는 기분이 된다. 겨울이 어찌나 길고 지루한지 또 다시 겨울을 맞이하기가 두려웠다.

폴란드에서 처음 겨울을 맞이하는 우리나라 사람들은 가족을 신경 써야 한다. 겨울이 길어 부인들이 종종 우울증에 걸리기 때문이다. 가능하면 우리나라 주부들끼리 자주 만나 대화를 나누고 애들끼리도 서로 어울리게 하는 것이 좋다. 말할 상대를 찾아 교회에 나가보는 것도 하나의 방법이다. 다행인 것은 겨울에도 초록의 잔디를 볼 수 있다는 것이다. 음울한 날씨에 그나마 희망을 잃지 않게 해주는 청량제이다.

2월 초가 되면 해가 다소 길어진다. 아침 7시면 안개가 걷힌 듯 환해진다. 오후 5시가 되어도 날이 쉬 어두워지지 않는다. 이쯤 되면 겨울을 벗어난 안도감에 기분이 좋아진다. 유럽인들이 뜨거운 햇살을 기다리는 마음을 이해할 수 있었다. 다만 한기는 조심해야 한다. 2월 말이라 해도 공기가 차가워 모자 없이는 멀리 나가지 못하기 때문이다.

3월이면 봄을 맞는다. 중순경이면 새소리가 들리고 따뜻한 바람이 분다. 쌓인 눈이 빠른 속도로 녹아내리고 비에 씻겨 대지를 드러낸다. 3월 말에 나뭇가지에 새싹이 트고 4월에 개나리꽃이 핀다.

민족 자부심이 강한 나라

폴란드는 오래된 민주주의 전통을 가지고 있다.

민주주의와 시장경제를 시작한지 90년이 된 나라로 우리나라보다 자유민주주의, 의회 우위의 전통이 앞선다. 오랜 대의정치, 합의의 전통 위에 민주국가를 건설했고 이를 지키기 위해 피를 흘려 싸웠다. 그랬기에 자기 나라의 영웅이나 다름없는 독립의 아버지 유제프 피우수츠키Józef Piłsudski조차 그가 독재하는 동안 민주주의를 후퇴시켰다고 비판할 정도다.

그와 같은 민주주의 전통과 함께 이 나라를 떠받치는 또 하나의 기둥이 있다면 바로 민족적 자부심이다. 자부심의 원천은 자국의 역사에 있다. 과거의 빛나는 역사, 중부 유럽을 재패한 영광의 시기가 있었기 때문이다. 그래서 폴란드 사람은 대국의식이 있다고 한다. 대국, 종주국, 슬라브족의 패권국이라는 자부심이 가슴속에 담겨 있다는 것이다.

그렇지만 얼핏 보면 폴란드는 우리나라와 역사가 비슷하다. 망국의 설움을 겪은 역사와 강대국에 둘러싸여 있는 지정학적 위치가 그렇다.

이처럼 비슷한 경험을 공유하긴하나 다른 점도 많다.

폴란드는 중동부 유럽의 역사에서 한때 국제정치의 중심국가가 된 적이 있었고 지금도 동부 CIS 국가들을 리더하는 위상이 있다. 그런 탓에 폴란드 사람들은 스스로 대국大國에 살고 있으며 자기 나라가 중동부 유럽의 작은 나라들과 다르다는 인식을 가지고 있다.

폴란드가 투자 유치에 적극적이지 않아 투자를 고려하던 기업이 그들의 우월주의 때문에 실망하고 방향을 전환한다든지, 국가기관이나 공무원을 상대로 인터뷰하기 어려운 것 등이 그것이다. 기아자동차가 2004년에 동유럽 공장 부지로 폴란드와 슬로바키아를 저울질 하다가 슬로바키아를 택한 것도 그들의 태도와 무관치 않다.

2006년 당시 한국은 폴란드에 투자를 많이 하고 있었지만, 폴란드 투자청 홈페이지에는 한국어 서비스가 없었다. 투자 정도와 상관없이 메이저국 중심으로 영어, 독일어, 중국어, 일본어, 러시아어 서비스만 했다. 큰 나라 위주인 것이다. 실제 폴란드 친구에게 "폴란드는 한국투자 유치에 적극적이지 않다." "국가적 자존심이 세어 다소 보수적이다." 라고 했더니, 반론을 제기하지 않았다.

언젠가 연구소의 동료에게 폴란드가 덴마크와 같은 농업 국가를 모델로

• 한국의 폴란드에 대한 투자(FDI)는 2011년에만 3,500만 유로(국가별 순위 5위)로 현재 주요 투자업체는 LG전자, LG필립스, 대우전자, 대우FSO, SK 등이다.

•• 2012년 현재 폴란드 투자청 홈페이지에는 영어, 일본어, 중국어, 독일어, 러시아어 외에 한국어와 프랑스어를 추가로 서비스하고 있다.

발전을 추구한다는 국내 신문 기사를 소개했다. 이에 대해 폴란드 동료들은 하나 같이 가능성이 없는 이야기라고 일축했다. 일단 덴마크 같은 작은 나라를 폴란드와 동일 선상에 놓고 비교하는 것 자체를 못마땅하게 여겼다. 그런데다 전통적인 농업대국이자 식량이 부족해본 적이 없는 폴란드를 두고 덴마크를 농업선진국이라고 부르는 말에도 거부감을 표시했다.

이처럼 폴란드 사람들의 생각은 우리와 다르다. 폴란드는 품이 큰 나라이고 관대하면서도 권위가 있다.

정치와 지도자들

폴란드의 정치는 3권 분립 하에 국민이 직접 뽑는 대통령과 의회 다수당의 총리가 국정을 공동 운영한다.

폴란드는 이와 같은 쌍두체제를 '대통령제와 의원내각제를 혼합한 입헌공화국'이라고 한다. 우리나라도 대통령제와 의원내각제적 요소를 혼합한 공화국이지만, 다른 점은 폴란드의 경우 의원내각제 중심이고 우리나라는 대통령제 중심이다.

폴란드의 대통령제적 요소는 유럽에서 드문 희귀한 제도다. 그 배경이 궁금한데, 아무래도 독립한 나라를 다시 잃지 않고자 했던 제2차 세계대전 직전의 상황에 뿌리를 두고 있다. 당시 폴란드는 독일의 팽창과 소련의 적화 야망으로 국가가 풍전등화의 위기에 있었다. 강력한 지도력이 없으면 이웃

• 대통령의 임기는 5년이며 연임할 수 있다.

•• 상원 100명, 하원 460명이며 임기는 4년이다. 하원은 내각 구성에 직접 관여하며 상원은 하원을 견제하는 기능을 주로 담당한다.

1대 대통령 레흐 바웬사

2, 3대 대통령 알렉산데르 크바시
니예프스키

강대국에 맞서 나라를 지키기 어려웠다. 그런 인식을 바탕으로 만든 것이 소위 '피우수츠키의 신대통령제'다. 다만 민주주의 제도와 맞지 않는 부분이 있어 일부 수정되면서 도입된 것이 현 대통령제라고 할 수 있다.

현재 대통령은 군의 최고통수권자이고 국가원수다. 대외적으로 국가를 대표한다. 국민의 직접선거에 의해 선출되며 국방안보문제에 있어 실질적인 권한을 갖는다. 군장성을 직접 임명하며 내무, 국방, 외무장관 임명에 관여한다. 국민의 민생과 복지, 국가안보 등 굵직굵직한 이슈를 통해 국민에게 호소하는 힘이 크므로 영향력이 작지 않다. 서유럽의 대다수 내각제 국가의 대통령이 명예직이라면 폴란드의 대통령은 국가보위를 책임진 자리다. 그렇더라도 대통령의 권한은 평시보다 국가 위기시에 빛을 발하도록 되어 있다.

그에 비해 총리는 의회의 상대로서 행정부의 집행업무를 담당한다. 세금을 걷고 정책을 수립해 예산을 집행하며 의회에 책임을 진다. 총리는 의회 다수당의 대표가 하는데 아무래도 국민이 직접 뽑은 대통령보다 지명도가 떨어진다.

제도적으로도 대통령에게는 의회를 해산할 수 있는 막강한 권한을 부여했다. 필요에 따라 의회를 견제하고 국민의 의견을 물을 수 있는 것이다. 하원이 독주하거나 예산 통과 및 내각 구성에 협조하지 않을 경우에 의회를 해산할 수 있으며 의회가 해산되면 총선을 실시해야 한다.

4대 대통령 레흐 카친스키

대통령과 총리의 위상에 위와 같은 차이가 있지만, 최근 약간의 변화가 느껴진다.

탈공산 초기였던 1990년부터 2000년대 중반까지 대통령이 총리보다 월등히 우월한 지위에 있었다. 그렇지만 지금은 총리의 활약이 더 크다. 유럽에서 촉발된 재정위기, 글로벌한 경제위기 상황 하에서는 경제정책이 더 중요해지고 이를 책임지고 있는 총리가 더 큰 역할을 할 수 있

5대 대통령 코모르프스키

기 때문이다. 그 외에도 국민적 인기나 카리스마, 국제적 인지도, 능력에 따라 대통령과 총리의 위상이 좌우되기도 한다.

탈공산脫共産 이후 첫 대통령은 1989년의 여야 합의로 과도정부를 이끈 야루젤스키Wojciech Jaruzelski 장군이다. 그는 딱 1년 반 대통령 자리에 있었는데, 1990년에 바웬사가 정식 대통령이 되자 그간의 소임을 마치고 자리에서 물러났다. 그는 공산정권 시절 계엄을 선포한 장군으로 유명한데, 그가 박해했던 바웬사와 손잡고 정권교체를 이룩한 것은 역사의 아이러니라 하겠다. 야루

젤스키는 계엄을 선포하고 자유노조를 탄압했지만 국민들은 그를 지지한다. 그 당시 그가 취한 조치는 어쩔 수 없는 가운데 나온 것으로 이해되기 때문이다.

실질적인 민주정부의 초대 대통령은 자유노조의 지도자 바웬사다. 그는 체제전환의 가장 중요한 시기인 1990년 11월부터 1995년까지 대통령을 했다. 초인플레이션으로 국가부도의 위기에 있던 경제를 개혁하고 체제전환 프로그램을 실행했다. 친서방적인 그가 있었기에 미국과 서방 여러 나라가 폴란드를 지지하고 IMF 등을 통해 재정적으로 지원해주었다.

2대와 3대 대통령은 바웬사를 근소한 차로 이긴 좌파의 알렉산드르 크바시니예프스키Aleksander Kwasniewski다. 체제전환의 후유증을 치유하라는 국민의 요구와 기대를 안고 1995년부터 2005년까지 10년간 재임했다. 구 공산당 인사라는 우려에도 불구하고 민주정부의 군사외교 경제개혁을 계승 발전시켰다.

세 번째 대통령은 얼마 전 비행기사고로 사망한 카친스키Lech Kaczynski다. 카친스키는 보수적이고 민족주의적이며 구세대를 상징한다. 지금 야당인 법과 정의당의 카친스키 대표와 쌍둥이 형제다. 두 쌍둥이 형제는 어릴 적 어린이 배우로 활약한 적도 있어 국민에게 친숙하다.

카친스키 대통령은 재임중이던 2010년 4월 카틴 숲 추모행사에 참석하러 가다가 비행기 사고로 서거했다. 러시아 스몰렌스크 공항에 짙은 안개가 끼어 있었는데, 무리하게 착륙하려다 그만 추락하고 말았다. 보수적이고 정통 가톨릭 신자로서 지나치게 엄격하다는 평이 있고 민족주의적이어서 러시아 등 주변국과 마찰이 잦았다.

현 대통령은 2010년 대선에서 당선된 코모르프스키Bronislaw Komorowski다. 그는 고 카친스키 대통령 때 하원의장을 하다가 보선에서 대통령으로 선출되었다.

총리로 유명한 사람은 1989년 초대 비공산 내각의 수반이었던 마조비에츠키다. 그러나 마조비에츠키는 상징적 인물이고 국민에게 인기 있는 사람은 현 총리 도날드 투스크Donald Tusk다. 한때 사망한 카친스키 후보와 대선에서 겨루어 젊은 층과 지식인 사이에 인기몰이를 한 적이 있었다. 지금은 국내외적으로 지명도가 높아져 실질적으로 의회와 폴란드를 대표하고 있다. 개방적이고 자유주의적인 사고를 가지고 있어 국제사회에서도 선호되는 편이다.

마조비에츠키 초대 총리

유럽통합에 기여한 공로로 2010년 Karlspreis상을 받은 도날드 투스크 총리

폴란드 국민은 정치를 선거로 심판한다. 특히 집권당에 대해 비판적이며 선거 때마다 판을 뒤집어 대통령과 국회 다수당이 대립하는 경우가 자주 발생한다. 실제로 1990년 이후 총선에서 좌우파간 세력교체를 거듭했다. 1990년은 우파, 1993년은 좌파, 1997년은 우파, 2001년은 좌파, 2005년 총선에서는 우파가 휩쓸었다.

그럼에도 나라는 안정되어 있다. 그 이유는 국가의 나아갈 방향, 국시, 안보문제에 있어 국민적 합의가 이루어져 있기 때문이다. 자유민주주의, 시장경제, 미국과 서유럽 국가 지향(NATO, 유럽연합 가맹국), 가톨릭적인 가치관, 지속적인 경제개혁이 일체의 흔들림 없이 시행되고 있다. 때문에 선거결과가 요동치고 사람이 바뀌어도 정치는 안정되어 있는 편이다.

복지가 우선인 나라

폴란드 사람들은 경쟁에서 이기기보다 국민 간에 혜택을 골고루 나눠가지는 데 관심이 많다. 2005년 대선 때도 자유시장경제보다 정부가 개입해서 복지를 확충하겠다는 후보가 대통령에 당선됐다. 그만큼 변화보다 안정, 효율보다 평등을 선호하며 그 결과 사회가 전반적으로 느리게 돌아간다.

외국인이 보는 폴란드 국민의 일반적인 삶의 수준은 그리 높아 보이지 않는다. 이 나라 사람 대부분은 가용자산이 없다. 현금은 더더구나 없다. 부동산 가격도 비싼 게 아니어서 자산이 되지 않는다. 그런데다 월급마저 적다. 교수들의 월급도 형편없이 적다. 바르샤바 대학교 교수도 소형차를 타고 수수한 복장에 대학 구내식당에서 학생들과 함께 밥을 사먹는다. 월급봉투에서 복지세금을 떼고 나면 아주 얇다. 가처분 소득이 적다보니 저축도 하지 못한다.

그렇지만 겉모습과 달리 생활은 나름대로 할 만 한다. 국가에서 교육과 의료를 보장해주고 실업자가 되어도 보조해주기 때문이다. 큰 돈 들어갈 일이 없고 오로지 먹고 마시는 데 현금이 들어가면 된다. 폴란드 사람은 수입의 95%를 집수리, 정원가꾸기, 자동차수리 등 개인 취미활동이나 오락생활에 투자하고 5%를 어울려 술을 마시는데 쓴다고 한다.

큰 돈 들어갈 일이 없는 것이 폴란드 사회의 구조적 특징이다. 자녀 사교육비, 학비, 병원비가 들지 않기 때문이다. 월급이 적어도 사는데 지장이 없다는 말이 여기서 나온다.

국가가 국민에게 많이 베푸는 만큼 월급에서 복지에 필요한 세금을 많이 떼어 간다. 일반 국민들은 국가가 복지를 책임지는 만큼 월급에서 원천과세 해도 저항하지 않는다.

그러나 작은 기업을 운영하는 사람들의 반응은 달랐다. 이들은 세금 인상에 예민한 반응을 보였다. 어느 기업가는 세금이 오르면 신고를 성실하게 할 수 없다고 잘라 말했다. 그는 세금을 적게 매겨도 납세자가 정상 신고하면 세액이 늘어날 텐데 왜 세율을 높여 탈세를 조장하고 결과적으로 세수를 감소시키느냐고 비판했다. 그러면서 정부가 중소기업을 육성하지 않는다고 목소리를 높였다.

"이 나라에는 중소기업, 즉 개미군단이 없어요. 지원이나 육성은커녕 조금 할라치면 세금으로 쓰러뜨리니 어떻게 버텨 냅니까? 실업률이 높은 것도 중소기업이 많지 않기 때문이죠."

기업하기 어려운 것은 돈 빌리기 어려운 데서도 확인된다. 기업이 은행에서 대출받거나 대출을 연장하는 것은 하늘의 별 따기보다 어렵다. 기업이 일정 성장했다는 증거를 내놓아야 하고 집 담보는 기본이며, 이자율이 7%로 비싸다.

기업가에게 심각한 또 하나의 장애는 지나치게 종업원 위주로 되어 있는 각종 노동법이다. 정식 직원에 대한 보호가 지나친 나머지 세금도 고용주가 대신 내고 아프다 뭐하다 하면서 법으로 보호받는 결근을 하는 일이 비일비재하다. 아무리 직원을 엄선해서 뽑아도 소용없다. 그들의 사고와 행동은 변하지 않기 때문이다.

어쨌든 복지제도는 국민의 신뢰를 받으며 국민의 삶을 지탱해준다. 그렇지만 보장되지 않는 것이 있다. 바로 공과금이나 수수료 등이다. 1990년 체제전환 직후 국민들은 전기세와 물세 등 공과금 통지를 받고 큰 충격을 받았다. 이전에 그런 징수가 없었던 데다 말한 대로 그때나 지금이나 국민에게 가용자산, 즉 현금이 없기 때문이다. 여기에 시민들은 요즘 새로운 걱정거리 하나를 더 떠안았다. 전 세계적으로 각광받는 인터넷, 전화, 휴대폰 비용 때문이다. 이건 국가에서 지원해주지 않는다. 스스로 부담해야 한다. 그러므로 여건이 안 되는 집은 이런 것을 사용하지 못한다. 돈이 있어야 한다. 설상가상으로 폴란드에서는 전기사용료와 전화사용료가 비싸다. 인터넷은 더 말할 것도 없다. 그래서 전화나 휴대폰을 대부분 받는 용도로만 사용하면서 문자를 적극 활용하는 게 이 나라의 모습이다.

최근 맞벌이 하는 부부가 늘었다. 사회주의정권 시기 남녀평등 정책으로 여성들이 일할 수 있는 자리가 많은 것도 도움이 된다. 월급은 적으나 일할 곳이 있으니 이곳의 장점이다.

남아 있는 사회주의 경제시스템

폴란드는 시장경제를 한지 15년이 넘었고 길거리에는 크고 작은 물건들이 넘쳐난다. 또한 국영기업이 민영화되고 개인사업을 하는 사람이 많아지면서 과거에 존재하지 않던 사적 부문도 늘어났다. 그렇지만 살면서 보니 비즈니스 하는 방식은 여전히 사회주의 시절 행태를 벗어나지 못했다. 겉으론 다 갖추어져 있는 것 같지만 사실은 없는 게 많다.

바르샤바에 온지 얼마되지 않아 자동차의 알람이 고장났다. 이것저것 조작해보았지만 소용이 없었다. 알람이 안되니 엔진 시동도 자동으로 꺼지고 다시 켜도 마찬가지였다.

생각나는 대로 아는 교민에게 전화하니, 열쇠 스위치의 배터리가 나간 것 같다며 인근 주유소나 가게 배터리 파는 곳으로 가보라고 했다. 가뭄에 단비처럼 반가운 소리였다. 이제 배터리를 파는 가게를 찾으면 되었다.

처음에는 이것이 퍽 쉬운 줄 알았다. 그러나 사회주의 배급받는 경제에서는 결코 쉬운 일이 아니었다. 작은 부속품이나 하찮은 것일수록 구하기 힘들었다. 모든 것을 받아쓰던 사람들이 시장에서 필요한 것을 사고파는 경제로 그냥 쉽게 넘어가지지 않나 보다. 큰 물건은 돈만 있으면 쉽게 구해지는데, 작은 물건, 작은 서비스는 돈을 주고도 사기 어려웠다.

당장 주위를 둘러봤지만, 배터리를 팔만한 가게, 또는 주유소나 전지 파는 곳이 보이지 않았다. 비슷한 가게를 찾아 물어봤더니, 'Sezam'이라는 백화점을 알려주었다. 그곳에서 직원을 불러 자동차 열쇠 스위치를 열어보게 하니 과연 베터리가 나간 듯 했다. 상황은 파악됐다. 이제 그에 맞는 전지를 사면된다. 그런데 백화점에서는 동일 유형의 건전지가 없다고 말했다. 맥이 빠졌지만, 다시 힘을 내 직원에게 필요한 건전지의 이름을 폴란드어로 써 달라고 했다.

다시 길거리를 방황하다가 KODAK을 발견하고 찾아가니 문제의 건전지를 팔고 있었다. 안도의 한숨이 터져 나왔다.

집주인 할아버지가 집을 비워놓았을 때 왔다가 그만 평소 안 쓰던 잠금장치까지 잠가 놓고 가버렸다. 집주인이 열쇠를 하나 더 가지고 있는데, 그러다보니 이런 일도 생긴 듯했다.

집주인에게 전화를 하니, 마침 스페인 관광중이었다. 집주인 아들을 통해 사정을 전하니, 집주인은 문을 따려면 슈퍼마켓에 붙은 열쇠전문점에 가보라고 했다.

이때부터 문 따는 사람을 찾기까지 또 다시 수요자가 공급자를 찾는 일이 시작되었다.

대형 쇼핑센터Geant 옆 열쇠가게에 갔더니, 자신은 자동차 키는 따주지만 집 열쇠 잠긴 건 따로 하는 전문가가 있다고 말했다. 그러면서 연락처는 길거리에 붙어 있으니 찾아보라고 했다. 무책임한 말이고 도움이 안 됐다. 재래시장에 있을지 모른다며 가보았으나 보이지 않았고 다른 가게에 물어보아도 모른다는 답변뿐이었다. 동네 슈퍼마켓에서도 단서가 없었다.

폴란드 사람들이 본인 일에서 조금만 벗어나도 모른다고 답변하는 태도에 대해 이곳에서 생활하는 한국 사람들은 불만이 많다. 나 역시 이 말을 듣고 약간의 좌절감을 느낄 때가 많았다. 경비실에 오니 다행히 열쇠 따는 사람이 와 있다고 해서 문을 열 수 있었다.

한인학교 체육행사를 위해 노보텔Novotel에 캐터링을 요청했다. 계약을 체결하고 모든 걸 빨리 정하고 싶은데, 호텔 스태프가 하는 방식은 너무 느렸다. 그래서 호텔을 직접 찾아 갔다. 빨리 진행하려고 호텔을 찾아 갔지만, 호텔 스태프는 여전히 이메일로 내역을 넣어 주겠으니 행사를 개최하는 학교 이름과 주소, 교장 등을 이메일로 알려달라고 했다. 당사자가 찾아갔는데도 그들은 종전 방식을 고수했다. 직접 찾아 갔으니 모든 걸 테이블 위에 올려놓고 하나하나 정해가면 안 될까? 좀 더 서둘고 손님 위주로 서비스해주면 좋을 텐데, 그게 안 됐다. 역시 공급자 위주의 사고방식이고 손님이나 수요자를 생각하는 것이 아니었다.

밀레니엄Millenium 은행 지점에서의 일이다. 계좌에서 돈을 인출하려는데, 직원이 나와 계좌 개설한 곳에서 마지막 프로세스를 진행하지 않아 돈을 인출할 수 없다고 말했다. 그리고는 어쩔 수 없다는 태도였다.

"같은 은행 아니냐? 은행은 서비스하는 기관인데 그쪽으로 알아봐야지. 전화가 있는데 왜 알아보지 않느냐?"

그러고서야 직원이 움직였다. 약 30분 이상 기다린 후에 문제가 해결되어 돈을 인출할 수 있었다.

옷 수선하는 서비스도 마찬가지였다. 맡겨 놓으면 하루 이틀이 아니라 일주일이 걸린다. 왜 이렇게 많이 걸리나 알아보면 대개 휴가와 복지, 휴식을 모두 즐기느라 고객에 대한 서비스는 뒷전으로 밀리기 때문이다. 주인의식이 부족하고 주어진 일, 국가에 의존하는 행태여서 수요에 맞춘 공급 논리가 아니었다.

"돈 버는 게 싫으냐? 왜 서두르지 않나? 열심히 일하면 자기 돈이 되는데 도 안 하나?"

이런 말이 치밀어 오르나 '소귀에 경 읽기'여서 관뒀다. 대신 옷을 돌려달라고 했다. 그러자 직원은 옷을 찾아 줄 테니 내일 다시 오라고 했다. 옷 수선한다며 옷을 맡겼고 독촉하다가 성차지 않아 옷을 되돌려 받으려는데 또 내일이라니! 결국 시간과 노력을 낭비하고 마음만 상했다.

가톨릭과 종교

가톨릭은 폴란드가 탄생한 10세기 이래 이 나라 사람들의 삶속에 깊숙이 뿌리내리고 있다. 종교적인 절기를 성대하게 치르며, 그때마다 전국 주요 도시는 설날이나 추석 같은 전통 명절 분위기가 된다. 가톨릭 절기의 비중이 얼마나 큰지 상품시장과 경기에 지대한 영향을 미칠 정도다.

폴란드에서 가톨릭이 기념하는 절기는 개신교와 달리 매우 많으며 엄격하게 지켜진다. 이 나라에서 겪었던 크고 작은 종교적 기념일을 소개하면 이 나라가 어느 정도로 종교적인 국가인지 이해하기 쉽다.

연초부터 사순절, 부활절이 이어진다.

사순절은 부활 주일 전 40일 동안 예수의 수난을 기억하는 기간이다. 이 사순절 기간 동안 금식한다고 해서 미리 좀 먹어두는 풍습이 있는데, 사순절이 시작되기 전 마지막 주 목요일은 퐁츠키(도넛) 먹는 날이다. 이날은 대형 쇼핑몰의 케익 가게마다 사람들이 줄을 섰다. 노비 쉬비아트^{Nowy świat} 거리의 유명한 케이크 가게^{A. Blikle} 앞에서도 긴 줄이 이어졌다. 연구소에 오니 주방의

노비 쉬비아트 꽃거리와 퐁츠키로 유명한 케익가게

테이블 위에도 예의 퐁츠키가 놓여 있었다.

3월은 부활절, 5월은 성체에 대한 신앙심을 고백하는 성체축일이 이어진다. 부활절에 앞서 그리스도가 군중의 환영을 받고 예루살렘에 입성한 것을 기리는 종려주간, 십자가에 못 박혀 죽는 고난주간이 이어지는데 이 절기를 엄수하려고 시내 곳곳에는 생나무 가지와 꽃 장식을 사고파는 사람들로 붐볐다. 부활절에는 예수의 부활을 상징하는 계란과 계란 모양의 울긋불긋한 장식 소품을 볼 수 있다. 화려하고 다채롭다. 부활절 다음날 월요일은 물총 쏘는 날로 휴일이다. 이때 여자가 물세례를 받으면 그해 결혼한다는 속설이 있다. 세례인 만큼 정결, 정화의 의미를 담고 있다. 부활절 전날 오후 6시부터 가게 문을 닫아 다음날까지 24시간 주유소를 열지 않는다.

8월 15일은 예수의 어머니 마리아가 하나님의 부르심을 입고 하나님과 하나가 되었다는 성모 마리아의 승천일이다. 예수 그리스도의 부활과 다른 점은 예수는 하늘로 올라간 경우고 성모 마리아는 하나님이 받아들인 경우라고 한다. 로마 가톨릭에서는 대단히 중요한 축일이다.

11월 1일은 죽은 자를 기리는 '망자亡者의 날'로 모든 성인聖人의 날이다. 저녁 5시가 되면 사람들이 묘지에 몰려들고 비석과 묘에 촛불과 국화를 놓는다. 휘황찬란한 불빛 속에 묘지가 밝아지면 후손들은 조상들과 함께 그곳에서 하루를 보낸다. 바르샤바에서 공부하는 학생들도 이날만큼은 가족이 사는 시골집으로 갔다. 홈 커밍데이Home-coming day인 셈이었다. 한국 사람들이 성

묘 가는 날인 한식과 비슷했다. 수많은 인파가 몰려들고 교통경찰관이 집중 배치되는 등 관심과 열기가 대단했다. 우리나라 명절 고속도로처럼 시골로 가는 길도 꽉 막혔다.

마지막으로 12월 25일과 26일은 크리스마스 연휴다. 폴란드 사람에게 있어 크리스마스 시즌이란 대단하다. 크리스마스 트리를 만들기 위한 생나무들이 길거리를 채우고 각종 크고 작은 나뭇가지들이 팔린다. 크리스마스는 큰 명절이라는 인상이 들었다. 사람들은 삼삼오오 귀가하면서 선물을 준비하고 집안을 꾸미는데 여념이 없다. 우리나라처럼 상업적인 느낌이 덜하고 진정으로 성탄절을 맞이하는 인상이 들었다.

이즈음 쇼핑가나 마켓에는 고객들로 북적이고 크리스마스 관련 상품이 넘쳐났다. 재래식 시장이며 길거리 상가마다 성탄을 맞이하기 위한 각종 장식과 트리를 쌓아놓고 팔았다. 매년 올드 타운이나 모쿠투프 갤러리에는 커다란 크리스마스 트리가 세워져 불을 밝히는데, 내가 사는 아파트 정원에도 대형 트리가 만들어졌다. 대학교 연구소의 입구며 천정, 주방에도 성탄 장식을 달았다.

크리스마스날, 폴란드 사람들은 온가족이 모여 가정에서 시간을 보낸다. 좋은 날이어서인지 결혼하는 사람도 많다. 딸아이의 담임선생님도 이날 올드 타운의 유서 깊은 성당에서 결혼식을 올렸다. 하객들이 성당에서 나오는 신랑, 신부를 환영할 때 우리 가족도 선생에게 꽃을 주며 축하해주었다. 이날 올드 타운에는 상점 문이 닫혔고 길에는 긴 오버코트를 입고 산책하는 사람들뿐이었다.

성당이 있는 올드타운 인근 거리

　가톨릭에 대한 신앙과 기념하는 마음은 연구소의 박사들도 예외가 아닌 듯했다. 크리스마스를 약 10일 앞둔 어느 날 모두 모이라고 해서 가보니, 와인과 비스킷이 차려져 있었다.

　2005년 4월 2일 폴란드 출신 교황 요한 바오로 2세가 서거했다. 이날 폴란드 국민들은 하던 일을 멈추고 한 마음이 되어 애도했다. 바르샤바 시내 거리 곳곳은 거대한 추모 분위기에 휩싸였다. 그날 밤 9시경이었는데 사이렌이 울리고 종소리가 울려 퍼졌다. 다음날 시내에 나가보니 길거리 곳곳에 조기가 걸려 있었다. 주택가 집에도 검은 천을 맨 폴란드 국기가 걸려 있었다. 대형 쇼핑몰들이 한꺼번에 철시했는데, 아파트 입구의 동네 슈퍼만 열려 있어 그나마 반찬거리를 살 수 있었다. TV에서도 추모 분위기 일색이었고 CNN과 BBC에서는 교황 관련 소식으로 채워졌다.

이 나라 사람들은 자국 출신 세계 지도자로 활약한 요한 바오로 2세 교황을 퍽 자랑스럽게 생각한다. 그런 만큼 교황의 서거는 폴란드 사람들 누구랄 것 없이 애도하게 만들었다. 폴란드 국민들은 과거 공산정권 시절 교황을 통해 희망을 찾고 가톨릭의 힘으로 고난을 이겨냈다고 믿고 있다.

우리나라 사람들은 예루살렘이나 터키 일부 지역을 기독교 성지로 여겨 방문하지만, 폴란드 사람들은 교황 때문인지 몰라도 로마 바티칸을 성지로 삼고 여행 패키지의 대부분도 로마에 집중된다.

또 한 가지 우리와 다른 점은 유난히 성모 마리아Madonna 신앙이 강하다는 사실이다. 마리아의 조각이나 그림이 다른 성인들보다 월등히 많다. 조수미의 바르샤바 공연도 마돈나를 열창해 큰 갈채를 받았다.

사유재산의 권리

이 나라에서는 재산에 대한 권리주장, 특히 집이나 토지 같은 부동산에 대한 보호가 매우 강하다. 국가가 보호해준다기보다는 오랜 관습과 전통에 의해 지켜지고 있다. 법 이상의 신성한 규범이 되었다.

아파트 단지의 주차공간도 예외가 아니다. 누구든 자신의 소유 공간이 아니면 거기에 허락 없이 함부로 차를 세울 수 없다. 잠깐이라고 봐주는 법이 없다. 한번은 아파트 단지를 방문한 외지인이 남의 주차공간에 차를 세웠다가 주차비를 물기까지 했다.

아파트 단지를 경비하는 사람의 주된 역할 중 하나가 바로 개인의 재산권을 지키는 일이 될 정도다. 때때로 경비원들이 분주히 오가거나 전화를 걸어오는데, 이 경우는 대부분 누군가 남의 주차공간에 차를 세워두었기 때문이다.

나 역시 내 주차공간에 외부차가 서 있는 것을 보고 집주인에게 알린 적이 있었다. 그 효과는 즉시 나타났다. 집주인은 이런 일이 재발하지 않도록 경비들에게 따끔하게 주의를 주었다고 하면서 나를 안심시켰다.

나라가 흔들렸어도 토지소유권은 강력한 보호를 받았고, 공산 치하 집단 농장화 방침에도 불구하고 이 나라 사람들의 토지 소유권을 어찌해보지 못했다. 그만큼 위력적인 재산권이다. 재산권 보호에는 이와 같은 배경이 있음을 알아야 하겠다.

폴란드에서 렌트의 개념이 어떤지 그리고 집주인과 세입자의 도리와 권리의무관계가 어떤지 생각해 볼 기회가 있었다.

언젠가 한국 사람이 집을 빌려 사는데 집주인이 갑자기 집을 팔게 되었다며 이틀내 집을 비워달라고 요구했다. 세입자로서는 청천벽력의 말을 듣고 수긍하기 어려웠지만, 주인이 법규를 들먹이며 마음을 굳힌 채 비워달라고 하니 달리 방법이 없었다. 주인이 왜 그렇게 강경한 태도를 보였는지 알기 어렵지만, 하나 집히는 것은 집주인과 세입자간의 권리의무에 대한 인식 차이다.

당초 계약조건은 한국사람 둘이서 지내기로 하고 550달러를 냈다. 그러다가 한 사람이 다른 집으로 옮기면서 혼자 산다는 조건으로 집주인과 협의해 월세를 450달러로 낮췄다. 그러던 중 한국에서 또 다른 사람이 와 둘이 함께 지냈다. 그렇지만 집주인에게 말하지 않고 지냈다.

혼자라는 조건으로 월세를 낮추었는데 다시 둘이 된 것이다. 이는 집주인에게 알려야 하는 사항이고 월세 인상 요인이다. 그런데 세입자는 이런 사실을 알리지 않았다. 만약 집주인이 자기 몰래 다른 사람이 들어와 사는 것을 보았다면 당연히 자신의 소유권 내지 집주인으로서의 권리가 침해당했다고 주장할 것이다. 동시에 집주인과 세입자간 신뢰관계도 깨어질 것이다.

그렇지만 집주인인 폴란드 사람은 이를 명시적으로 지적하지 않았다. 단지 집을 팔게 되었으니 나가 달라, 그것도 내일까지 집을 비워달라고 요구했다. 경위를 밝히지 않았지만 뭔가 단단히 화가 난 것임에 틀림없었다. 그 이후 주인이 집을 줄 수 없다고 마음을 굳힌 상태여서 어떠한 대화나 제의도 소용 없었다. 한 달 임대료를 선불하겠다고 해도 안된다는 답변이었다. 그저 나가달라는 것, 그것도 빠른 시일내로 집을 비워달라는 것이었다. 한국 세입자는 이 일을 계기로 폴란드 사람에 대해 큰 충격을 받았다고 말했다.

집주인과 김치 놓고 술을 권하며 우의 좋게 지내던 사이가 그처럼 깨어지니 유감스럽기 그지 없었다. 이렇게 쫓겨나듯이 집을 비우게 된 사건에 대해 여기에 오래 산 우리나라 사람은 임대차의 개념이 한국과 다르다는 사실에 주목했다.

"폴란드 주인의 처사는 당연하다. 한국 사람이 잘못 했다."

그 사람은 우리나라 사람이 한국식 사고에 머무르고 있는 걸 개탄했다. 집주인은 폴란드 사람이다. 폴란드 사람의 대인관계는 신뢰를 저버릴 때 가차 없음을 강조했다.

바르샤바 대학교 학생에게 서울의 내 집을 빌려줄 때 보니 확실히 폴란드와 한국의 임대차 개념이 달랐다. 내가 한 학생에게 2개월간 집을 쓰도록 맡겼으면 그 학생이 폴란드 친구 몇 명을 더 데려온다고 한 들 문제될 것이 없다고 생각했다. 그렇지만 폴란드 학생들은 자기 나라 방식대로 철저하게 개별적으로 집주인인 나에게 허락을 받아갔다. 한 사람에게 렌트했으면 한 사람만 써야 하고 다른 사람이 추가되면 렌트비도 인상되는 것이 폴란드식이었다.

　이런 경험이 있어 귀국할 즈음 집을 구하지 못한 모은행 주재관과 그의 가족이 내 집에 잠깐 들어와 살 때도 나는 한 달 안팎의 짧은 기간임에도 집주인에게 알리고 허락을 받았다.

주거문화와 별난 심야파티

폴란드 사람들은 약간 어두운 분위기를 좋아한다.

일 년 내내 블라인드나 커튼을 쳐 놓으며 조명을 다소 어둡게 하고 산다. 우리나라 사람들은 밤에 커튼이나 블라인드를 쳤다가도 아침에 일어나면 장막을 걷고 창문을 열지만, 이 나라에서는 낮에도 항상 가려져 있다. 집집마다 실루엣이나 커튼, 블라인드가 내려져 있는데, 낮에는 다소 약한 실루엣, 밤에는 두터운 커튼이나 블라인드로 가린다. 조명은 스탠드나 벽 등처럼 간접조명이 일반적이고 우리나라처럼 천정에 형광등을 달지 않는다.

가정집뿐만 아니라 연구소며 사무실도 마찬가지로 어둡게 하고 지낸다. 내가 있던 연구실도 실내를 어둡게 하고 있었다. 연구실에 사람이 있을 때는 항상 문을 열어두고 있는데, 가보면 실내가 몹시 어두웠다. 웬만해서는 자연채광을 하고 굳이 불을 켜려고 하지 않았다. 전기를 아끼기 위해서가 아니라 어두침침한 상태에서 지내는 것을 좋아하기 때문이다.

예전에 이 나라에서 사업 아이템을 찾던 모 사업가가 처음에는 조명에 주목한 적이 있었다. 우리나라의 휘황찬란한 밤 문화와 성능 좋은 조명을 생각하면 한국산 전구가 조명이 어두운 이 나라에 충분히 통할 것으로 본 것이다. 가격과 밝기 측면에서 경쟁력이 있으므로 물건을 보면 거래가 성사될 것으로 생각했다. 그래서 한국에서 견본을 가져와 여러 군데를 두드렸다고 한다. 그러나 결과는 예상 밖의 실패였다. 그 이유는 폴란드 사람들이 밝은 조명, 눈부신 조명 대신 약간 은은하고 침침한 조명을 선호하기 때문이었다. 폴란드 사람에 대한 이해 없이 사업을 하다 보니 의외의 결과가 나온 것이다.

이 나라 사람들은 자신의 집안 사생활을 보호하는 만큼이나 이웃에 폐가 될 행동을 하지 않는다. 대표적인 것이 공동생활 하는 매너다. 창밖이나 베란다에 빨래나 이불을 걸지 않는다. 이불을 창밖으로 터는 일은 더더욱 없다. 대신 카펫을 터는 곳이 별도로 마련되어 있다. 거기에서 카펫을 걸어놓고 쿵쿵 소리 내며 먼지를 털어낸다.

이처럼 프라이버시를 존중하는 나라지만, 예외가 있다. 유별난 풍속도로서 토요일에 벌어지는 요란한 파티 문화가 그것이다.

토요일 생일을 맞이하는 집에서 파티가 벌어지는데, 집에서 음식을 준비해놓고 친구들을 초대해 밤새도록 논다. 술 마시고 반주에 맞춰 노래를 부르며 가면무도회를 열기라도 한 양 밤새도록 흔들며 즐긴다. 춤추기 위해 음악 볼륨을 최대한 높이지만 이웃들도 각자 일 년에 한번은 하기 때문에 서로 용납한다고 한다. 초대된 사람들은 부부 쌍으로 오며 이때 가장 멋진 정장을 걸치고 나타난다. 직장과 사무실에서는 화려함과 거리가 먼 복장을 하지만, 파티 때는 극도로 화려하게 치장하는 것이다. 그래서 파티 한 번 하고 빚을 졌다는 사람이 나오기도 한다.

어느 가정에서 파티 때 찍은 사진을 보니 가면무도회처럼 화려했다. 장난기 어린 모습이며 알록달록한 치장, 얼굴화장 등이 극단으로 치닫는 자리임을 알 수 있었다.

내가 아는 어느 폴란드 사람은 자신의 집에 거의 50명이나 되는 친구를 불러 파티를 열었다고 한다. 그래도 이웃이 항의하지 않았다니, 아마도 단독주택이니 가능했으리라. 그런데 아파트에서 이와 같은 파티가 열렸다면 어떻게 되었을까? 생각하기도 싫지만, 실제로 내가 사는 집 바로 위에서 있었다.

날씨가 몹시도 추운 12월초 토요일 밤에 일단의 청춘 남녀들이 시끄럽게 계단으로 올라갔다. 그리고는 바로 위집에서 쿵짝 쿵짝 하는 굉음이 울려 나왔다. 요란한 정도가 아니라 아예 건물을 흔들고 귀청을 찢어지게 할 정도였다. 밤 12시가 넘고 새벽 1시를 넘겼는데도 대낮 유원지에서나 들을법한 노래 소리와 오디오가 쿵쾅거렸다. 평소에는 점잖고 조용한 이들이 아무리 허용된 것이라고는 하나, 이렇게 심야에 오디오를 최대한 높여놓고 즐길 수 있나? 아연했다. 1층 아래에 사는 사람이 소리치고 창문을 두드리며 항의했지만, 위층 파티 하는 사람들은 아랑곳하지 않았다. 좀처럼 끝나지 않는 오디오 소리, 청년들이 술 마시고 떠들며 계단을 오르내리는 소리, 아랫집 아저씨의 창문 두드리는 소리를 들으며 밤새 뒤척이다가 새벽 4시 경에야 잠들 수 있었다.

꽃을 좋아하는 사람들

바르샤바는 1918년 신생 독립국의 수도가 되면서 한때 중부유럽의 파리Paris 로 불렸다. 그 주된 이유는 꽃의 도시이기 때문이었다. 이 말의 연원은 지금부터 76년 전인 1936년에 폴란드 바르샤바를 다녀온 영문학자 정인섭이 1939년에 동아일보에 연재한 글 '폴란드의 인상'에서 비롯됐다.

기사[2] 내용을 현대 우리말로 옮겼다.

바르샤바가 동유럽의 파리라는 것은 그 지리적 위치가 서유럽의 꽃 서울, 즉 프랑스의 수도와 대조되는 데도 있겠지만, 그 내용에 들어가서 구경을 하면 역시 동유럽의 파리라는 말이 적합하다고 할 수 있다.

무엇보다도 시가지의 아취를 들 수 있으니

……

바르샤바시 가운데로 흐르는 비스와 강변의 풍경은 그만두고라도 무엇보다도

---

2   이민희, 『파란 폴란드 뽈스카』, 소명출판, 2005년 365쪽

여행객의 눈에 띄는 것은 높은 건물마다 수십 수백 되는 창문 밖 베란다에 아름다운 화초를 심어 내가 본 늦은 여름에는 꽃이 만발해서 그야말로 꽃으로 수놓은 환상의 전당이었다. 꽃이 같은 종류인데 색이 흰색과 붉은색의 두 층으로 되어 있다. 좌우에 높이 솟은 건물의 창문이 모두 이렇다는 것을 생각해보라. 얼마나 아름다운 모습인가? 이 꽃은 그들의 말에 의하면 폴란드의 국기(백색과 적색)를 연상하는 것이라는데 대표적 중심가에는 차도와 인도 중간에 있는 전주가 모두 이 화분을 중허리에 지니고 있으며 거기에도 건물의 창밖에 있는 꽃과 똑같은 꽃을 심어놓았다.

이와 같이 창문마다 같은 꽃이 재배되고 전주에 화분의 화환을 꾸민다는 것은 세계 어느 나라, 어느 도시, 어느 프랑스의 파리라도 따라갈 수 없는 그야말로 바르샤바의 독특한 풍경일 것이다. 파리는 공원의 화단이 훌륭하고 마로니에 가로수도 예쁘지만 바르샤바처럼 시가 전체, 아니 건물 전체를 일률로 같은 꽃으로 수놓아져 있지는 않다.

……

나는 바르샤바의 모든 것을 잊는다 해도 이 꽃 풍경은 실로 세계에서 유니크한 정취이기 때문에 인상이란 영원히 잊을 수 없는 것이다.

이때 보았던 바르샤바처럼 지금 이 도시는 옛 영화를 되찾고 있다. 바로 꽃의 거리, 꽃으로 장식된 주택, 꽃으로 수놓은 도시이기 때문이다. 이러한 풍경은 1936년에 보았던 것과 별반 다르지 않다.

거리 가로등이 꽃으로 장식되어 있고 건물 창문과 베란다마다 각양각색의 꽃들이 자태를 뽐낸다. 40년이 넘는 사회주의를 하는 동안에는 옛 도시의 면모를 잃었지만 지금 화려하게 수놓은 꽃으로 인해 다시 깨어났다. 아파트와 주택에 사는 사람들은 저마다 창문과 베란다에 꽃을 심어 내놓는다. 길을 가는 나그네의 눈이 즐겁다. 건물의 콘크리트와 벗겨져 가는 페인트칠을 보는 것보다 얼마나 더 아름다운가. 꽃으로 집을 꾸미는 사람들, 집안에서 식구끼리 감상하는 것이 아니라 창밖과 베란다로 내놓는다. 덤으로 이 도시는 아름다워지고 여행에 지친 이방인까지 즐거워지는 것이다.

건물 베란다와 난간에 이불이 걸려 있는 모습을 찾기 어렵다. 세탁물을 전혀 볼 수 없는 건 아니지만, 대개는 흐드러지게 피어 있는 꽃 화분이 놓여 있다. 우리와 달리 베란다에 채소를 키우거나 관엽수를 두는 경우는 거의 없다. 베란다에 있는 식물이라면 으레 꽃이다.

독일에서 잔디를 가꾸지 않으면 독일 사람들과 친하게 지내기 어렵다는 말이 있듯이 폴란드에서도 그와 비슷한 경우가 있다. 즉 바르샤바에 살 때는 꽃을 가꿔야 한다는 풍습이다. 다른 모든 집이 꽃을 키우고 베란다와 창문에 꽃이 만발한데 내 집만 쏙 빠져 있을 수 없기 때문이다.

내가 살던 아파트 2층 베란다에도 여름 내내 꽃이 피는 화초를 심었다. 슈퍼에서 화분과 화분 받침대, 화분걸이, 꽃을 사다가 심고 매일 물을 주었다. 노력했지만, 다른 집과 비교하면 내 집의 꽃은 조금 듬성듬성했다. 그러나 이때의 경험이 있어 우리나라에 살면서 꽃을 키우고 연중 감상하며 사는 지혜를 갖게 되었다. 조금만 더 관심을 가지고 화초를 손질하고 햇볕을 쪼이고 물을 주면 여느 집 못잖게 꽃으로 장식할 수 있기 때문이다.

다행히 폴란드에서는 꽃을 사서 키우는 일이 어렵지 않다. 집수리, 정원 가꾸기, 화초 재배에 필요한 인프라가 잘 갖추어져 있기 때문이다. 집 가꾸기 자재만 취급하는 전문 쇼핑몰이 있고 거기에 가면 화분과 화분걸이, 여러 가지 화초와 각종 재배도구, 거름과 영양제 등 없는 것이 없다. 꽃을 파는 곳도 이곳만이 아니다. 꽃가게 외에 대형 쇼핑몰에서 종자와 모종을 팔고, 주택가 슈퍼에서도 판다. 거의 생활필수품처럼 되어 어디에서나 찾아볼 수 있다.

꽃이 잘 회전되는 데는 이 나라의 교제 문화가 한몫 한다. 폴란드 사람들은 꽃을 대단히 좋아하며 일상생활에서 흔히 꽃을 주고받는다. 집에 초대 받아 갈 때는 물론 공항, 기차역에서 손님을 맞을 때도 꽃을 가져간다. 생일, 이름기념일Name Day, 공휴일, 기념식에서도 당연히 꽃이 필요하다. 거리에 꽃집이 넘친다.

우리의 꽃 문화가 화환과 같은 것으로 해결하는 것이라면, 이 나라 사람들은 꽃에 감탄하는 사람들이어서 직접 꽃을 사들고 헌화하거나 전달하는 걸 좋아한다. 다른 사람을 시켜서 꽃을 전달하는 문화가 아니어서 초대받았을 때 빨간 장미나 노란 튤립과 같이 한 가지 종류의 꽃을 다발로 묶어 가지고 가는 경우가 많다.

바르샤바에는 오래된 묘지가 있지만 어둡게 느껴지지 않았다. 꽃 무덤이라 할 만큼 많은 생화와 조화가 놓여 있기 때문이다. 우리나라는 묘지를 멀리 하지만, 이 나라 사람들은 묘지 가까이 살고 기회 있을 때마다 찾아가 촛불을 켜고 꽃을 놓는다. 망자의 날과 같은 기독교 절일이 되면 발 디딜 틈이 없을 만큼 붐빈다. 유족들이 저마다 묘를 찾아 헌화하고 추도하기 때문이다.

폴란드의 모든 이름은 성서에 나오는 성인 이름을 따라 지어져 있는데, 이름마다 기념하는 날이 있다. 이를 명명일 혹은 이름기념일이라고 하며 폴란드어로 'imieniny', 생일 대신 이날을 축하하는 사람이 많다. 파티가 열리며 친구들은 풍성한 음식과 술, 선물과 꽃을 가지고 축하해준다.

화려한 의상을 좋아하는 사람들

폴란드 사람은 옷을 잘 입는다. 여성들은 날씬한 키에 예쁘고 화려한 의상을 하고 걷는 모습이 모델 못지 않다. 바르샤바 거리에서 마주치는 여성들은 나이를 불문하고 옷을 참 잘 입는다는 생각이 들었다. 여름에는 날씬한 몸매와 가슴을 드러내는 의상으로 시선을 끌고, 겨울에는 옷을 단단하게 입으면서도 모자와 목도리, 스카프, 쇼올, 장갑, 부츠, 선글라스, 액세서리로 스타일 리쉬하게 멋을 낸다. 의상을 출중하게 만드는 재주는 이 나라 사람들이 탁월하다. 여성뿐 아니라 공원 벤치에 앉아 있거나 공연을 즐기려 모인 시민들도 한결 같이 품위 있는 복장을 하고 있다.

1936년에 폴란드를 방문하고 남긴 우리나라 사람의 글에도 이 같은 사실이 드러나 있다.

"폴란드인들은 복장이 사치스럽고 화려하다."

쇼핑센터 의류점에 가보면, 화려한 의상의 나라답게 다양한 색감과 디자인을 자랑한다. 옷 모양은 더 파격적이다. 가슴이 패이고 배꼽을 드러낸 것이 가는 선과 노출을 좋아함을 알 수 있다.

철의 장막, 부족의 경제로 궁핍에서 벗어나지 못할 때도 그들의 장기는 녹슬지 않았다. 이때의 바르샤바 풍경을 다음과 같이 전하고 있다.

"폴란드 사람이라면 누구나 패션 감각을 타고 난다고 해도 과언이 아니다. 60년대에(공산치하) 옷가게에는 작업복밖에 파는 것이 없는데도 바르샤바 거리는 마치 몽마르트(파리)나 카너비 거리(런던)와 경쟁이라도 하듯 형형색색의 의상을 걸친 사람들로 붐볐던 것이다……. 다들 재봉틀로 손수 만든 옷을 입고 다녔기 때문이다."[3]

멋은 정장에서 나오는가? 이 나라에서는 그렇다고 할 수 있다.

일할 때는 수수한 복장을 하고 공연을 보러 가거나 파티장에 갈 때 정장을 입는다. 생계를 위해 어쩔 수 없이 하는 일은 수수한 옷차림을 하고 좋아서 모이는 자리에서는 화려하게 치장하는 것이다. 화려한 드레스나 정장을 하는데, 입고 갈만한 옷이 없으면 빚을 내서라도 장만한다고 한다. 공연시간에 맞춰 오페라 대극장에 가면 이 나라 사람들이 얼마나 화려하고 아름다운지 직접 볼 수 있다.

폴란드에 살면서 이 나라 사람들의 파티 초청을 받았다면 반드시 정장을 하거나 특별한 의상을 해야 한다. 그러나 가든파티나 개별 가정방문은 그다지 신경 쓰지 않아도 된다.

---

3 제노포브스(Xenophobe's) 가이드, 『유시민과 함께 읽는 폴란드 문화이야기』, 2002, 13-14쪽

영양가 높은 수수한 먹거리

바르샤바대학교에서 2년간 지내면서 점심은 언제나 폴란드 음식을 먹었는데, 나중에는 상당히 즐기게 됐다. 얼마나 잘 먹었던지 연구소 동료들은 내게 한국에 돌아가 폴란드 음식점을 할 계획이냐고 물어올 정도였다. 처음에는 폴란드 친구들이 음식시키는 것을 보면서 조심스럽게 먹었지만, 시간이 지나면서 내가 좋아하는 것을 골라 먹었다. 그러다보니 먹는 전문가가 되어 폴란드 음식에 대해 말할 수 있는 수준에까지 이르게 됐다.

식당에서는 대체로 돼지고기 위주의 메인디쉬에 빵과 영양가 많은 잡곡류, 야채 발효시킨 것, 감자 등이 나오고 가끔은 생선종류와 오리, 터키 요리 등이 나왔다.

가장 널리 알려진 정식 요리는 뭐니뭐니 해도 코트렛트 스하보비^{Kotlet Schawowy}다. 우리나라의 돈까스에 견줄 수 있다. 돼지고기 살코기를 튀겨 내거나 볶은 요리에 삶은 감자와 절임 샐러드가 곁들여져 나온다. 향을 내기 위해 마른 풀잎가루를 얹고 보기 좋으라고 상추 한 잎을 놓는다. 절임 샐러드는 '수루브카^{Surówka}'라고 부르는데, 재료는 양배추가 일반적이나, 당근, 비트

코트렛트 스하보비

뿌리 등도 있다. 절임이라는 말에서 알 수 있듯이 약간 발효시켰으나 냄새가 별로 없고 단맛이 배여 있어 먹기 좋다. 가장 흔한 흰색 양배추 샐러드는 짜며 자주색은 부드러운 맛에 아삭하다. 감자도 삶은 것, 구운 것, 튀긴 것 등 다양하다. 감자는 삶아서 내면 지엠냐키Ziemniaki, 튀겨서 내면 프리트키Frytki 이다.

전통 요리의 대명사로 폴란드가 자랑하는 스튜는 비고스Bigos다. 옛날 사냥꾼들이 집을 떠나 산이나 숲속에서 머물 때 몸보신하기 위해 먹은 것으로 알려져 있다. 집에서 주부가 손수 만든 것을 최고로 친다. 양배추, 버섯, 소세지 등을 넣고 조리하며, 오래 끓일수록 더 깊은 맛이 난다고 한다. 비고스를 먹어보지 않고는 결코 폴란드를 안다고 말할 수 없다.

잡곡은 카샤Kasza라고 한다. 폴란드 사람들은 자국에서 생산된 다양한 잡곡을 즐긴다. 일상적으로 먹는 빵 외에 건강식으로 쌀과 호밀, 수수 등을 삶아서 고기와 더불어 즐겨 먹는다.

해산물 요리로는 청어와 장어훈제, 송어튀김, 유대인으로부터 전래된 잉어고기 훈제요리가 조금 퍼져 있다. 폴란드 사람은 생선을 좋아하는 편이 아니나, 그래도 청어와 장어, 잉어고기 요리를 먹어보지 않았다면 이 역시 폴란드를 잘 안다고 하기 어렵다.

골롱카라는 돼지 무릎 살코기 요리이다. 하나 시키면 성인 두 명이 나눠 먹어야 할 만큼 크고 고기 양이 많다. 튀긴 것과 삶은 것 두 가지가 있는데, 삶은 것은 냄새가 날 수 있으므로 주의해야 한다. 제베르카는 양념한 돼지갈비 구이로 먹을 만하나, 냄새 제거가 잘 되었는지 보아야 한다. 폴란드 친구가 추천한 샤슈윅, 포렝드비츠카Poledwiczka도 먹을 만하다.

어떤 때는 점심 식사로 타타르Tatar란 육회를 먹은 적이 있었다. 이 음식은 폴란드를 침공한 몽골군이 남긴 산물이다. 폭풍처럼 휩쓸고 돌아간 몽골군이 이 음식과 후손을 남겨 두었다.

폴란드의 다양한 곡물과 추운 환경 조건을 잘 반영한 음식이 있다면 단연 수프Zupa다. 소시지나 햄도 유명하지만 수프만큼 폴란드적 특색이 두드러진 것이 없다. 폴란드는 긴 겨울의 나라, 차갑고 축축한 음지의 나라, 눈 덮인 대지 위에 혹한과 폭설이 반복되는 긴 겨울의 나라다. 오후 3시면 어두워져 활동시간이 줄고 심리적으로 위축되며 악천후로 멀리 여행을 떠나기도 어렵다. 우울해지기 딱 알맞은 겨울철에 뜨겁게 만든 수프는 심신의 기력을 돌궈주고 영양을 보충해준다. 큰 그릇에 가득 담아주는 뜨거운 수프 안에는 고기나 햄, 소시지, 빵, 마카로니, 파스타, 소 양고기, 비트 뿌리, 토마토, 콩, 쌀과 잡곡류가 각각 특색 있게 들어 있어 영양가도 무척 높다.

먹어보니 정말이지 이 나라의 뜨겁고 짜며 기름진 수프는 긴 겨울을 지내는 데 맞춤형이라고 할 수 있었다. 이처럼 인기가 있다 보니 요즘은 아예 인스턴트식품으로 만들어 팔고 있다.

폴란드 음식은 화려하지 않다. 영양가 위주로 수수하게 만든 것이어서 눈길을 사로잡는 색깔이나 자극적인 맛을 찾기 어렵다. 대신 농업대국답게 전국에서 생산되는 풍부하고 저렴한 농산물로 만들어 음식은 그 어느 나라보다도 푸짐하다. 우리나라 음식과 비슷한 점은 국제화에 불리하다는 점이다. 요리재료가 많이 들고 이것저것 많이 넣어 끓이고 튀기는 음식이어서 표준화하기 어렵고 걸쭉해서 처음 보기에 먹음직하지 않기 때문이다. 더구나 폴란드에서는 싸고 질 좋은 요리 재료가 풍부해 음식을 다채롭게 만들 수 있지만, 폴란드를 벗어나서도 이와 같이 푸짐한 음식을 만들 수 있을지는 알 수 없다.

음식이 기름지기 때문에 중화를 위해 요구르트와 진한 커피를 마시기도 한다. 일반적으로 기계로 짜낸 커피보다 원두커피 가루에 뜨거운 물을 부어 만든 소위 터키식 커피를 즐긴다. 지금도 폴란드 하면 생각나는 것 중 하나가 바로 연구소의 원두커피 향기다. 진한 원두커피 물에 우유를 듬뿍 넣어 만든 커피는 기름기 많은 음식에다 흐리고 어두운 날씨의 폴란드에 정말 제격이다. 헤르바타Herbata(홍차)는 주로 유리잔에다 설탕과 레몬을 넣어 마신다.

최근 들어 매콤한 베트남 요리를 찾는 사람이 많아지고 있다. 폴란드 사람이 베트남 음식에 맛 들었다는 이야기가 들릴 정도로 인기를 끌었다. 그렇지만 연구소의 동료들은 베트남 식당 이야기에 손사래를 쳤는데, 소문을 확인하고 싶어 혼자 베트남 식당을 찾아보았다. 길거리 조그만 부스에 위치한 식당의 닭고기 요리나 국수 종류의 맛은 괜찮았다. 그러나 대우가 별로였다. 뭔가 촌놈 취급하는 식으로 바가지 씌운다든가 비싼 걸 권한다든가 해서 뒷맛이 개운치 않았다.

즐겨먹는 식사와 간식

폴란드 사람들의 식습관은 아침은 샌드위치와 수프로 먹고 점심은 샌드위치로 때운다. 대신 온 가족이 모이는 저녁에 가장 잘 먹는 것으로 알려져 있다. 실제 폴란드 친구의 집에 초대되어 갔을 때 수프와 메인디쉬 외에도 여러 가지 요리와 케익, 차 등이 풍성했다.

점심 때 샌드위치를 먹는다고 했지만 그런 사람은 대개 학생 아니면 샐러리맨, 공장 근로자들이다. 점심시간이 따로 없고 그냥 휴게소에서 간단히 먹는다. 그에 비해 내가 본 교수나 연구원들은 점심을 식당에서 사먹었다. 식사비가 5,000~6,000원 가량 하는데, 맞벌이하느라 바빠서 그런지 식당 요리를 즐겼다. 이때 먹는 식사가 오비아드Obiad다. 오후에 먹는 늦은 식사로 알려져 있는데, 정시에 먹는 우리나라의 점심과 달랐다.

폴란드 친구들은 점심을 늦게 먹는다. 식사 시간이 따로 없고 오후 1시가 되었을 때 삼삼오오 식당으로 갔다. 12시면 배고파지는 내가 식사하러 가자고 하면 폴란드 친구들은 항상 손목시계를 보여주며 오후 1시를 가리켰다. 더 늦게 가자고 하는 경우도 많았다. 우리처럼 12시 전에 점심 식사하러 가는 경우는 아예 없었다.

이와 같이 폴란드 사람들은 하루 세 끼 식사를 한다. 과거에는 오전 11시에 뭘 조금 더 먹었다고 해서 하루 네 끼 먹는다는 말도 있었지만, 지금은 완전히 세 끼로 정착했다.

세 끼 정식 식사보다 폴란드를 더 유명하게 만든 것은 소시지다. 폴란드 하면 독일과 마찬가지로 햄과 소시지의 나라다. 그 명성에 걸맞게 유명한 것이 폴란드 소시지 키에우바사Kiełbasa다.

미국에 갔을 때 길거리 포장마차에서 폴란드 소시지를 사먹고 놀란 적이 있었다. 어떻게 여기까지 와 있을 수 있을까? 그러나 결코 놀랄 일이 아니다. 폴란드의 이민역사가 이미 워싱턴 장군이 독립 투쟁하던 시기까지 거슬러 올라가기 때문이다. 그렇지만 그 소시지는 폴란드산 제품이 아니었다. 미국에서 만들어내는 소시지 중의 하나이다. 여하튼 소시지가 폴란드의 이름을 알리는 데 일조하고 있음은 분명하다.

간식 내지 가벼운 음식으로 알아둘만한 음식 몇 가지를 소개한다. 먼저 우리나라의 만두에 해당하는 피에로기Pierogi다. 러시아로부터 들어왔다. 저민 고기를 넣기도 하지만 재료가 고기 외에 치즈, 감자, 버섯, 딸기 등 다양하다. 가장 맛있는 것은 치즈 얹은 만두Pierogi z serem이다. 언젠가 캐롤리나가 시골 할머니가 손수 만들었다는 피에로기를 가져왔는데, 속에 치즈와 감자가 들어 있어 꽤 먹을 만 했다. 수프나 수루브카를 곁들여 먹으면 좋다. 귀국한 뒤로 먹을 기회가 없었는데, 얼마 전 신촌의 러시안 식당 '유라시아 러시아'에서 그 피에로기를 맛볼 수 있었다. 치즈와 함께 먹는 맛이 폴란드에서 먹었던 것과 같았다. 폴란드의 피에로기는 러시아의 유산이고 러시아 만두는 몽골로부터 유래했다고 한다.

감자전에 해당하는 플라츠키 젬냐차네Placki Ziemniaczane와 치즈로 만든 펜케익인 나레시니키 즈 세렘Nalesniki z Serem도 출출한 배를 달래는데 적당하다. 부침개와 비슷하지만 다양한 소스를 발라 먹기 때문에 새콤 달콤 맛이 다양하다.

이 나라 사람들이 후식으로 즐기는 케익이며 로디Lody(아이스크림), 퐁책, 세르닉, 학생들이 길거리에서 사먹는 자피에칸키도 알아둘 만하다.

케익(토르트Tort)은 종류가 많으며, 야생 산딸기나 블루베리 등 과일을 많이 사용해 화려하고 기름지다. 아이스크림은 다양한 종류에 맛이 좋기로 소문나 있다. 그래서 베스킨 라빈스나 하겐다즈 같은 국제적인 명성의 아이스크림이 이 나라에 진출하지 못한다. 폴란드를 여행한다면 이 아이스크림만큼은 잊지 말아야 하겠다.

퐁츠키paczki라 불리는 도넛 역시 유명하다. 특히 들장미 잼을 넣어 만든 도넛(퐁츠키)은 풍미와 맛으로 유명하다. 치즈 케익은 우리나라에도 있지만, 폴란드의 세르닉Sernik은 특유의 향과 촉감으로 입 안에서 녹는 느낌이 강하다.

자피에칸키Zapiekanki는 젊은이들이 식사대용으로 먹을 만큼 고영양식이다. 바게트를 길게 자른 면 위에 버섯, 치즈, 피망, 고기 등을 얹거나 피자처럼 녹여 붙인 것인데, 센트룸 지하도에 가면 많이 볼 수 있다. 비슷한 것으로 카나프카Kanapka가 있다. 둥근 빵(부우카나 카이젤카)을 반으로 잘라 그 사이 치즈, 햄, 삶은 계란, 토마토 등을 넣은 것으로 학생들이 점심으로 많이 사갖고 다닌다.

그 외 이 나라의 술도 빼놓을 수 없다. 폴란드의 대표적인 술은 부드카(보드카)다. 곡창지대의 나라답게 곡물로 만드는 부드카를 제일 먼저 만든 나라다. 폴란드 사람들이 즐기는 부드카가 있다면 단연 조웅드코바 고르슈카 Zoladkowa Gorzka를 들 수 있다. 1956년부터 생산되었는데, 약초 줄기가 들어 있어 특유의 향기가 나며 약초술 혹은 허브술로 불린다.

마지막으로 폴란드 사람이 오래 동안 즐겨온 과자를 소개한다. 국민 대다수가 즐기는 과자로는 초콜릿 바 'Prince polo'와 초콜릿 우유과자 'Ptasie mleczko'Bird milk가 있다. 전자는 폴란드에서 오래 동안 가장 많이 팔린 제품으로 와퍼에 초콜릿이 덮여 있는 것이고, 후자는 초콜릿과자로 유명한 베델 Wedel사 제품이다.

폴란드에서의 한국요리

연구소의 폴란드 친구에게 스시집에 가보는 게 어떠냐고 물어봤다. 처음에는 비싸다며 망설이더니, 며칠 후 이야기가 되었는지 4명이 따라 나섰다.

나를 포함한 다섯 명이 교민이 운영하는 스시집에 가서 스시 도시락 두 개, 불고기 도시락 한 개, 불고기와 삼겹살 일 인분씩 총 다섯 가지 종류의 음식을 시켜 먹고 잡채를 추가 했다. 폴란드 동료들은 젓가락을 사용하는 방법을 연습하면서 밑반찬으로 나온 무채, 시금치, 김치, 오이, 김치전을 맛보며 거의 다 비워버렸다.

다들 불고기와 삼겹살 등을 쌈도 싸먹어 보면서 김밥, 스시, 잡채와 함께 배부르게 먹었다. 스시는 다소 컸는지 반으로 잘라 먹곤 했다. 된장국 미소 시루도 잘 마셨다. 바비큐와 스테이크 만드는 것을 좋아하는 한 친구는 불고기가 맛있다며 소스 만드는 방법을 물으며 관심을 표시했다. 분위기가 좋다는 반응이고 그렇게 맵지 않은 편이라고 말했다. 이 식당은 비교적 폴란드 사람의 입맛을 고려해서 요리를 내놓았다. 현지인을 겨냥해서 성공한 케이스였다.

한식당은 외곽이나 상가 2층에 있었는데 이 식당은 큰 도로변 잘 보이는 사거리에 냈다. 하얀 테이블보를 사용하고 폴란드 사람들이 좋아하는 꽃을 테이블마다 올려놓았다. 폴란드 사람 위주로 손님을 맞는데, 테이블마다 이 나라 사람들끼리 조곤조곤 말을 나누며 식사하는 모습이 인상적이었다. 오히려 한국 손님이 어쩌다 눈에 띌 만큼 적었다.

이곳에 온 폴란드 동료 중 한 친구는 나중에 부모님을 모시고 한 번 더 그 식당에 갔다는 말을 들었다. 나도 모르게 식당을 소개한 셈이 되었다. 음식 값이 너무 비싸 자주 가기는 어렵고 생일이나 행사가 있을 때 갈 수 있겠단 말을 했다.

한번은 서울에서 온 손님을 데리고 그 식당에 갔는데, 식사 분위기는 여전히 좋았으나 대화를 나누기가 어려웠다. 옆자리의 폴란드 아저씨가 식사 내내 이쪽 테이블을 쳐다봐 불편했기 때문이다. 한국에서 온 사람이 거리낌 없이 말하고 웃어 제치는 데 폴란드 손님이 듣기 불편해 했다. 우리 억양, 웃음, 감정표현, 소리가 그들의 귀에 거슬렸던 것이다.

이곳 스시집은 엄밀히 말해 한국식당이 아니다. 주방에서 음식을 만드는 사람이 한국 사람일 뿐이다. 어디를 봐도 한국적인 것은 없었다. 소품들이나 장식품, 그림들까지 일본 것이고 우리 것을 알리는 데는 소홀했다.

이 식당과 비슷하게 스시를 하지만, 음식종류나 손님접대가 좀 더 우리식에 가까운 음식점에 폴란드 친구들을 데리고 갔다. 빌라누프에 있었는데, 우리식으로 삼겹살을 구워 쌈 싸먹고 김밥을 시켜 먹었다. 그런데 놀라운 것은 폴란드 사람이 우리 음식을 전혀 어려워하지 않는다는 사실이었다. 오히려

쌈장을 즐기며 매운 반찬을 곁들여 허겁지겁 먹는 것이 우리나라 사람 못잖았다. 여기에 맥주 한 잔까지 걸치니 기분들이 좋아져 참석자들은 한결 같이 우리음식을 호평했다. 이 날의 분위기가 계속 이어졌는지 한 폴란드 동료 부부는 그동안 미뤄왔던 내 가족 초대를 바로 다음날에 성사시켰다.

업무시간과 사적인 시간

폴란드 사람들은 업무시간과 사적인 시간을 엄격히 구분한다.

업무가 끝나면 개인시간, 가족과 함께 하는 시간, 사생활의 영역이 되며 거기에는 어떠한 예외도 없다. 일이 많이 남아 있더라도 퇴근시간이 되면 가족이 있는 집으로 돌아간다. 아내와 아이들이 있는 집에서 식사를 하고 이어 집안일에 매달린다. 우리나라 사람처럼 퇴근길에 직원끼리 어울려 술을 마시거나 모임에 가는 경우는 드물다. 직장에서 보내는 출장조차 아내의 동의가 있어야 외박이 가능할 정도다. 폴란드 사람들은 집안일을 부부가 나눠서 하므로 가정에 돌아가지 않으면 안 된다고 생각한다.

주말에도 가족과 함께 쉬거나 집을 수리하고 정원을 다듬으며 시간을 보낸다. 특히 토요일은 교제하는 날로서 직장 동료나 친구가족을 초대해 파티를 열거나 남의 집에 놀러가기도 한다.

가족을 중요시하는 이유는 그들이 가족을 최우선으로 하는 가치관을 가지고 있기 때문이다. 여론조사를 봐도 폴란드 사람들은 성공적인 가족생활을 무엇보다도 가치 있는 것으로 믿고 있다. 수년 동안 진행된 여론조사에서도 이러한 사실에는 변함이 없다.

이와 같은 사람들이므로 업무와 관련된 약속은 반드시 업무시간 안에 끝낸다. 업무시간 이후는 누구랄 것 없이 가정으로 돌아간다. 예외가 없다. 설령 약속을 하고 멀리서 왔더라도 업무시간 이후면 기다려주지 않는다.

눈 내리는 2005년 3월 우리나라 모 방송국 기자가 폴란드의 외국계 투자회사를 취재하기 위해 바르샤바에 왔다. 그리고는 약속한 투자기업 관계자를 만나기 위해 승용차로 투자기업이 있는 올슈틴으로 달렸다. 미리 약속을 했고 만나는 시간에 맞춰 일찌감치 출발했지만 이날 폭설이 내려 예상치 못한 차질이 생겼다. 도저히 제 시간에 도착할 수 없게 되었기에 가는 도중에 전화를 해서 40여 분 늦어진다는 말로 양해를 구했다.

그러나 돌아온 답변은 '퇴근 시간 이후는 안 된다.'였다. 실망했지만, 그래도 이미 다 왔고 '설마' 하는 생각에 만나기로 한 장소에 갔다. 그러나 그들은 기다려주지 않았다. 공장 문은 굳게 닫혀 있었고 맞이하는 사람은 없었다.

이 상황에 대해 연구소의 폴란드 동료에게 의견을 들어보니, 그들의 대답은 의외로 담담했다. 기다리지 않은 행동은 지극히 정상적이라고 했다. 퇴근 시간 지나서까지 업무를 해야 할 이유가 없다는 것이다. 이 나라에 오래 산 우리나라 사람에게 물어봤다. 그 역시 당연하다는 반응을 보였다.

"눈이 많이 내려 제 시간에 가지 못할 상황이었다면 내일 만나자고 했어야 했다. 간 것이 잘못이고 기다려 주리라고 기대한 것이 세계화되지 못한 증거다."

이처럼 폴란드인들이 직장이나 일보다 가족을 우선한다는 것은 공지의 사실이다. 그런 의미에서 보면 저 멀리 외국에서 온 손님을 기다려주지 않고 가버린 일을 이해할 수 있다.

물론 이에 대해서는 공산주의의 부정적인 유산이라며 "아직 덜 깨어났다.", "멀었다."고 비판하는 사람도 있다.

그러나 오래전에 만든 KOTRA의 안내책자에도 폴란드는 출근 후 1시간, 퇴근 전 1시간 내에는 상담을 하지 않고 금요일에는 오후 상담을 피한다고 소개되어 있는 만큼 그들을 탓하기 어렵다.

한국과 폴란드는 문화가 다르다. 직장의 중요성이나 근무시간에 대한 관념, 직장동료들에 대한 기대 등 생각이 아주 다르다. 직장과 가족의 의미, 양자의 관계 역시 우리와 다르다.

우리는 직장이 매우 중요하고 직장 사정을 우선적으로 고려해주는 문화를 가지고 있다. 외부 약속을 못 지켜도 '직장 일' 때문이라고 하면 대개 변명이 되고 양해해 준다. 그러나 이 나라에서는 정 반대다. 직장 일 때문이 아니라 결혼기념일이나 자녀의 생일 때문이라고 해야 양해가 된다. 직장에서 일할 때도 마찬가지다. 가족 행사 때문이라고 해야 조퇴나 외출, 일찍 퇴근할 정당한 사유가 된다.

폴란드 사람에게 업무시간은 더도 덜도 말고 딱 그 시간까지다. 공직자도 다르지 않다. 비상 상황이 아닌 한 업무시간 외에 출근하지 않는다. 굳이 나오려면 상급자의 허가를 맡아야 한다. 휴일이고 가족과 함께 집안일을 하는 시간인데, 왜 직장에 나오느냐는 것이다. 결국 휴일에 사무실에 나오는 사람이 거의 없다. 가정이 없거나 집에 가기 싫은 사람도 업무시간 외 사무실에 나오려면 정당한 이유가 있어야 한다니 공무원으로서 일견 부럽다.

외교관들은 흔히 우리나라를 '특수지역'이라고 부른다. 가정생활보다 직장생활이 더 중요하고 또 직장에서 인생의 더 많은 시간을 보내기 때문이다. 야근을 밥 먹듯이 하고 주말에다 휴일근로까지 하는 우리나라 사람이 이 나라 사람들에게 이상하게 보이는 것은 당연하다. 외교관이 우리나라를 '특수지역'이라고 부르는 이유 중에는 우리나라 사람들이 외교관례나 국제관례를 무시하고 우리식대로 하는 경우가 많기 때문이라는 주장도 있다.

바르샤바에서 만난 여성

폴란드에 처음 와서 아는 사람이 없을 때 내 자동차 등록과 보험계약, 비자 사무소 신청 업무를 대행해준 폴란드 여성 프리랜서가 있었다. 어찌나 시원 시원하게 일을 잘 해치우는지 한국사람 마음에 딱 들었다. 남들이 이삼일에 걸쳐 할 일을 단 하루 만에 해치울 정도였다. 그녀는 자동차 명의이전 및 등록 업무와 자동차 보험가입까지 단 하루 만에 처리하고는 농담 반 진담 반으로 이렇게 말했다.

"폴란드에서는 하루에 이렇게 많은 일을 할 수가 없어요."

그랬으니 나로선 참 좋은 사람을 만났구나 하고 생각할 밖에 없었다. 낯선 나라에서 부탁할 일이 많은 나로서는 업무적이든 개인적으로든 그녀와 좋은 관계를 유지하고 싶었다. 그렇게 서로 아는 사이로 지내는데 이게 기대와 달리 오래 가지 않았다.

어느 날 갑자기 그녀와의 전화 연결이 안 됐다. 그간 따뜻했던 그녀의 친구까지 쌀쌀맞게 나왔다. 무슨 일일까? 휴대폰 연결도 안되고 전화가 오지 않는 등 이상 신호였다.

너무 이해가 안 되어 내가 무슨 잘못을 저질렀나 하고 곰곰이 생각해보았다. 집히는 게 하나 있었다. 얼마 전에 전화통역을 부탁해서 도움을 받고는 바로 사례하지 않았던 게 떠올랐다. 밤에 경찰이 집을 방문했는데, 말이 통하지 않아 알고 지내던 그녀에게 전화 통역을 부탁했다. 그녀는 능숙한 말솜씨로 나와 경찰 사이를 통역해주었다. 경찰은 임시체류증 발급을 위한 주거 여부를 조사하러 왔는데, 그 여성으로 인해 답변할 수 있었다. 우선 고맙다는 말을 하고 사례는 나중에 만나 할 생각이었다.

  그런 일이 있은 후 그녀는 말없이 사라졌다. 나와의 관계를 끊어버렸다는 생각이 들었다. 전화를 하면 받지 않았고 이후 전화번호를 바꿔버렸다. 그 후 2년간 바르샤바에 살았지만, 더 이상 그녀를 만날 수 없었다. 좀 더 길게 보면 결국 갚게 되고 사람이 그렇지 않은 걸 알게 될 텐데, 그 여성은 오래 기다려주지 않았다.

  사이가 좋다고 여겼는데 어느 날 갑자기 차갑게 대하더라는 말은 폴란드 여성이 무슨 불만을 가지고 있다는 의사표시로 이해하는 사람들이 많다. 무슨 문제가 있었는지 알기 어렵지만, 틀림없이 몹시 화났거나 실망했다고 보는 것이다.

  또 하나 느낀 점은 폴란드 여성과 일하는 관계를 맺어도 계속 이어나가기 어렵다는 점이다. 문화적 차이, 그에 따른 가치관이나 사고방식의 다름, 기대하는 바의 차이가 컸다. 그러다 보니 어떤 때는 무슨 부탁이라도 들어줄 만큼 배려해주고 몸소 안내했지만, 또 어떤 때는 전혀 도움이 되지 않았다.

  소포가 왔다고 해서 국제우편물을 취급하는 곳에 간 적이 있었다. 그냥 물건을 받아오면 될 줄 알았는데, 가보니 그게 아니었다. 일일이 물건의 내용을 확인하고 가져가도록 했다. 창구 직원에게 물건을 찾으러 왔다고 하니, 소포 속 내용물을 폴란드 말로 적어내라고 했다. 된장, 고추장, 멸치, 김을 영어로 옮기기도 어려운데 폴란드 말이라니…… 다행히 아는 폴란드 여성 통역에게 전화해서 그녀의 도움으로 적어낸 뒤에 물건을 찾을 수 있었다. 이런 경우야 말로 신세를 졌다고 할 수 있다.

그렇지만, 어떤 때는 전혀 도움을 주지 않았다. 그런 때는 문화적 벽이 너무 높게 느껴졌다.

이런 변덕스런 반응에 접하다 보면, 이들 여성들은 나와의 인연을 일하는 관계에서 맺었기 때문에 일이 끊기면 관계를 끊고자 한다는 생각이 들었다.

그렇게 보면 그들은 나를 한명의 고객으로 볼 뿐 인간적 관계까지 고려하지 않은 것처럼 보였다. 냉정하게 본다면 이해가 끊기니 관계도 끊어진다고 할 수 있다. 그렇다 해도 아쉬움은 남는다. 인정이 없어 보이고 그간의 신뢰가 이처럼 쉽게 끝날 수 있는가 하는 의문이 떠나지 않기 때문이다.

또 하나, 폴란드는 여성 우월, 모계사회, 여성이 남성보다 개성이 강하고 감정적인 편이라는 생각이 들 때가 많았다.

가을 단풍이 한참일 때 마주리 지방의 어느 펜션에 들어갔다. 마침 손님을 받고 있다는 불이 켜져 있었고, 들어가니 주인아저씨가 반갑게 맞이해주었다. 하루 밤 쉬어갈 수 있겠구나 하고 생각하는데, 아저씨가 집에 들어가면서 갑자기 상황이 바뀌었다. 옥신각신 다투는 소리가 들리더니, 젊은 여자와 아주머니가 연이어 나와 투숙하지 못한다는 말을 전했다. 남자는 된다는 숙박이 여성들로 인해 뒤집어졌으니 이것도 폴란드 가정에서 여성의 지위가 높기 때문이 아닐까?

이처럼 가정에서 여성의 지위가 높은 탓인지 몰라도 여성에게는 특유의 우월감이란 게 있다는 느낌이다. 그런데 그 우월감이란 게 종종 터무니없었다. 통계청을 방문했을 때 길을 잘못 들었다고 노려보던 젊은 여성 직원의 도도함은 실소를 자아냈다. 남자 직원은 친절하고 조심스러운데 여성은 왜 이다지도 뻣뻣할까? 하나의 의문으로 남았다.

국립대극장 앞 시티뱅크Citibank의 판촉원 아가씨도 사나웠다. 평소 이용하는 은행이라 내가 더 잘 아는 은행인데, 이 여성은 날 뜨내기 취급했다. 눈을 게슴츠레 뜨고 날 노려보는 시선과 표정이 잊혀지지 않는다. 왜 이렇게 거만하게 나올까?

중앙우체국의 여직원도 권위적이고 고압적이기로 유명하다. 전화카드를 사면서 보니, 창구 여직원은 뭔가 착각하고 있거나 딴 세상에 사는 사람처럼 고압적인 표정을 짓고 있었다. 공산당국이 지배하는 사회에서 시민사회로 바뀐 지 오래이건만, 여전히 구식 태도로 민원인을 대하고 있었던 것이다. 옛날의 권위가 몸에 배여 거의 고치기 어려워보였다.

직접 경험한 일은 아니지만, 한인사회에 널리 알려진 이야기가 있다. 대사관에 부임한 어느 직원은 아메리칸 스쿨의 폴란드 여성 직원이 거만하고 거드름 피우는 것을 보면서 한때 학교를 바꿀 생각까지 했다고 한다. 학교 오너도 아닌 폴란드 여성 직원이 왜 그렇게 뻣뻣하고 경직적일까.

반면, 동서양에 모두 통할 정말 나이스한 여성도 있었다.

아이들에게 영어를 가르치면서 우리가족과 인연을 맺은 아르바이트 학생이었다. 귀엽고 쾌활하고 반짝이는 눈망울로 언제나 낙천적으로 사람을 대하는 그 여성은 정말이지 가식 없이 최선을 다하는 모습이었다. 처음에는 아이들을 가르치는 일만 했지만, 점차 사이가 통해 집주인과의 통화, 폴란드 사람과의 의사소통을 돕는 등 우리 집의 집사라고 할 만큼 일을 도와주었다. 그런데다 그녀는 낯선 동양문화를 배려할 줄 알았다. 믿고 기다릴 줄 아는 인내심이 있었고 자그마한 부탁이나 사정을 봐주는 너그러움이 있었다. 또 대가를 사양할 줄도 알았다. 확실히 시야가 넓고 멀리 보는 듯 했다.

각막염으로 찾은 병원

여름철 날씨가 건조한데다 여행하며 장시간 운전하느라 눈에 결막염이 생겼다. 한동안 불편했지만, 병원에 가는 것이 부담돼 안약만 넣었다. 그러다가 통증이 생기고 불편을 참지 못할 무렵에야 병원을 찾았다. 우리나라 사람이 많이 가고 외국어가 되는 다미안 병원이었다. 역시 외국인을 많이 상대하는 병원답게 영어가 되고 전화로 진료 약속을 할 수 있었다.

다미안 병원은 노비 쉬비아트 거리가 시작되는 폭살Foksal 거리에 있었다. 약속된 날짜와 시간에 도착해 창구 직원에게 안내를 부탁하니 '모른다'는 특유의 폴란드식 답변이 돌아왔다. 진료 약속하고 왔다고 말하니, 예약이 차 있으니 기다리라고 했다. 조금 있다가 안내되어 이층으로 올라가니 의사 혼자 서성거리고 있었다. 예약이 차 있다고 하더니 무슨 일인지 환자들이 눈에 띄지 않았다. 평일에 병원이 붐비지 않고 의사가 바쁘지 않다니…… 의아했다.

의사가 내 눈을 보더니, 물약 투입으로 완화시킬 수 있지만 완전히 제거하려면 수술이 필요하다고 진단했다. 그러고는 눈에 바람을 한 번씩 넣어준 뒤 처방전과 수술할 수 있는 병원 소개서를 써주었다. 그러면서 자기네들은 수술을 못한다고 했다. 얼마 전까지는 나이든 여의사 한 분이 있어 수술을 해왔는데 지금은 은퇴하고 없다는 것이다. 물집 터뜨리는 정도의 수술조차 할 수 없다니 허탈했다.

할 수 없이 의사가 소개해준 대로 수술할 수 있다는 병원을 찾았다. 그런데 의사가 부재중이었다. 여름휴가 갔다고 하면서 한 달 후에 찾아오라고 말했다. 어이가 없었다.

"지금 당장 불편해서 찾아왔는데, 한 달 후에 오라니…… 환자가 휴가철 가려가며 아픈 것도 아닌데 휴가 기간이라고 치료를 안 하면 아픈 사람은 어쩌라는 건가? 아픈 사람이 있는 한 의사가 자리를 지켜야지 '무슨 놈의 의사'가 한 달이나 휴가 내고 자리를 비운단 말인가? 이 얼마나 공급자 중심인가! 서비스 개념이 없던 공산주의 시절이나 세상이 달라진 지금이나 바뀐 게 뭐가 있나?"

이런 푸념이 줄줄이 쏟아졌다.

서울에는 전문의가 많고 안과에 가면 이런 정도의 수술은 금방 해치우는데, 여긴 적당한 병원을 찾는 일부터 난관 투성이었다.

휴가 가서 안 되고, 주말에 쉬느라 안 되고……

우리나라 사람들이 소개해준 안과들도 있었지만, 막상 전화를 해보면 저쪽에서 시큰둥한 반응을 보였다. 그 외에도 여러 사람들이 병원을 소개해주었으나 실제적으로 도움이 되지 않았다.

원래 이 나라에 올 때 보험도 안 되고 해서 가급적 아프지 말아야겠다고 생각은 하고 왔지만, 갑자기 눈에 작은 염증이 생길 줄이야. 이 작은 수술 건 때문에 또 다시 도움 받을 수 있는 병원을 찾아 헤매고 낭패를 겪었다.

그러다가 통역하는 일로 알고 지내던 여성이 내 말을 듣고는 자신이 도와주겠노라고 했다. 수술이 가능한 병원을 소개해줄 뿐만 아니라 안과 수술 갈 때 동행해서 통역해주겠노라고 했다. 한 줄기 희망을 주는 말로 비로소 궁지에서 벗어날 수 있었다.

그녀가 소개한 신식 병원에 갔다. 개인병원으로 분위기가 밝고 의사며 간호원이 친절했다. 자본주의 시장경제에서 각광받는 개인병원답게 먼저 비용 지불부터 했다. 그리고는 안내에 따라 가운을 입었다. 머리에는 비닐 캡이 씌워졌고 실내화를 신고 수술대 위에 올랐다. 천정에는 커다란 조명시설이 내 눈을 비추었다. 거의 중환자급 수술에 버금가는 무거운 분위기였다. 그녀도 통역한다고 가운을 걸치고 비닐 캡에 마스크까지 한 채 나타났다.

수술은 의사의 설명과 통역으로 한 단계씩 밟아 나갔다. 의사는 불필요하다고 느낄 만큼 자세하게 자신이 하는 행동을 설명해주었다. 눈에 마취 효과 있는 물약을 떨어뜨리고는 나의 느낌을 물었다. 이어 몇 차례 더 떨어뜨린 뒤 마취주사를 놓았다. 마취되었는지 아프지 않았다. 의사가 동양인을 처음 다뤄봤는지, 서양인들은 눈꺼풀 안에 공간이 많아 면봉을 두 개나 넣을 수 있는데 나의 경우에는 한 개도 넣기 어렵다고 말했다.

결막염이 생긴 돌출 부분을 잘라내고 각막을 꿰맸다. 각막까지 실밥으로 꿰맬 줄은 정말 예상 못했다. 병원에 함께 온 그 여성은 수술실에 처음 와봤다고 하면서 병원 수술실이 무섭고 서늘하다고 말했다. 남자인 내가 봐도 분위기가 무거운데, 여성으로서 당연히 생소하고 무서웠으리라.

하루가 지난 뒤 병원에 가서 눈을 점검하고 안대를 하지 않아도 된다는 말을 들었다. 약을 처방받고 돌아왔다. 일주일 뒤 실밥 푸는 날이었으나 아직 덜 아물었다며 일주일 더 지난 뒤 실밥을 풀자고 말했다. 이주일 뒤 마침내 눈에서 실밥을 풀었는데, 녹였다 할까 정말 간단하게 제거했다. 눈 치료가 끝나서 고마우나 너무 오래 걸렸다. 병원을 찾아주고 통역해준 여성이 고마웠다. 이 정도로 도와준 사람은 한국에 간 캐롤리나를 제외하면 그녀 밖에 없었다.

폴란드의 유능한 의사들이 돈을 벌기 위해 유럽연합내 다른 나라로 가는 현상이 심각하다고 하는데, 적당한 병원과 수술 가능한 의사를 소개받기가 그만큼 어려웠던 것이다.

병원에서 치료한 것과는 다르지만, 집주인 할아버지를 병문안 하면서 이 나라의 특유한 공중병원 실태를 체험했다. 과잉위생을 내세우며 문병객을 지나칠 정도로 통제했다. 마치 국가보안시설에 들어가는 느낌이었다.

"외투를 벗어 클로크룸Cloak room에 맡겨라!" "신발을 비닐로 싸고 신발 위에 덧신을 신어라!"

그런 다음 병실을 찾았으나 복도에 또 다시 잠긴 출입문이 있어 안에서 열어주어야 들어갈 수 있었다. 환자가 쉽게 드날들 수 있는 여건이 아니었다.

정확한 의사표현과 소통

폴란드 사람은—사실 서양 사람에게 공통적이지만—당사자 간의 직접적인 의사전달을 바람직하게 여긴다. 간접적으로 제3자를 통해 의사를 전달해오면 싫어한다. 그에 비해 우리나라 사람들은 직접적인 의사전달만큼이나 간접적인 의사전달도 흔히 쓴다. 하나의 의사전달 유형으로 통용되며 감정을 상하지 않게 하는 완곡한 방법으로 통용된다. 여기서 간격이 발생한다.

간격이 발생한 배경에는 한국과 폴란드 사람, 아니 동서양 사람간 인간관계 형성의 차이가 있다. 폴란드 사람들은—물론 미국인, 독일인, 북유럽 사람들에 비해 덜하지만—자신의 개인관계를 타인과 공유하지 않는다. 그렇기 때문에 다른 사람들과 상호작용 할 때 매번 상세하고 심층적인 정보를 필요로 한다. 실제 폴란드 사람들은 자신의 경력, 학력 외에 개인적인 사항을 공개하지 않으며, 묻는 사람도 없다. 그러므로 상대는 실질적으로 모든 것을 구체적으로 설명해주어야 하며, 그래야 완전한 의사전달이 된다.

그에 비해 우리나라 사람들은 상호 의사전달 할 때 상대가 토의 주제의 상당 부분 내용을 이미 알고 있다고 간주한다. 왜냐하면 상대가 이미 폭넓은 정보교류의 대인관계 망 속에 살고 있기 때문이다. 즉 우리나라 사람들은 밀접한 인간관계를 맺는 가족, 친구, 선후배, 동료, 고객들로 이루어진 폭넓은 정보망 속에 살고 있으며 매우 흔히 하는 상호작용에 일일이 심층적인 배경 정보를 요구하거나 기대하지 않는다는 것이다. 그러므로 폴란드 사람을 상대할 때 우리 기준으로 보면 안된다. 이 정도는 알고 있겠지 하고 말하다 보면 자칫 오해가 생기고 서로 불신하게 된다.

폴란드 사람에게 무엇을 요청하거나 의사를 전달할 때는 상대를 정해서 분명한 의사표시를 해야 한다. 그러지 않으면 움직이지 않는다. 눈치껏 알아주기를 기대하거나 일하기를 기대해서는 안 된다. 누군가에게 일을 시키려면 꼬치꼬치 구체적으로 일을 설명하고 확인받아야 한다.

결막염으로 고생하면서도 수술할 병원을 찾지 못해 애로를 겪던 때의 일이다. 티가 들어간 듯한 불편한 눈을 가지고 연구소의 동료들을 만났다. 그리고는 안과 수술해줄 병원을 찾지 못하고 있다고 말했다. 그렇지만 그들 중 아무도 나를 위해 병원을 찾아주겠다거나 알아봐주겠다는 사람은 없었다.

그냥 '안됐다.', '폴란드는 그렇다.'

이런 위로의 말만 들을 수 있을 뿐이었다. 수술할 곳을 찾지 못해 아파해도 아무 반응이 없고 동료 중에 부인이 의사인 사람이 있는데도 도움이나 팁을 주지 않으니 실망이 컸다.

이 사실을 말하니, 한국을 좀 아는 폴란드 여성은 당연하다는 반응을 보였다. 그녀는 폴란드 사람에게 부탁할 때는 불특정 다수에게 말하지 말고 어느 특정인을 찍어 부탁할 사항을 직접 요구해야 한다고 했다. 확실한 부탁

또는 자기 자신에 대한 도움 요청일 경우에만 움직이는 게 폴란드 사람이라니, 여기서 또 한 번 문화의 벽을 실감했다. 지금 생각해보면, 제대로 된 의사소통을 하지 못했던 것 같다.

그 다음으로 서로 분명한 의사표시를 주고받았다면 그 말에 책임을 지고 상대 말을 신뢰해야 한다. 그냥 한 번 해 본 말이었다는 식으로 말한 것에 책임을 지지 않으려 하거나, 진짜로 할 거냐며 상대를 다그치거나 의심하는 듯이 말하는 것은 실례다.

내가 언젠가 폴란드 동료에게 엔틱에 관심이 있느냐고 물었다. 그 친구는 간단히 관심이 없다고 대답했다. 이야기는 끝났지만, 엔틱에 관심을 가진 내가 그의 의사를 돌려 보려고 농담반 진담반으로 '나는 너를 필요로 한다.' 고 말했다.

그 순간 그는 당황한 빛을 보였다. 이 말을 폴란드에 오래 동안 사는 분에게 말했더니, 그건 무례하게 보일 수 있다고 했다. 거절의 의사표시는 있는 그대로 받아들이는 게 예의에 맞고 자기 중심으로 끌고 나가 두번 세번 의사를 되돌리려 해서는 안되며 'No'면 'No', 'Yes'면 'Yes'라고 분명히 말해야 되고 'Yes'나 'No'의 의사표시를 유보하거나 반복 혹은 애매모호하게 처리하려 해서는 안 된다는 것이다.

한편, 폴란드 문화를 알면서도 간접적으로 의사전달을 해야 할 때가 있었다. 한때 연구소에 있다가 먼저 귀국한 중국 유학생이 메일을 보내 모 폴란드 연구원에게 부탁한 것이 어떻게 되었는지 확인해 달라는 요청을 해왔다.

그녀가 보낸 메일을 읽어보니, 자기가 폴란드를 떠나기 전에 내 연구실

앞방에 있는 연구원이 자기가 쓴 글을 바르샤바대학교 정기 간행물에 실어 주기로 했는데 여지껏 책에 실리지도 않고 답장도 없다는 것이었다. 그럴 것 이다. 바로 옆방에 있을 때와 귀국해서 보이지 않을 때가 다른 것이 폴란드 이기 때문이다. 알아봐주마 했지만, 내 경험으로는 부정적인 느낌부터 들었 다. 립서비스로 한 말을 믿을 수 없거니와 이미 중국으로 돌아간 사람을 위 해 글을 실어줄지 의문이었다. 그녀는 글이 실리지도 않고 답장도 없는 점에 몹시 실망한 눈치였다.

남의 말을 전달하기 싫었지만, 부탁받은 것이라 앞방 연구원에게 글 싣는 문제를 물었더니, 메일을 받았다고 하면서 무슨 문제가 생겼다는 말로 얼버 무렸다. 그러면서 곧 답장을 보낼 것이라고 했다. 답변을 보낼 것이라고 하 니 제3자가 더 이상 묻기 어려워 그 선에서 그쳤다. 미덥지 않아 다른 폴란드 친구들에게도 사건의 전말을 전해주면서 어떻게 될 건 지 그리고 앞으로 실 릴 가능성과 실린다면 언제 실릴지 물었다. 그러면서 미리 이상하게 생각하 지 않도록 '한국, 중국과 같은 동양 문화에서는 당사자 간이 아닌 제3자가 간 접적으로 물어서 전해주는 일이 흔히 있다.'며 협조를 구했다.

한국인과 폴란드인 간의 문화차이

연구소의 폴란드 동료와 이야기를 나누다보면, 그들은 어떤 주제에 대한 논의가 끝나지 않았을 때 다른 주제로 넘어가지 않는 경향이 있었다. 우리나라 사람 간에는 하나의 주제를 놓고 이야기를 하다가 다른 이야기를 하기도 하지만, 이 나라 사람들은 아니었다.

한번은 어떤 주제에 대한 논의가 끝났다고 여겨 다른 화제를 꺼냈는데, 아무도 호응해주지 않았다. 그들은 내 말을 무시하고 기존 논의를 계속 했다. 말이 뚝 끊어지는 침묵이 어색해서 다른 대화거리를 꺼냈는데 폴란드 친구들은 이 적막이 그다지 문제가 되지 않는 듯 했다.

폴란드 사람은 침묵에 강한가?

몇 차례나 이런 경우를 당하고서야 그 사실을 확실히 알게 되었다.

그들은 이야기가 끊어졌다고 걱정하지 않았다. 분위기의 어색함이나 침묵을 걱정하는 대신 주제에 집중해 대답할 말을 생각하는 듯했다. 내가 대화가 끊겼다고 생각한 침묵은 사실은 침묵이 아니라 대답을 생각하던 중이었다.

그런 만큼 폴란드 사람과의 대화에서는 지레짐작으로 대화를 이어갈 걱정을 하기보다는 남의 말을 경청하고 말하는 것을 기다려주는 것이 중요하다. 한 가지 주제를 가지고 이야기하는 중에 다른 화제를 꺼내서는 안 된다. 상대가 누구든 이런 방해를 보면 폴란드 사람들은 합심해서 저지하고 종전 논의를 계속하기 때문이다.

프라이버시에 대한 생각도 우리나라와 폴란드 사람 간에 차이가 있다.

폴란드 사람은 처음 만나는 상대에게 개인적인 질문을 하지 않는다. 상대를 알고 싶어도 직접 묻기보다는 사귀면서 천천히 알아 간다. 각자의 프라이버시에 해당되는 사항이기 때문에 자제하는 것이다. 친구 사이라도 마찬가지다. 이는 유럽문화의 일부로서 거의 예외가 없다.

그에 반해 우리나라 사람들은 남의 프라이버시에 대해서 아는 게 많다. 그런 대표적 사례가 폴란드 대학생이 한인가정에 와서 아르바이트 하는 현황이 알려지는 일이다.

원래 폴란드 학생들은 아르바이트를 하더라도 저희들끼리는 누가 누구네 집에 가서 무슨 아르바이트를 하는지 또 돈은 얼마나 받는지 모른다. 그런데 그런 사실이 바로 우리나라 사람으로 인해 알려진다. 우리나라 사람 누구네 집에는 어느 학생이 가르치고 과외비는 얼마를 받으며, 여성인지 남성인지 그리고 가르치는 실력과 성격은 어떤지 등 여러 말이 나돈다.

폴란드 학생의 아르바이트비는 일정치 않으며 그때그때 수요와 공급에 의해 정해진다. 학생이 많으면 가격이 싸질 것이고 그러지 않으면 올라갈 것이다. 더욱이 당사자 간 계약하기 나름이어서 문제되지 않는다. 당연히 폴란드 학생들은 아르바이트비가 같아야 한다고 생각하지 않는다. 정작 우리나라 주부들이 서로 정보를 교환하면서 학생들의 아르바이트 현황이 알려지고 계약내용이 공개된다. 프라이버시나 남의 일에 대해 말하는 것에서 이처럼 문화적 차이가 난다.

또 하나 특이한 문화로서 집주인이 세입자의 집 열쇠를 하나 더 가지고 있다가 집에 사람이 없을 때 들어오는 일이 있다는 점이다. 2년간 월세주고 사는 동안 집주인이 여러 차례 내 집을 다녀갔다. 처음에는 집주인이 우리가족이 없는 동안 집에 들어간 것에 대해 이해가 되지 않았다. 남의 집 열쇠를 하나 더 가지고 있는 것도 그렇고……

언젠가 집에 수도가 터졌을 때 집주인이 문을 따고 들어와 수리한 적이 있었다. 뭐 이 경우는 어쩔 수 없다는 생각이 들었다. 물이 새는 상황이라 응급조치를 취해야 하기 때문이다. 그럼에도 집주인은 문을 따고 들어간 것에 대해 미안함을 표시했다. 그땐 괜찮았다.

또 한 번은 집주인 할아버지가 청소기를 새 것으로 교체한다고 들어왔을 때였다. 집을 비운 사이 집주인이 새 청소기를 가져다 놓았는데, 이것까지는 괜찮았다. 그런데 그만 돌아가면서 자기도 모르게 우리가족이 사용하지 않는 잠금장치를 해놓고 가버렸다. 의외의 사태였다. 멀리 여행 갔다 돌아온 우리가족은 집에 들어가지 못하는 황당한 상황에 직면했다. 이때는 정말이지 집을 관리하는 주체가 세입자인지 집주인인지 알 수 없었다. 임차료를 내고도 집을 완전히 지배하지 못했다고 하면 조금 이상한 건 아닐까?

다음으로 폴란드 통역과 일을 같이 하면서 느낀 두 나라간 문화 차이다.

한국 사람인 내가 통역에게 기대했던 것과 폴란드 통역의 생각 간에는 차이가 있었다.

우리나라 통역이라면 대개 출장자를 위해 무슨 일이든 하고 무슨 질문이든 응대한다. 일하는 스타일도 출장자 혹은 일을 맡긴 사람을 위해 어떤 때는 관광가이드가 되고 어떤 때는 길 안내를 하며, 임기응변할 뿐 내일 네일을 가리지 않는다. 그러다 보면 통역비를 좀 더 쳐주기도 하는 등 사례를 하기 마련이다. 그런데 폴란드 사람에게는 이런 여러 기능이나 응대한다는 개념이 없다.

폴란드 통역은 자신의 할 일이 통역이라고 생각하기 때문에 통역에만 최선을 다하지 다른 부수적 역할은 생각하지 않는다. 그러다 보면 가끔 난처한 상황이 발생한다. 한국에서 VIP가 왔고 그가 이 도시와 역사에 대해 묻는데, 적절히 응대하지 못한다. 폴란드 통역은 통역 외의 일은 전혀 생각하지 않기 때문이다.

그래서 친한 폴란드 사람에게 폴란드 통역의 '풀 서비스 마인드'의 부족함을 지적하니, 그 친구는 내 생각이 반드시 타당하다고 생각하지 않는다는 반응을 보였다. 일반적인 통역의 할 일이란 관점에서 폴란드 통역이 그럴 수 있다고 말했다. 지금 생각하면 나의 질문도 유럽과 폴란드의 문화를 도외시한 것으로 적절치 않았던 것 같다.

마지막으로 사회적 지위, 나이, 계층에 따른 차별이다.

한인학교의 교장으로 있을 때 학교시설을 임대해 준 브리티시 스쿨 측과 협의할 일이 많았다. 마침 폴란드 대학생을 두고 있어 그에게 브리티시 스쿨의 폴란드인 행정과장과 협의를 하게 했다. 말이 잘 통할 것 같아서였다. 그렇지만 그 폴란드 학생은 행정과장이 자신을 상대해주지 않는다고 말했다. 전화하거나 메일을 보내면 답신이 없다는 것이다. 직급이 낮다고 무시하는 듯 했다. 결국 교장인 내가 메일을 보내고 응대하고서야 서로 소통되었다.

폴란드에 오래 유학한 우리나라 사람에게 물어보니 권위나 지위, 위상이라는 것이 있어 자기보다 낮은 사람을 하대한다는 것이다. 부부간에도 남편이 자기보다 못하면 그냥 이름을 부르고 남편의 위상이 높으면 칭호를 붙여 부른단다.

조크와 터부

폴란드 사람들은 조크^{Joke}가 신랄하기로 유명하지만, 여기서는 연구소 친구들에게서 들은 색다른 조크 몇 가지를 소개한다. 전 세계적으로 유명한 것은 아니라도 보통 폴란드 사람들의 유머 감각을 엿볼 수 있다.

폴란드에서는 옛 수도 크라쿠프가 있는 지역을 '마워 폴스카^{Małopolska}'(작은 폴란드)라고 부른다. 왜 작은 폴란드라고 부르는가?

그러자 한 친구가 나서서 설명해주었다.

"폴란드의 첫 번째 수도가 있었던 포즈난^{Poznań} 지역은 비엘코폴스카^{Wielkopolska}(大폴란드)라고 부른다. 폴란드의 역사가 시작된 유서 깊은 곳, 근원적인 지역이라는 의미에서 대^大자를 붙였다. 크라쿠프와 주변지역은 두 번째 수도였으니 소^小폴란드라 부른다. 대^大폴란드 다음으로 근본적이라는 의미에서 소^小자를 붙이지 않았겠는가."

그러자 옆에 있던 친구가 끼가 발동한 나머지 퀴즈를 냈다.

"그렇다면 현재의 수도이자 세 번째로 수도가 된 바르샤바와 주변 지역은 뭐라고 불러야 하나?"

그리고는 스스로 대답하기를 "마이크로 폴스카!"란다.

대Big에 소Small까지 나왔으면 그 다음은 마이크로Micro 밖에 더 있겠느냐고 했다. 한바탕 웃음이 터져 나왔다. 바르샤바와 인근지역의 진짜 이름은 마조프셰Mazowsze(Mazovia)다.

찐빵보다 조금 더 크거나 비슷한 크기의 '카이제르카kajzerka'란 빵이 있다. 우리나라 사람들이 먹는 밥처럼 이 나라 사람들도 매일 같이 먹는 빵이다. 이 날도 식당에 모여 카이제르카를 뜯어먹을 때였는데, 폴란드 친구들에게 왜 하필 빵 이름을 '카이제르카'라고 붙였는지 물었다. 폴란드 친구는 이렇게 말했다.

"독일과 오스트리아 제국의 카이젤(황제)을 씹어 먹으려 그러지 않았을 까?"

곁에 있던 사람들이 모두 웃었다. 과거 독일 및 오스트리아의 카이젤과 러시아 짜르가 짜고 폴란드를 분할하고 지배했기 때문이다.

한번은 내가 한국에서 가장 많이 쓰이는 단어가 '빨리 빨리'라고 했더니, 폴란드 친구는 웃으면서 독일에서도 가장 많이 쓰이는 단어가 'Quick! Quick!'이란다. 성질 급한 사람들이기 때문이다. 그리고 스페인에서 가장 많이 듣는 말은 'Tomorrow! Tomorrow!'란다. 일단 일을 미뤄놓고 보기 때문이란다. 모두들 웃었다.

폴란드 사람은 집에 오는 손님을 매우 극진히 모시는 전통이 있다. '집에 온 손님은 신God이나 마찬가지다.'라는 격언이 이를 말해준다. 그런데 요즘 젊은 여성은 이 격언을 풍자적으로 바꾸어 말한다.

"손님과 생선은 비슷한 점이 있다. 3일간 있으면 비린내가 난다."

"집에 손님이 있다는 건 아내가 임신해 있는 것과 같다."

또 다른 이야기는 우리나라의 '옛날 옛적에', 미국의 'Once upon a time' 처럼 이 나라 동화의 전형적인 전개방식 '일곱 개의 산과 일곱 개의 숲, 일곱 개의 강 너머에 어느 누구가 살고 있었다.'에 대한 비판과 조롱을 담고 있다.

일곱 개의 산과 일곱 개의 숲, 일곱 개의 강 너머

작은 사슴이 잠에서 깨어나더니, 하는 말, '젠장, 난 왜 이렇게 먼데 산담!'

일곱 개의 산, 일곱 개의 숲, 일곱 개의 강 너머 요정이 살았다.

그녀가 하는 말, '너무 멀리 떨어져 살고 있는 이런 치욕!'

일곱 개의 산, 일곱 개의 숲, 일곱 개의 강 너머 요정이 살았다.

어느 날 그는 집을 떠나면서 '젠장 하지만 난 아무래도 너무 멀리 있어.'

이번엔 지리 시간, 바르샤바 다음으로 큰 도시가 어딜까?

정답은 미국에 있는 시카고^{Chicago}다. 그 곳에 바르샤바(170만 명) 다음으로 많은 폴란드 사람 100만 명이 살고 있기 때문이다. 이와 같이 미국에 폴란드 사람이 많이 살고 있어 미국 대통령도 선거시즌이 되면 폴란드계 미국 유권 자들의 표심을 고려한다고 한다.

폴란드 사람이 이웃 나라를 부르는 호칭도 조크처럼 들린다. 폴란드 사람은 독일 사람을 니에미에치^{Niemiec}라고 부른다. 이 말의 뜻은 '폴란드 말을 모르는 사람'이라고 한다. 우크라이나도 마찬가지다. 폴란드 친구에 의하면 '우크라이나' 라는 말 자체가 '폴란드 왕국의 주변 지역'이란 뜻이라고 한다. 이웃 국가 사람들에 대한 비하 내지 풍자가 담겨 있다.

터부Taboo에 관해 직접 경험했던 두 가지 이야기를 소개한다.

"결혼 안 한 여성이 네모난 식탁의 모서리에 앉으면 결혼 못한다."

어느 날 모임이 있어 사각 테이블 둘레에 모였는데, 참석자가 많아 일부는 자리에 앉지 못했다. 어느 여성이 의자를 끌어와 앉았는데 모서리였다. 마침 그 여성이 미혼이었으므로 누구랄 것도 없이 "안 되지~" 하면서 의자를 마주보는 쪽으로 붙여 주었다.

"문지방을 사이에 두고 악수를 나누면 둘 사이 관계가 나빠진다."

밖으로 나가든지 상대를 안으로 들어오게 해야 한다. 언젠가 집주인이 방문했을 때의 이야기다. 더위가 가시지 않은 8월의 어느 날에 집주인이 방문했다. 반가운 나머지 문을 열자마자 손을 내밀었다. 집주인 왈, "우~" 하며, 고개를 내저었다. 그리고는 손을 저만치 빼고 뒤로 물러섰다. 내가 당황해하자 문턱 안으로 넘어온 집주인이 비로소 손을 내밀었다. 그런 다음 힘차게 악수를 했다.

높은 수준의 공연문화

연극이나 뮤지컬, 오페라 공연 감상은 이 나라 국민들의 빼놓을 수 없는 여가활동이다. 공연을 보는 시민들의 진지함, 떠나갈 듯이 치는 박수소리, 공연자의 심금을 울릴 만큼 계속되는 연호連呼는 외지인에게 퍽 인상적이었다. 관객의 호응과 무한 격려, 시간과 돈을 아끼지 않는 공연 사랑, 저렴한 입장료는 부럽기 짝이 없었다.

오페라 대극장Teatr Wielki Opera Narodowa에서는 세계의 유명한 작품들을 줄지어 공연한다. 이 나라에 체재하는 한국 사람들은 기회를 놓칠세라 귀국하기 전까지 숙제하듯이 공연을 보는 사람이 많다. 대개 저녁 7시에 공연이 있으며 2만 원 이하의 저렴한 비용으로 감상할 수 있다.

2005년 1월 8일 백건우의 피아노 독주가 바르샤바 시내 국립 필하모니극장Filharmonia Narodowa에서 있었다. 필하모니극장은 매 5년마다 열리는, 세계 최고의 쇼팽 피아노 콩쿠르 대회지로도 유명하다. 백건우는 이미 이 나라에서 쇼팽 곡을 잘 치는 피아니스트로 유명하며, 이따금 현지 TV에 녹화로 방영되곤 한다.

백건우 공연이 있는 날 뒤늦게 알고 찾아간 적이 있었다. 이미 공연이 시작됐고 문이 닫혀 있었지만, 1막 연주가 끝난 뒤 들어갈 수 있었다.

좌석 요금은 중앙이 40즈워티(12,000원), 좌우 끝이나 발코니는 25즈워티(8,000원) 정도 했다. 삼성이 스폰하는 걸로 봐서 입장료 수입만으로 이런 공연을 개최하지 못하는 듯 했다. 우리나라 영화 한 편 보는 값으로 백건우의 신들린 듯 치는 피아노 연주와 오케스트라를 듣다니 운이 좋았다. 극장은 만석이었다. 연주를 사랑하는 사람들로 꽉 찬 곳에서 공연하게 되니 연주가들 역시 신이 나겠다는 생각이 들었다. 그에 비해 우리나라의 비싼 가격, 사는 곳으로부터 너무 멀리 떨어진 공연장, 일상화되지 않은 공연문화가 대비되었다.

피아니스트 백건우는 여유가 있었다. 자신감과 패기가 어우러진 듯 피아노 연주는 신기에 가까울 만큼 능숙했다. 천천히 소리를 음미하게 하기도 하고 물방울 떨어지는 소리, 옥구슬 흘러가는 소리를 내는가하면 폭풍우 몰아치듯 숨 가쁘게 요동치기도 했다. 폴란드 청중들은 좋은 연주나 노래에 열정적인 박수를 치는데, 백건우 연주 때 기립 박수를 계속하는 바람에 들어갔다가 다시 나와 인사하길 세 번씩이나 반복했다. 오케스트라의 연주, 지휘자의 땀 흘리는 모습을 가까이서 보니 TV에서 보는 것에 비할 수 없었다.

백건우의 공연이 있은 지 3일이 지난 1월 11일 조수미의 성악 공연이 폴란드에서 처음으로 있었다. 이때 조수미를 처음 봤는데, 단단한 인상에 무척 열정적이고 감정표현이 강했다. 피아노 치는 사람과 호흡을 맞춰 2시간 동안 공연하는데, 때론 슬픈 노래, 때론 쾌활한 노래를 불렀다. 이 나라 사람들은 가톨릭 신자여서 아베마리아를 부를 땐 눈시울을 적시는 할머니도 있었다. 감동이 되고 나 역시 눈물이 나왔다. 작은 체구지만 자신감 있고 다부지게 하나하나 해치우는 폼이 여간 내기가 아니었다. 영어로 '그리운 금강산' 노래를 소개 했는데, 이 역시 매끄러웠다. 공연이 끝났지만, 박수에 기립 박수가 그치지 않자 예정에 없던 노래를 더 불렀다.

공연을 보고 나오던 폴란드 할머니는 금강산이 어디 있는지 잘 안다며 상기된 표정으로 내게 말을 걸었다. 할머니가 보기에 우리나라 사람은 감정적 emotional인 편이라고 하면서 폴란드 사람 역시 감정적이라고 덧붙였다. 또 무척 인상적인 공연이었다고 하면서 유럽식과 한국인이 부르는 스타일이 다르다고 말하며 큰 관심을 나타냈다.

백건우 연주와 조수미 성악 공연은 아주 대조적이었다.

백건우의 피아노 연주는 조용한 유럽 분위기에 맞게 연주 하나로 감동시키고 말이 없었다. 관객들은 몰입되어 듣다가 연주가 끝날 때 그칠 줄 모르는 박수를 보낼 뿐이었다. 그러나 조수미의 성악은 화려한 의상에 높은 음, 여러 가지 제스처, 청중과 하나가 되려는 대중적 몸짓이 달랐다. 백건우의 공연 때는 둘째 날인데도 입추의 여지가 없었고 거의 폴란드 사람이었다. 조수미는 단 하루 공연이고 한국 사람이 더 많았다. 조수미의 공연은 다소 한국적이랄까 대중적이랄까 이곳 사람들에게 이색적으로 비친 듯 했다.

차별 없는 사회

폴란드에는 인종차별이 거의 없다.

유럽 각국에서 쫓겨 난 유대인이 이 나라에 와서 안식처를 마련했을 만큼 외국인에게 관용적이다. 14세기 폴란드의 카즈미에슈왕이 나라를 발전시키기 위해 유대인을 유치한 적은 있지만, 그들과 사는 것은 기본적으로 덜 배타적인 민족성에 기인한다. 그 결과 제2차 세계대전 이전 유럽에서 유대인들이 가장 많이 산 나라는 폴란드였다. 유대인들이 훨씬 적게 산 독일에서는 유대인들을 탄압했지만, 폴란드는 이들을 배척하지 않고 더불어 살았다.

베트남의 보트 피플Boat people을 받아들인 나라도 폴란드다. 다른 나라가 난색을 표시할 때 이들을 받아들였다. 그리고는 두 나라 사람이 재래시장에서 함께 장사하며 지낸다. 두 나라 사람 간 국제결혼도 이루어진다. 이런 사

카지미에슈왕은 적대국과 싸우기보다는 공존하면서 평화적인 방법으로 영토를 되찾고 국내에서 내실을 다진 왕이다. 도시의 발전을 위해 유대인들에게 무역과 기술의 발전을 촉진시키는 특권을 주었고 수도 크라쿠프에 대학을 세워 젊은 이들이 모국에서 학문을 할 수 있도록 해주었다.

회이니 유럽의 다른 나라에 비해 차별이 적을 수밖에 없다.

러시아처럼 극우 조직을 만들어 동양인을 공격하거나 공공연히 적의를 드러내는 일은 드물다. 스킨헤드처럼 머리를 박박 민 젊은이들이 있지만, 이들은 독일이나 러시아처럼 불량하거나 위협적인 행동을 하는 청년들이 아니다. 흔하게 보는 헤어스타일일 뿐이다. 프랑크푸르트 공항에서 보았던 독일 관리처럼 외국인에게 무례하고 불손한 사람은 찾아볼 수 없다.

다만, 동양인에 대한 편견이 없지 않은데, 대개는 중국과 베트남인에 대한 것이라고 한다. 왜냐하면 중국, 베트남인은 한국, 일본과 달리 이 나라에 투자하는 것이 아니라 장사해서 돈을 벌어가기 때문이다. 그런데다 가난한 나라의 사람이란 선입견, 값싼 물건을 생산하는 국가란 이미지도 작용하고 있다.

이에 반해 우리나라는 대우자동차 이래 LG, 삼성, SK 등 많은 기업이 이 나라에 투자해서 생산 활동을 하고 있다. 이 나라에 이익이 되고 현지인을 고용하는 효과가 있어 중앙정부부터 지방정부에 이르기까지 우호적이고 환영한다. 그런데다 우리나라는 선진국과 어깨를 나란히 하며 첨단 전자제품을 생산하는 나라의 위상을 갖고 있다. 그래서 같은 아시아권이지만 인식이 다른 것이다.

그렇지만 겉으로 보면 누가 한국인이고 누가 일본인이고 중국, 베트남인 인지 알 수 없다. 그래서 종종 동양 사람에게 편견을 드러내는 폴란드 사람을 만날 수 있다.

대학 캠퍼스를 걷는데, 차를 타고 가던 젊은이가 꽥 소리를 질렀다. 뒤이어 '히이잉' 했는데, 아마 조롱하거나 놀리는 소리였을 것이다. 또 한 번 역시 대학 캠퍼스 안에서 지나가는 차가 내 앞에서 '빠-앙' 하고 크락숀을 눌렀다. 장난 아니면, 거부나 혐오, 반감이겠지. 이런 일을 겪다보니 외국인에게 부정적인 반응을 보이는 주된 장소가 대학 캠퍼스 같았다. 대학에는 공부하러 온 전 세계 유색인종이 다 모여 있으니까.

또 언젠가 가족 여행 차 키엘체에 도착해 다운타운을 구경하는데, 술 마신 어느 폴란드 아저씨가 우릴 향해 뭐라고 중얼거렸다. 어른들은 거들떠보지도 않는데, 폴란드 학교에 다니는 아이가 말 뜻을 알아듣고 흥분했다. 아주 심한 욕이라는데, 무슨 뜻인지 알 수 없었다. 개의치 않았다. 모든 사람과 다 같이 잘 지낼 수는 없기 때문이다. 욕을 한 그 폴란드 아저씨는 아마도 동양인과 좋지 않은 관계에 있었거나 시장바닥에서 베트남 상인과 다투었거나 바가지를 썼거나 한국과 일본 투자공장에서 일하다가 해고되었는지 모른다.

이와 같은 일은 극히 예외적으로 있긴 하나, 우려할 수준은 아니다.

언젠가 내가 아는 사람이 차를 세워두었는데, 다음날 아침에 보니 누군가 타이어 모두를 펑크 내버렸다. 이에 대해 우리나라 사람들은 한결같이 인종 차별주의자의 소행이라고 믿었다. 즉 폴란드 사람이 동양인의 차라는 사실을 알고 저지른 일이라는 것이다.

이에 반해 폴란드 사람의 견해는 달랐다.

연구소의 폴란드 친구는 자국인의 사례를 들어 평소 그 자리에 주차하던 사람이 있었다면 자신의 자리에 주차한 외부 차를 보고 스트레스를 받아 펑크를 낼 수 있다고 말했다. 주차한 장소가 주택가 주차장이라면 평소에 누군가 주차하는 사람이 있었을 것이라는 설명이었다. 무단히, 아무런 이유 없이 인종차별, 혐오로 펑크낼 리는 없다고 강조했다. 더구나 그동안 그런 사고가 없던 지역이고 우범지역이 아니라면 동양인이라서 그런 적대행위를 했을 거라고 볼 수 없다고 했다.

편견을 가지고 섣불리 말하기 어려운 점이 있다.

폴란드 사람에 대한 평판

국비유학차 폴란드에 도착했을 때였다. 프랑크푸르트에서 비행기를 갈아타고 밤 11시를 조금 넘긴 시각에 바르샤바에 도착했다. 밤 시간이어서 온 가족이 잠에 빠져 있는 걸 간신히 깨워 오는 중이었다. 그런데 다 온 거나 다름없다고 생각했던 바르샤바 공항에서의 상황도 여의치 않았다.

원래 대학교측에서는 사람을 보내주겠다고 했다. 지도교수가 조교를 보내주기로 했고 조교도 자신의 메일을 통해 나오겠다고 약속했었다. 그런데 공항에는 아무도 없었다. 그럴 리가 없다며 한 번 더 찾아보고 조금 더 기다려보았지만, 시간은 흘러가고 상황은 달라지지 않았다.

할 수 없이 가격 흥정을 해서 택시 두 대에 가족이 나눠 타고 호텔로 향했다. 인적이 끊긴 새벽길, 사회주의 국가 냄새가 물씬 풍기는 곳, 택시 캡도 없는 승용차에 나눠 타고 가는 마음이란 여간 걱정되는 게 아니었다. 앞 차에 타고 가면서 뒤에 따라오는 차와 떨어지지 않을까 전전긍긍했던 기억이 새롭다.

폴란드에서의 첫 도착은 험난했는데, 우연히 옛 글을 읽어보니 나처럼 낭패를 겪은 사람이 또 있었다.

1937년에 한흥수라는 사람이 많은 짐을 들고 바르샤바에 도착하는 장면이 나오는데, 그 역시 정차장에는 마중 나온 사람이 없었다. 밤 열시에 바르샤바 정차장에 내렸는데 마중을 나와야 할 야호군이 나오지 않아 비싼 짐꾼에게 돈을 많이 뺏기고 택시를 타고 야호군의 집에 왔다가 돈이 모자라 야호군 집 하녀에게 통사정을 해서 돈을 빌렸다. 그래서 그는 "폴란드의 첫 하루는 불쾌했다."[4]고 되어 있다. 어쩜 75년의 간격을 두고 내 경우와 이렇게 닮은 일이 있었는지 피식 웃음이 나왔다.

폴란드에 도착하자마자 낭패를 겪고 보니 서울에서 받은 답답증이 재발하는 느낌이었다. 서울의 폴란드 대사관이 헌신적으로 유학을 주선하고 도와주었지만, 당시 폴란드에서 오는 반응은 매우 느리고 답답했다. 나중에야 알았지만 기다리는 시간 동안 일이 진행된 것이 아니라 멈춰 있었다. 그때의 일이 악몽처럼 떠올랐다.

대학교로부터 곧 초청장을 받을 것이란 연락을 받고 뛸 듯이 기뻐했지만, 이후 3주 동안 아무 소식이 없자 매우 초조해졌다.

"서두르고 독촉해야 한다. 그러지 않으면 진행이 안 된다."

그간의 만만디를 고려할 때 믿고 맡겼다가는 일이 언제 매듭지어질 지 알 수 없었다. 3월중에 나가는데 아무 지장이 없을 것이라고 했지만, 실제로는 4월 15일이 되어서야 갈 수 있었다.

---

4 이민희, 『파란 폴란드 뽈스카』, 소명출판, 2005년 355-356쪽

성급한 결론일 수 있지만, 나는 유학 준비 중에 이미 폴란드 사람은 "불투명하고 확실치 않다." "말을 믿고 기다리면 안 된다."는 고정관념 같은 것이 생겼다.

모든 게 잘 되겠죠? 그러나 이 나라에 오니 마중도 호텔 예약도 어느 하나 제대로 되어 있는 게 없었다. 늦은 밤 무작정 도착한 호텔에 빈 방이 있었다는 게 그나마 다행이었다. 이날의 교훈으로 얻은 게 있다면, 폴란드에서 쉽게 진행되는 것은 진짜가 아닐 가능성이 있다는 것이다.

폴란드에 도착한 뒤 대학교의 지도교수와 조교에게 연락을 취해보았지만, 통화가 잘 안 되어 또 다시 서울의 폴란드 대사관에 도움을 요청했다. 이곳에 무사히 도착했지만, 대학 측에서 마중 나오지 않았다는 것과 교수, 조교와 연결이 안 된다고 말했다. 폴란드 대사관은 매우 걱정하면서 이내 전화가 와서 지도교수와 조교의 전화 상담 시간대와 올바른 전화번호를 다시 알려주었다. 신경을 많이 쓰고 걱정하는 눈치가 느껴졌다.

새 전화번호로 교수에게 전화하니, 교수는 무척 반가워하며 어디 있느냐고 묻고 내일 9시 자신의 사무실에서 당장 만나자고 했다. 그제 서야 일이 풀려나가기 시작했다.

모든 일이 시스템화가 되어 있지 않아 외국인으로서 불편함과 답답함이 컸다. 그렇지만 대부분의 폴란드 친구들은 내가 겪은 것을 어느 정도 당연한 것, 혹은 어쩔 수 없는 것으로 간주했고 그다지 놀라지 않았다. 지도교수와 조교만 되어도 면담시간과 휴가기간이 정해져 있어 통화하기 쉽지 않았고, 직원들은 당면 현안이 있든 말든 휴가를 갔고 일은 담당자가 복귀할 때까지

기다려야 했다.

내가 바르샤바대학교의 초청을 받고 겪은 낭패를 말하자, 현지에 사는 우리나라 사람들은 폴란드에 관해 다음과 같이 말했다.

"이곳 사람들은 확실한 게 없어 끝까지 믿고 맡길 수가 없어요. 자의적으로 그리고 편의적으로 생각하고 방임해버리고 지나쳐 버립니다. 국제적인 기준이나 상식적인 수준이란 게 자기들 생각에 의한 기준이나 수준일뿐, 사고의 틀 자체가 좁아요. 해주겠다고 약속하든 걱정하지 말라고 장담하든 간에 그 사람들 믿고 있다 보면 큰 착오와 인식 차이를 드러내게 됩니다."

또 다른 사람의 견해도 비슷했다.

"이곳 사람들은 된 상태가 아니라 될 수 있으면 '될 것이다.'하고, 실제로 안 되면 또한 '그만이다.'는 식이라서 유의해야 합니다."

이곳에 정착하거나 체류하는 우리나라 사람들은 이구동성으로 폴란드 사람을 부정적으로 평가했다. 사업하거나 직원을 채용해서 일을 시켜본 기업체 직원들일수록 할 말이 많은 듯 보였다. 돈 거래에서 발생하는 트러블, 인간관계에서 발생하는 불신들, 폴란드 사람에 대한 불편한 감정이 비등했다.

"적극적으로 일을 헤쳐 나가고 풀어나가려는 주인의식이 부족하다."

"주어진 일만 끝내면 된다는 이기적인 모습이 자주 눈에 띈다."

"책임의식이 결여되어 변명이나 핑계 대는데 여념이 없다. 빠져나가려는 수완은 상당하나 책임지려는 당당한 자세는 보이지 않는다."

"멀리 내다보는 식견이나 장기적인 안목보다는 우선 당장의 작은 돈 획득에 만족한다. 작은 돈이 큰 돈이 될 수 있으나, 작은 돈을 키울 생각을 하지 않는다. 이 점에서는 설득도 통하지 않는다."

"잘못을 인정하거나 과오를 긍정하는 자세가 없다. 있다 하더라도 나중에야 그런 태도를 보이게 된다. 철저한 약속이행, 확실한 보장이 없고 믿을 수 없다는 생각을 하게 만든다. 좋은 인간관계를 맺고 있다가도 돈 문제가 걸리면 돌변하는 '유럽의 유대인'이라는 평가가 있다."

이러한 견해의 연장선상에서 이 나라 사람들의 행태를 이해타산적인 쪽으로 초점을 맞추는 의견도 있다. 폴란드 사람은 돈벌이 중심적이라 이익이 없는 순수한 교제를 오래하지 않는다. 이곳에 오래 산 우리나라 사람들은 폴란드 사람들이 대체로 이익 지향적이고 이해타산에 기초해 처신한다는데 의견이 일치했다. 폴란드에 3년 이상 비즈니스를 한 대기업의 모 간부는 폴란드 사람을 다음과 같이 평했다.

"그들은 인간관계를 철저히 이해타산에 기초해 맺는다. 돈이 나오면 그 관계가 지속되지만 이익이 없으면 그 관계는 쉽게 끊어진다. 만일 폴란드 사람과의 관계가 멀어졌다면 그것은 돈 때문이요. 이해관계가 끊어진 때문이며 이익이 나지 않기 때문이다. 폴란드가 오랜 기간 힘센 국가들에 눌려 살았기 때문에 내일 100즈워티를 받기보다 오늘 10즈워티 받는 것을 더 선호한다."

물론 여기에는 조심해야 할 함정 내지 오류가 개재되어 있을 수 있다. 보고 들은 것이라고 다 진실이고 사실일 수는 없기 때문이다. 말하자면 뭐든 이상하게만 보이면 전부 다 폴란드 사람만이 가지는 특수성이라고 말할 수 있느냐는 것이다. 올바른 결론이 아닐 수도 있다.

폴란드 사람의 현세적 처신에 대해 과거 역사에서 해답을 찾는 경우가 있는데, 이건 좀 위험하다. 그렇게 판단할 근거가 없으며, 직장 선택을 나라의 운명과 결부시키는 것 자체가 지나친 논리의 비약이기 때문이다. 오히려 사회주의 통제경제에서 자유화되면서 저마다 어서 빨리 돈을 벌어 성공해보겠다는 마음이 앞선 결과로 보는 게 더 타당하다.

폴란드가 안고 있는 문제

폴란드에서는 재정적자와 실업, 부패가 큰 사회문제가 되고 있다. 재정적자
는 복지비용 축소 등 국민들의 허리띠를 졸라 매는 긴축으로 연결되고 투자
를 어렵게 해 성장을 못하게 하며 실업과 부패는 사회 불안요소로 작용한다.

먼저 재정적자 문제다.

폴란드는 복지비용 지출이 많다. 능력이 안 되는데 지출을 많이 하면 결
국 재정적자가 되어 국가에 큰 부담으로 작용한다. 그러다보니 자꾸 외국인
직접투자^{FDI}나 유럽연합의 지원에 의존한다. 외국인 직접투자를 유치해 국
영기업 사유화와 구조조정을 이룩하고 실업문제, 소득향상, 수출과 외환부
족을 해결한다. 그렇다 해도 인프라는 남이 해 줄 수 없다. 결국 돈이 없으면
공공인프라가 취약해진다. 이곳에 오래 산 우리나라 사람은 폴란드가 미국
과 유럽연합의 지원을 인프라에 투자해야 한다며 다음과 같은 말을 했다.

"돈을 지금처럼 복지비용이나 먹고 사는 것에 그리고 사회보장을 하는 비
용으로 나눠 쓴다면 미래는 없다. 산업이나 생산력 기반인 인프라에 투
자해야 한다."

아무래도 폴란드에는 고속도로망이 잘 갖추어져 있지 않고 도로 노면도 다른 동유럽 나라에 비해 나쁘다. 폴란드란 나라가 실질이야 어떠하든 가난한 이미지를 갖게 되는 것이다.

이런 사실을 알고 있는지 궁금해 연구소의 폴란드 동료에게 물어보면 모두들 알지만, 어쩔 수 없다는 반응들이었다. 복지비용 때문에 재정적자 상태이고 그래서 인프라에 투자할 여력이 없다는 것이다.

내가 사회보장체제의 큰 짐을 안고가면 정부가 선택할 수 있는 정책 대안이 너무 없어진다고 지적했다.

폴란드 친구는 경제적으로 내 말이 맞지만, 정치적으로 사회보장체제를 고려하지 않을 수 없다고 말했다. 복지를 고려하지 않으면 집권세력이라도 정치적으로 위험해진다는 것이다. 폴란드의 문화적 배경과 국민의 안정을 위한 불가피한 선택이라고 강조했다. 실제로 총선에서 자유 시장을 선호한 정당보다 사회보장체제를 국가가 책임지겠다는 당이 승리했다.

복지는 공산주의 시절부터 교육과 의료 분야에서 무상으로 서비스하던 것을 자본주의 시장경제로 바뀐 지금도 근간을 유지하고 있다. 다만 국가재정지출로 적자가 쌓이고 있어 정부에 큰 부담이 되고 있다.

각자 책임지는 자유시장보다 연금이나 의료보조, 실업수당, 공짜 교육 같은 혜택만 받으려하니 이 나라 사람들이 좋게 보이지 않았다. 벌어들이는 돈은 적은데 혜택과 보장만 바라니 개인은 잘 될지 몰라도 나라가 부실해질 수밖에 없다.

언젠가 개혁적이고 국제적인 이미지의 대통령 후보가 떨어지고 복지예산

확대를 주장한 보수적인 인사가 대통령에 당선되었을 때 연구소의 동료에게
물었다.

"사회보장이 가능하냐?"

그는 고개를 저었다. 그렇다면 어떤 의미에서 대통령 당선자가 포퓰리
스트라는 뜻이냐고 물었더니 고개를 끄덕였다. 사회가 잘못 돌아가고 있음
을 시사 했다. 선거에서 지식인들은 자유시장경제를 주장한 후보를 지지했
지만, 다수 국민들은 복지를 내세우는 후보를 택했다. 폴란드가 포퓰리즘
Populism적 주장에 매몰되어 가고 있음을 보여주었다.

"폴란드에서는 전통적으로 지식인의 역할이 크지 않느냐?"

이 물음에 선거에서는 아니라고 말했다.

또 그들과 점심식사를 하면서 폴란드의 나아갈 길에 대해 의견을 나누었
다. 폴란드 친구는 자기 나라의 실업률을 걱정하며 성장 동력이라 할까, 성
장의 모멘텀이 없는 복잡한 실정을 말했다.

"민간자본을 유치해 고속도로를 깔 수 있지 않아?"

"그런 제도가 없어서가 아니고 그렇게 할 민간회사가 없어."

"왜 케인지언식 재정확대정책을 펴 경기를 활성화하지 않지?"

"현재 재정적자가 아주 크거든."

"그렇다면 강력한 리더십을 쓰거나 정치체제를 대통령 권한을 강화한 피
우수츠키 식으로 바꿀 수 없어?"

"유럽연합EU에 가입하면서 각종 규제와 인권, 복지 등 기준에 부합해야
하는 실정이야."

연구소의 동료들에게 폴란드도 우리나라처럼 올림픽이나 월드컵을 개최해 경기를 부양할 필요가 있다고 했더니, 그들의 생각은 아주 달랐다. 경제적 호황을 유도하는 측면보다 언제나처럼 비용부터 걱정했다. 소극적이고 과감하지 않은 사고가 널리 지배한다는 느낌이 들었다. 서울을 찾는 폴란드 학생이 잠실올림픽경기장을 가장 인상 깊게 보고 갈 정도로 거대함에 놀라면서도 정작 올림픽이나 국제경기를 유치할 생각은 하지 않는다는 게 이상했다.

개발도상국의 근대화전략이나 케인지언식 수요창출정책, 올림픽 유치가 모두 가능하지 않다면 어떻게 일자리 창출이 가능할지 의문이었다. 일하는 시간이나 강도를 높여 생산성을 높이거나 외국자본과 기술을 유치해 수출을 많이 하는 수밖에 없는 듯 했다.

그 다음은 실업문제다.

실업은 사회주의 체제전환 이후 크게 늘었다. 폴란드의 실업률은 유럽 최고 수준인 18%다. 실업률이 높은 이유는 노동시장이 실업자와 고용주를 제대로 연결시켜주지 못하기 때문이다. 즉 필요한 사람은 구하기 어려운데 필요치 않은 단순 노동자는 인력공급시장에 넘쳐난다. 그 결과 높은 실업률 속에서도 기술 인력의 임금이 폭등했다. 실업에다 인력난과 생산비용 증가의 문제가 중첩되어 나타나는 것이다.

국영기업의 민영화가 어려운 이유도 노동자의 일자리 문제가 걸려 있기 때문이다. 대량 해고와 실업은 큰 정치적 쟁점이어서 함부로 다루기 어렵다. 오래 전에 대우가 폴란드 국영 자동차공장 FSO를 인수할 수 있었던 것도 입찰업체 중 유일하게 직원 전부를 떠안는 조건을 제시했기 때문이었다. 그만큼 직원을 고용하는 문제, 실업을 해소하는 문제는 중요하다.

폴란드 사람들은 실업문제를 어떻게 이해하나? 어느 폴란드 공무원은 높은 실업문제에 대해 이렇게 말했다.

"체제전환을 하면서 폴란드 정부가 너무 많은 일자리를 줄였다. 한국에 가보면 일하기 마련인 자리에 폴란드 사람은 근무하지 않는다. 두 번째로는 중공업이 파산하면서 일자리가 대폭 줄었다. 중공업이 회생할 가망이 없다. 세 번째로 자발적인 실업, 소위 3D 업종에 우크라이나, 벨라루스 사람들이 일함으로써 일자리를 스스로 포기한 경우도 많다. 고등실업자나 임금이 낮은 것도 원인이다."

그렇지만 여성들의 취업률은 높다. 결혼한 여성치고 맞벌이 안 해본 사람이 없을 만큼 맞벌이 비율이 높다. 왜 맞벌이 하는지 이웃에 사는 피터 엄마에게 물었더니 의외의 답변이 나왔다. 일하고 싶지 않으나 남편이 원해서 한다는 것이다. 그래서 일하지 않고 집에 있을 때는 남편 눈치가 보인단다.

그 다음은 사회에 만연한 부패 문제다.

폴란드의 어느 지인은 자기나라에 부패문제가 있음을 솔직히 시인하면서 다음과 같이 말했다.

"폴란드는 여러 가지 절차가 매우 복잡하게 되어 있어 관료들이 자의적으로 판단할 여지를 많이 남겨 둔다. 뇌물을 쓰면 일처리가 빨라지고 가만히 있으면 시간이 많이 걸려 정상적인 일처리가 안 된다. 부패구조가 바닥까지 연결되어 있어 심각하다. 의료, 교육, 보험 등 비대한 국가 복지

체계가 개정되지 않아 비효율, 부익부 빈익빈, 서비스의 암시장이 형성되는 등 문제가 크다. 의료보험이 된다지만 돈을 써야 양질의 서비스를 받을 수 있다. 공산주의에서 체제전환 했지만, 과거 적폐에 대한 처벌이나 제대로 심판된 자가 없다. 경제체제전환을 주도한 발체로비치도 4대 복지시스템 개혁과 같은 근본적인 메스를 가하는데 관심이 없고 미시적으로 경제를 바꾸려고 했다. 근본문제를 두고 지엽적인데 머물렀다."

폴란드 공무원도 나라에 부패문제가 있음을 이야기 했다.

"부패가 위 아래로 퍼져 있어 쉽게 해소되지 않을 듯해 매우 우려된다. 노동법이 경직적이어서 싼 임금에도 불구하고 투자하는 사람 입장에서 여건이 유리하지 않다. 각종 법규가 복잡하고 애매모호해서 자의적으로 할 우려가 많다. 실제로 급행료 지불에 따라 진척이 빨라지는 일이 많다."

그러나 나의 개인적 체험으로는 부패를 보지 못했다. 언젠가 비자 사무실에서 석연찮은 일을 겪고 그곳 직원을 의심한 적이 있지만, 결국은 아니었다.

비자 사무실에 1년 비자(임시체류증)를 신청했더니, 4인 가족 중 아내의 것만 나오지 않았다. 아내의 서류를 2주째 찾지 못하고 있다는 답변이었다. 같은 프로세스에 있던 서류가 발급 단계로 가는 도중에 무슨 착오가 있었나? 진짜 못 찾아서 그러는 걸까? 아니면 뭘 바라고 임시체류증을 유치하고 있는 걸까? 궁금해서 연구소의 동료에게 물었다.

"비자 사무실에서 계속 아내의 서류를 못 찾고 있다는데 무슨 뇌물을 바라고 그러는 것 아닌가?", "이 나라에 뇌물 관행이나 관습이 있는가?"

그는 'mess'(서류가 많아 뒤엉켰다는 의미) 때문이겠지 하면서 그런 관습이 없다고 부인했다. 그러고도 20일이 넘도록 아내의 임시체류증은 발급되지 않았다. 우리나라 사람으로서는 지연되는 상황을 이해하기 어려웠지만, 폴란드 친구의 말대로 그러려니 하고 있었더니 결국 임시체류증이 발급되었다. 우리나라에서와 달리 비자사무실 직원과 특별한 감정관계가 생겨나지 않아 좋았다. 개인적 경험은 그랬다. 결국 진실은 무엇인지 알 수 없으나, 폴란드 사람 스스로는 자국의 부패가 아주 심각하다고 생각했다.

좀도둑 이야기

사람이 사는 곳이면 으레 좀도둑이 있다.

폴란드도 마찬가지다. 특별한 점이 있다면 자동차와 그 부속품, 자동차 안에 둔 물건을 많이 훔쳐간다는 사실이다. 그러다 보니 이곳에 사는 우리나라 사람들은 자동차를 조심해야 한다는 말을 많이 한다.

"범죄의 표적이 될 수 있으므로 차 안에 핸드백이나 귀중품을 두지 마라. 카스트레오를 노리는 범죄가 있으므로 알람을 달고 차를 시큐리티 되는 곳에 세워라."

"한국인, 특히 한국 주부 운전자들을 노린 범죄가 많다. 자동차 키는 꼭 소지해라."

온통 주의하고 조심하라는 말뿐이다. 한때 서유럽 국가에서는 차 렌트시 동유럽 국가로 여행하지 않는다는 조건을 요구할 때가 있었다. 그렇게 한 이유는 바로 동유럽 나라에서 자동차 절도, 타이어와 휠, 카스트레오 등 부분 절취가 많고, 그 과정에서 차량이 훼손되는 일이 많았기 때문이다.

폴란드에서는 우리나라가 수교한 이후 지금까지 한국인을 겨냥한 차량훼

손, 도난 사건이 많았다. 트렁크에 실던 짐이 한눈 파는 사이에 사라졌고 식당에 들어갔다가 자동차를 통째로 잃어버리기도 했다. 한국인이 표적이 된 것은 독일산과 같은 고급차종을 주로 갖고 있는 데다 현지 사람들과 달리 자동차 관리에 주의를 기울이지 않기 때문이다. 그러다보니 지금도 좀도둑으로 인한 분실 사건이 자주 일어난다.

한번은 도심 종합상가 앞길에서 대낮에 우리나라 차가 털렸다. 앞 유리를 깨고 카스트레오를 꺼내간 것이다. 벌건 대낮에 어떻게 그런 일이 벌어질 수 있는지 궁금하지만, 알람이 달려 있지 않다는 사실을 알고 노렸던 것이다. 허점이 없도록 잘 관리하는 수밖에 없다.

내 차도 대형 쇼핑센터인 갈레리아 모코투프서 폭스바겐 마크가 새겨진 알루미늄 휠 전부를 잃어버렸다. 쇼핑몰에서 나올 때까지 그 사실을 몰랐는데, 아이들을 데리러 학교에 도착하고서야 없어진 걸 알았다. 쇼핑센터조차 안심할 수 없다는 사실이 충격적이었다. 비싼 것도 아니고 시시한 캡을, 그것도 중고 제품을 훔쳐간 것에 대해 기분이 상했다. 아내가 잃어버렸는데, 범죄자들이 확실히 한국인 주부를 노린다는 것을 알 수 있었다. 얼마 전 우리나라 주부들이 외출했다 돌아와서 잠깐 방심하는 사이 집에 세워둔 차를 도난당한 일도 있었다.

분하지만, 차든 물건이든 한번 잃어버리면 다시 찾기 어렵다. 그래서 미리 주의해서 잃어버리지 않도록 해야 한다.

물건을 훔쳐 가는데 사람과 장소, 방법을 가리지 않는다. 현지 폴란드 사람이라고 봐주거나 안전한 건 물론 아니다. 연구원의 폴란드 동료 한 사람 역시 자동차를 세워두었다가 누군가 펑크 내고 노트북을 들고 가버려 낭패를 겪었다. 잘 아는 폴란드 기업가도 프라가에서 지갑을 소매치기 당했다. 연구원의 또 다른 동료는 멀리 벨기에 브뤼셀에서 프리젠테이션 발표자료가 든 노트북을 눈 깜짝할 새 잃어버렸다. 분실 도난 사고는 서유럽과 중동부유럽 어디든 있을 수 있고 누구나 피해자가 될 수 있다.

심각한 정도는 아니지만, 강탈사건도 있었다. 아내와 아이들이 해질 무렵 녹지를 산책하다가 자전거를 강탈당했다. 자전거를 세워놓고 잠깐 쉬는데 20대 초반 청년이 시간을 묻고는 한눈 파는 사이 딸의 자전거를 타고 도망쳤다. 자동차로 쫓아가자고 했지만, 이미 멀리 가버려 보이지 않았다. 범죄가 일어나기 쉬운 해질 무렵에 다닌 것과 방심이 빌미가 되었다. 연구소의 폴란드 동료에게 울시누프에서 자전거를 강탈당했다고 말하니, 우울한 반응들이었다. 신흥 주택단지인 울시누프 지역까지 그리고 내 가족에게 그런 바람직스럽지 않은 일이 일어난 게 유감이란 표정이었다.

그러나 다른 서유럽 국가의 범죄에 비하면 그래도 폴란드는 안전한 축에 속한다. 목조르기 강도를 직접 당한 일, 여러 명이 백주 대낮에 동양인의 소지품을 강탈하려 든 일, 차속에 든 소지품을 순식간에 문 열고 집어간 일 등 스페인에서의 범죄가 가장 심각하다. 스페인의 범죄자들은 사람만 보면 달려드는 좀비처럼 동양인 관광객을 노렸다. 그 다음으로 이탈리아, 프랑스, 네덜란드 등지에서 집시가 동양인의 돈을 노리는 범죄가 많다.

도난 때문에 자동차에는 대개 경보장치, 즉 알람이 달려 있다. 반드시라고 할 만큼 차종 여하를 불문하고 차에는 경보장치가 필수적으로 부착되어 있다. 이것만큼은 대단히 발전되어 있어 알람 없는 차를 보기 어려울 정도다. 경보장치도 매우 민감해서 조금만 건드리면 경보음이 요란하다. 나도 예외가 아니어서 처음 산 중고차에 알람이 달려 있었고 나중에 구입한 폭스바겐에도 알람이 달려 있었다.

이러다 보니 바르샤바에는 신종 직업 아닌 직업이 생겨났다. 바로 자칭 주차관리원이다. 주차할 곳을 찾는 운전자에게 주차 장소를 찾아주고 돌아올 때까지 차를 봐주는 게 그들의 업무다. 누가 시키지도 않았는데 스스로 경비를 서고 자신이 지키는 구역을 관할한다. 그들이 있는 곳이란 대개 무료 주차장이거나 동전 넣고 세워두는 곳이어서 이들 주차 관리원을 무시해도 된다. 그렇지만 어떻게 보면 이들 나이 많은 남자들이 오래 동안 터줏대감 노릇을 하면서 권리를 내세우고 텃세를 부려 좀 무시하기가 그렇다.

2005년 2월 스페인 마드리드를 관광하기 위해 노보텔에 묵을 때였다. 시내로 오가는 길이 호텔 뒷편에 있고 한적했지만 그 길이 위험하다고 생각하지는 않았다. 첫날 시내를 구경하고 밤 9시경 돌아오는데, 10미터 뒤에 두 남자가 따라 붙었다. 그렇지만 그들의 뒤에 또 다른 남자가 애완견을 데리고 있어 대수롭지 않게 생각했다. 그런데 순간 목이 졸리면서 넘어졌고 아내도 공격받고 쓰러졌다. 목이 단단하게 졸렸지만 정신을 차려 괴한을 막았다. 그는 두번째 시도하더니 안 되겠다 하고 아내의 가방만 들고 도망갔다. 일어나 애완견을 데리고 있던 목격자에게 호텔에 와서 증언 해달라고 했더니 "신고하라."고 할 뿐 따라오지 않았다. 공범이 아닐까 생각되었다. 호텔에 들어와 자초지종을 말하니, 놀라면서도 경찰에 신고하겠느냐고 물었다. 대사관 직원과 통화해보니 경찰 신고는 보험처리나 여권분실 확인용이라고 해 신고할 의욕이 나지 않았다. 대사관의 목조르기 범죄 주의를 전부 읽었지만 밤늦게 주의하지 않고 다닌 나의 불찰이다. 다행히 가방에 든 썬그라스 등 일부 피해로 국한할 수 있었다. 워낙 범죄가 많고 특히 동양인을 노린다 하니 호텔에 도착하자마자 여권과 항공권, 현금, 아내의 지갑을 객실 금고에 보관했던 것이 그나마 다행이었다.

나도 이런 곳에 주차한 적이 있었는데, 차를 세울 곳을 찾으면 순간 어떤 아저씨가 나타나 안내를 했다. 말은 안통하지만, 그들은 "이곳에 차를 세워라. 자리가 좋다."고 말한다. 차를 주차하면 또 근엄한 표정으로 "차를 봐줄 테니 걱정하지 말고 다녀오라."고 한다. 나중에 차를 찾아가면 또 다시 "지금까지 아무 이상 없었다. 차가 아주 안전하다."고 말했다. 그리고는 서서 눈을 마주치는데 뭐 동전 하나라도 안 줄 수 없다. 대개 2즈워티(600원)를 준다. 차를 몰고 나갈 땐 작별인사까지 한다. 처음에는 부랑아나 주정뱅이 인상의 사람이 다가와 조금 뜨악하기도 했지만, 가만 보면 다소간 인정이 넘치고 해학적인 면이 있어 우습기까지 했다. 선량한 사람들(?)이라고 해야 하겠다. 자동차 손괴가 많은 이 나라에서 이들의 역할에는 긍정적인 면이 있어 그렇게 밉지는 않았다.

울퉁불퉁한 도로와 위험한 추월

폴란드는 도로가 유난히 좋지 않다. 서유럽 국가는 물론, 다른 동유럽 국가에 비해서도 열악한 편이다. 수도 바르샤바조차 사회주의 때 닦은 길과 새 길이 혼재하며 길바닥은 어디서나 울퉁불퉁하다.

그러다보니 자동차 운전이 위험하다. 도로 노면도 그렇지만 교통체계도 문제다. 바르샤바 시내에는 비보호 좌회전과 신호 없는 사거리가 많다. 그러다보니 비보호 차량들이 불쑥불쑥 튀어나와 위험한 상황이 생긴다. 또 중앙선 분리대가 없는 2차선 도로는 중앙선이 점선으로 되어 있어 오가는 차량들이 자주 중앙선을 침범해 추월한다. 거기다 유럽연합 가입 이후 차량이 급증해 통행이 복잡해지고 운전하기가 그만큼 어려워졌다.

국도로 주행하는 것은 더욱 위험하다.

국도나 지방도로 접어들면 차량은 뜸해서 좋으나 속도제한이 여간 심하지 않다. 잘 나가야 70킬로미터, 커브가 있거나 마을 진입로, 공사가 있으면 곧잘 40킬로미터로 떨어진다. 한적한 도로를 발견하고 좋아했는데, 나중에 알고 보니 차가 없는 이유가 경찰이 많기 때문이었다나.

한 번은 바르샤바에서 그단스크(독일명 단찌히, Danzig)까지 하루 낮 동안 왕복 여행을 다녀왔다.

그단스크까지 E77 도로는 출발할 때 4차선이나 곧 2차선이 된다. 4차선 도로에서는 시속 90킬로미터까지 허용하나, 그 외 구간은 70킬로미터 속도 제한이 있는데다 커브 구간이나 마을길은 40~50킬로미터였다. 하루 만에 그단스크를 다녀오려면 빨리 가야 하는데, 속도를 내려고 하면 숲이나 마을이 나오고 경찰이 보였다.

실제로 경찰에 잡혀 있는 차와 딱지 떼는 모습을 여러 번 목격했다. 초행길이어서 제한속도에 10킬로미터 정도만 더 내고 달렸는데 지나가는 차들을 보니 속도제한을 개의치 않는 듯했다. 160~200킬로미터 밟는 이도 있었다. 또 다른 사람들은 경찰에 걸리지 않으려고 끝까지 인내하면서 속도를 내지 않거나 꽁무니 이어달리기를 했다. 친절한(?) 운전자들도 많았다. 마주 오는 차가 전조등을 깜박였다. 앞에 경찰이 있으니 조심하라는 신호였다.

그러나 경찰도 밤 8시까지 가지 않고 위반차를 잡고 또 잡았다. 가장 취약한 곳에 경찰이 종종 있었는데, 말하자면 고가도로 내려가는 코스나 마을이나 도시를 벗어나는 내리막길이었다. 순간적으로 속도위반할 수밖에 없는 구간인데, 그런 곳에 속도측정기를 대고 있었다. 나도 잡힐 뻔 했는데, 다행히 경찰이 머뭇거리는 틈에 서둘러 벗어났다. 내 앞에서 줄곧 조심스럽게 달리던 어떤 차도 그단스크 입구 고가도로 내리막길에서 경찰에 걸리고 말았다.

왕복 2차선에 중앙선을 점선으로 해놓고 오가는 차들이 서로 추월할 수 있게 해놓았다. 그러다보니 중앙선을 넘어 마주 오는 차들이 많았고 이따금 잘 비켜가야 했다. 그런데도 사고는 잘 나지 않았다. 가만 보니, 마주보고 달려오는 차들이 서로 경각심을 주는지 잘 비켜주고 잘 피해갔다. 오가는 차들은 한 결 같이 추월을 과감하게 했다. 추월 깜박이를 넣고는 반대편에서 차가 오더라도 머뭇거리지 않고 중앙선을 넘어 추월했다. 쌍방이 왕복 2차선을 편도 2차선처럼 사용해 달리는데, 이런 상황에 익숙하지 않은 내가 불안했다. 뒤차가 추월하려고 하면 길 한쪽으로 비켜주어야 하므로 뒤쪽 역시 신경을 썼다. 그러다가 나 역시 가족을 놀라게 하는 추월을 하게 되었다.

드라이브 하면서 구경하는 것은 차치하고 앞뒤로 추월하는 차를 보랴, 속도제한 지키랴, 경찰이 있나 주시하랴 다른 생각할 틈이 없었다.

차를 돌려 남쪽 크라쿠프, 자코파네 쪽으로 가봤다.

늦가을 해는 짧아지고 갈 길은 먼데 여기서도 역시 군데군데 경찰이 있었다. 다행히 항상 누군가 잡혀 있거나 앞차들이 속도를 늦추는 탓에 상황을 짐작할 수 있었다. 어떤 운전자는 친절하게도 내가 헤드라이트를 켜지 않고 가는 걸 알려주기도 했다. 자코파네에서 내려오는 길도 곳곳에 경찰차들이 즐비해 운전에 부담을 주었다. 앞 차 따라가는 방법으로 잘 모면했지만, 좋지 않은 인프라에 늘상 곡예운전 하듯이 전방을 주시하고 코너링 하려니 마음이 편치 않았다.

독일에 접한 서쪽으로 가봤다.

바르샤바에서 포즈난까지는 4차선 고속도로이고 나머진 2차선 도로였다. 경찰이 그단스크 갈 때만큼 많지 않지만 전혀 없는 건 아니어서 빨리 가지 못했다. 추월할 때만 120~130킬로미터고 그 외는 80~100킬로미터였다. 이 속도로 달리면 바르샤바에서 9시에 출발해도 저녁 5시는 넘어야 독일 국경선에 도착한다. 이 길은 폴란드와 우크라이나, 벨라루스, 발트 3국을 연결하는 실크로드여서 유난히 컨테이너 실은 트레일러가 많고 오가는 차량 수도 많았다.

이곳에서도 경찰에게 책잡힐 수 있기 때문에 조바심 운전을 했다. 그러다가 독일로 넘어오면 폴란드와 극단적으로 대비되는 모습이 펼쳐졌다. 4차선 고속도로의 미끈한 길에다 속도제한이 없고 경찰차가 없으니 거칠 것이 없었다. 사이가 안 좋은 독일에서 폴란드 자동차들은 줄 서 점잖게 달렸지만, 나는 독일차에 상관하지 않고 160킬로미터까지 내고 달렸다. 조금 달리면서 보니 내 앞뒤로 있던 그 많던 차들이 어디로 가버렸는지 보이지 않고 혼자 무인지경을 달렸다. 가슴이 펴지고 숨이 트였다. 도로와 도로변의 병풍처럼 서 있는 산림, 주유소, 휴게소와 식당, 벤치 등 운전자를 위한 환경과 인프라가 너무 좋고 안락했다.

개인적인 생각으로는 폴란드도 교통안전을 위해 중앙선을 절대 넘을 수 없는 금지선으로 만들고 교차로에서 좌우 회전시 신호를 받고 가도록 하면 좋겠다는 생각이 들었다. 대신 론도Roundabout와 U턴 구역을 많이 만들어 교통 흐름을 원활케 하면 된다. 직선도로 중심으로 소통과 도로이용 확대를 도모해야 한다. 대량 자동차 이용시대에 어울리지 않는 애매한 상황, 사람의 판단에 맡기는 것을 최소화하고 선을 확실히 그어 자의적이고 임의적인 판단 여지를 줄이는 게 좋겠다.

좋아하는 나라, 싫어하는 나라

폴란드는 이웃하고 있는 나라보다 멀리 떨어진 미국이나 서유럽 국가들과 좋은 관계를 유지하고 있다.

폴란드가 미국과 서유럽의 도움으로 독립한 만큼 이들 나라를 좋아하는 것은 당연하다. 나라만 좋아하는 것이 아니라 서유럽의 종교와 민주주의 이념, 시장경제 체제를 받아들였다. 미국과의 관계는 혈맹관계라는 한미관계보다 더 깊고 교류해 온 역사가 길다. 미국의 독립 투쟁 때 이미 아메리카에 건너가서 싸운 폴란드 장군이 있을 정도다. 이미 그때부터 폴란드는 미국과 관계를 맺기 시작했다고 해도 과언이 아니다. 공산치하에서도 미국과 교류를 계속했고 공산주의를 벗어던지자마자 미국이 이끄는 NATO에 가입하고 미국이 주도하는 아프간전쟁에 군대를 파견했다. 그만큼 미국과 친하다.

미국 다음으로 중요한 나라는 프랑스다. 지금은 중요도가 미국 다음으로 떨어졌지만, 18세기말까지만 해도 프랑스는 폴란드가 동유럽의 암흑에서 벗어날 수 있게 하는 희망의 국가였고 중동부 유럽의 권력정치와 제국주의적 약육강식으로부터 벗어날 수 있는 유일한 대안이었다. 지금도 프랑스는 서

유럽 국가 중에서 폴란드와 가장 친한 나라다. 물론 문화적으로 많은 영향을 끼친 이탈리아가 있지만, 역사적 관계를 볼 때 프랑스만한 나라가 없다. 프랑스는 폴란드를 위협하는 독일을 배후에서 견제 할 수 있는 유일한 나라고 유럽의 국제정치에서 항상 독일과 오스트리아의 반대편에 섰다.

그 외에도 프랑스는 암울한 시기 폴란드 지사들을 거두어준 피난처였다. 나라가 어려울 때 숱한 애국자, 음악가, 문학가들이 프랑스에서 활동하고 거기서 독립의 꿈을 키웠다. 너무 많은 폴란드 사람들이 프랑스에 있었기에 나폴레옹이 이들만으로 사단병력을 만들 수 있을 정도였다. 우리가 잘 아는 쇼팽도 프랑스에서 음악가로서의 생의 전부를 보내다시피 했고, 마리 퀴리 역시 프랑스 사람과 결혼해 프랑스 과학발전에 기여했다. 폴란드 장군 포니아토프스키 역시 나폴레옹 군대의 원수로서 러시아 원정에서 프랑스군과 함께 싸웠다. 비록 지금은 미국보다 비중이 낮아졌지만, 폴란드와 프랑스의 관계는 여전히 가벼이 볼 수 없다.

그 외 국가들로는 왕실간 유대가 있었던 헝가리, 연합왕국의 파트너였던 리투아니아, 폴란드의 영향권 아래 있었던 우크라이나가 역사적으로 폴란드와 가까웠다. 17세기 말 헝가리 계열의 바토리 왕은 앙숙관계의 모스크바공국의 항복을 받아냈고, 리투아니아 계열의 야기에워 왕은 폴란드 땅에 기생하던 독일기사단을 격파했다. 이런 역사적 경험도 작용해 헝가리와 리투아니아는 폴란드와 친한 편이다. 우크라이나는 과거 폴란드의 일부로 지금도 이 나라의 서부 절반은 폴란드에 우호적이고 폴란드의 영향권 아래에 있다고 해도 과언이 아니다.

그 대표적 실례를 2004년 11월에 볼 수 있었다. 당시 우크라이나는 선거 부정으로 무척 시끄러웠다. 러시아가 미는 여당이 우승했는데, 폴란드가 대통령, 전직 대통령, 전직 수상이 나서 매우 깊은 우려와 관여하는 모습을 보였다.

내가 왜 이웃나라의 국정에 간섭하느냐고 묻자, 연구소의 폴란드 동료들은 자국의 우크라이나 관여에 대해 대체로 문제없다는 반응을 보였다. 그간 러시아와 다퉈 온 역사에 비춰볼 때 너무 깊숙한 관여가 아닌지 물었더니, 유럽 카운슬Council 자격으로 관여한다고 말했다.

우크라이나 서부는 옛날에 폴란드 땅이었는데 제2차 세계대전 이후 소련이 일방적으로 자국 땅에 붙였다. 문화적으로나 역사적으로나 폴란드와 떼려야 뗄 수 없는 곳이라 현 대통령과 바웬사 전 대통령, 전 총리가 다 동원되어 우크라이나에 간 것이다.

이에 반해 독일과 러시아는 폴란드에 있어 대표적으로 좋지 않은 이웃이었다.

• 게르만 기사단 혹은 튜튼 기사단이라고 한다. 중동 지역에서 십자군 전쟁을 벌이기 위해 독일 기사들이 주축이 되어 만든 십자군 단체이다. 팔레스타인이 이슬람에 넘어간 후 활동지역을 동유럽으로 옮겨 이교도 민족을 물리치는 역할을 했다. 이교도 지방인 프로이센 지방을 개종시키기 위해 그곳에 정착하여 프로이센인들을 거의 전멸시켜 독일 농민들이 이곳에 정착하는 계기를 만들었다. 하지만 이들의 강력한 세력에 반감을 품은 폴란드와 리투아니아의 연합군에 의해 패해 기사단장은 폴란드왕의 신하가 되었다.(오언 깅그리치 등, 『지동설과 코페르니쿠스』, 바다출판사, 2006년.)

독일은 오래 동안 폴란드 땅에 들어와 자국 세력을 부식시키고 군사 경제적으로 발전을 제약한 나라로서, 폴란드의 명예를 떨어뜨리는 데 맹주 역할을 해왔다.

그렇지만 독일은 쉽게 물리치기 어려운 강국이어서 폴란드는 오래 동안 눌려 지내다가 19세기 초 나플레옹과 20세기 초 미·영·프 연합군이 독일을 제압했을 때나 어깨를 좀 펼 수 있었다. 제2차 세계대전 기간 독일군과 독일 사람, 심지어 독일에서 온 유대인들마저 폴란드를 문화적으로 뒤떨어진 곳, 유대인과 이가 많은 곳으로 보고 이 나라 사람들을 멸시했다. 점령 기간 독일군은 폴란드 군인 애국자들을 체포, 구금, 처형하고 곳곳에 강제수용소를 지어 이 나라 노동력과 자원을 착취했다.

지금도 폴란드 사람과 독일 사람 간에는 불편한 감정이 존재하고 서로 경원시한다. 불신과 오해에 따른 긴장, 제2차 세계대전 이후 영토 변경에 따른 강제이주, 재산권 문제도 존재한다. 그래서 폴란드는 독일을 안심하지 못한다. 이러한 점을 의식한 듯 과거 서독의 빌리 브란트 수상은 바르샤바 게토 영웅 추모비 앞에서 무릎을 꿇었다. 그러한 진정성 있는 반성이 있어 두 나라는 화해하는 길로 나아갔다. 상호 우호협력협정을 맺고 독일 옛 땅의 폴란드 귀속에 관한 국경확약조약도 체결했다. 그렇게 해서 과거사문제는 많이 해소됐다. 그렇지만 최근 폴란드가 유럽연합에 가입하면서 다시 충돌이 잦아지고 있다. 독일의 영향력 확대를 앞장서 견제하면서 양 국민간 감정이 나빠지고 있다. 폴란드 사람들은 유난히 독일 사람에게 관대하지 않다.

이에 반해 러시아와 러시아인에 대해서는 혐오하지만 노골적이지 않다.

매우 조심스럽고 필요한 경우 단호하지만, 러시아인들을 조롱거리로 삼지는 않는다. 두 나라에 대한 태도가 이와 같이 다르다.

폴란드와 러시아, 두 나라 간에는 겉으로 잘 드러나지 않는 경쟁 심리 혹은 라이벌 의식이 있다. 슬라브족의 맹주 자리를 두고 서로 다투고 있기 때문이다. 역사적으로도 그랬다. 한때 폴란드가 러시아를 압제하고 조종하였으며 우크라이나와 벨라루스를 포함한 슬라브족의 맹주일 때가 있었다. 그러다가 러시아가 커지면서 전세가 역전되고 문명의 전파자가 도리어 억압받게 되었다.

그러다보니 폴란드 사람은 러시아 사람에 대해 극도의 혐오증Russophobia을 갖고 있다. 특히 제2차 세계대전 승전국이면서도 소련에 의해 강제로 적화되었을 때 폴란드 사람들의 러시아에 대한 반감은 더욱 강화됐다. 폴란드는 1989년 소련의 영향권에서 벗어나자마자 그동안 묻어두었던 러시아군을 상대로 이겼던 라추와비체 전투기록, 바르샤바 봉기 때 독일군이 민간인을 죽이고 도시 전체를 파괴하는 동안 소련군이 방관한 사실, 카틴에서의 천인공노할 포로학살행위에 대해 드러내놓고 교육하고 있다. 특히 카틴 사건에 대한 분노는 이만저만한 게 아니다. 러시아가 진정성 있는 반성과 참회를 하고 피해자들의 억울함을 덜어주지 않는 한 쉽사리 비난으로부터 벗어나기 어려울 것이다.

2005년 12월에 그러한 폴란드 사람의 감정을 엿볼 기회가 있었다. 문화과학회관 1층 극장에서 모스크바 발레단의 '백조의 호수' 공연이 있었다. 평소에 보고 싶던 공연이라 마침 잘 됐다며 찾아갔다. 무대가 좁았을 만큼 훌

류한 공연이었다. 그렇지만 폴란드 사람은 러시아에서 온 공연에 영 관심이 없는지 관객이 거의 없었다. 공연할 때마다 공연장을 가득 메우는 이 나라 사람들이 웬일인지 보이지 않았다. 다음날 연구소의 사람들에게 "그곳은 무대가 좁더라. 내 생각에 폴란드는 러시아 사람을 반기지 않는 것 같더라."고 했더니 모두들 웃었다.

2006년에도 비슷한 폴란드 사람의 감정을 들을 기회가 있었다.

그 해 독일과 러시아간 정상회담이 있었다. 이 자리에서 독·러 정상은 "독일은 러시아가 폴란드가 있는 중부유럽의 안정에 역할을 하는 것을 인정한다."고 말했다. 이에 대해 연구소의 폴란드 친구는 불만을 표시했다. 왜 자기 나라와 관계 있는 사안을 저희들끼리 어쩌고저쩌고 하느냐는 것이다. 과거 폴란드를 옥죄던 독일제국과 제정 러시아를 떠올리는 행동이어서 불쾌할 만 했다.

오스트리아도 독일과 같은 게르만 민족으로서 폴란드의 분할을 주도했고 스웨덴도 나라 전체를 짓밟은 적이 있으므로 사이가 좋지 않다. 특히 스웨덴은 17세기 폴란드를 침략해 코페르니쿠스 도서관을 약탈해 갔고 지금 이들 도서들을 스톡홀름의 웁살라 대학에 보관하고 있다. 폴란드의 반환 요청에 대해 스웨덴은 고약하게도 '폴란드는 누구나 약탈하는 곳이므로 안전하지 않다.'고 말했다. 이런 나라와 발트 해를 사이에 두고 있는 만큼 폴란드가 편안할 리가 없다. 스웨덴에 대해서는 러시아가 견제세력이지만, 폴란드 입장에서 보면 둘 다 믿을 나라가 아닌 셈이다.

러시아에 가까운 이웃 독재국가 벨라루스(백러시아)도 눈에 가시 같은 존재다. 한때 폴란드의 영토로서 폴란드 주민들이 살았고 지금도 살고 있는 곳이지만 배후에 있는 러시아를 믿고 불손하게 행동한다.

그 다음으로 독일의 앞잡이 국가 정도로 인식되는 체코와도 사이가 좋지 않다. 1938년에 폴란드가 체코의 한 도시를 무력으로 병합한 바 있고, 1960년대에는 '프라하의 봄'을 진압하기 위해 소련과 함께 군대를 보냈다. 체코가 약소국 입장에서 폴란드에 대한 거부감이 있다면, 폴란드도 할 말이 없는 건 아니다. 1939년 나치 독일군이 체코를 거쳐 폴란드에 진입했기 때문이다. 그런데다 체코는 폴란드와 같은 슬라브 민족이지만, 독일민족과 섞여 독일 사람처럼 행동한다는 인식이 있다. 탐탁하지 않게 보리라는 것을 알 수 있다.

아시아 국가로는 한국과 일본을 좋아한다. 한국과 일본은 투자국가로서 세계적인 자동차와 전자제품을 생산하는 선진 국가 이미지가 있어 선망의 대상이 된다. 그에 반해 중국과 베트남, 북한은 오래전부터 수교했던 사이지만, 가난한 나라의 사람들이란 이미지가 있다.

가고 싶은 나라, 폴란드

"일요일 오후에 와지엥키 공원을 산책한 적이 있는가?"
엉뚱한 질문 같지만, 이 물음을 통해 폴란드와 폴란드 사람에 대한 이해의 정도를 측정한다.
산책한 적이 있으면 폴란드 사람을 조금 아는 축에 들어가고, 그 정도를 넘어 일요일 오후에
멋지게 차려입고 나와 산책하는 사람이라면 거의 폴란드화 되었다고 할 수 있다.
그러나 와지엥키 공원이 어디 있는지 모르거나, 알지만 가본 적이 없으면 폴란드를 모르는
사람에 해당된다.

폴란드의 심장 바르샤바

와지엥키 공원

"일요일 오후에 와지엥키Łazienki 공원을 산책한 적이 있는가?"

엉뚱한 질문 같지만, 이 물음을 통해 폴란드와 폴란드 사람에 대한 이해의 정도를 측정한다. 산책한 적이 있으면 폴란드 사람을 조금 아는 축에 들어가고, 그 정도를 넘어 일요일 오후에 멋지게 차려입고 나와 산책하는 사람이라면 거의 폴란드화 되었다고 할 수 있다. 그러나 와지엥키 공원이 어디 있는지 모르거나, 알지만 가본 적이 없으면 폴란드를 모르는 사람에 해당된다.

폴란드 사람, 아니 바르샤바 시민은 와지엥키 공원을 사랑한다. 지금이라도 이 나라 사람들을 제대로 알려면 일요일 오후에 잘 차려입고 와지엥키 공원을 산책해보라!

폴란드계 미국인으로서 오래 동안 폴란드에 살면서 폴란드와 미국 문화를 비교한 책 '폴란드 이해의 지름길'의 저자가 책의 서두에서 던지는 질문이다. 폴란드를 아는 수준을 묻는 18개 퀴즈 중하나. *Short cuts to Poland* Laura Klos Sokol,. International Publishing Service Sp Z.o.o. 2005.

1770년대의 바르샤바

현대적인 바르샤바시

나의 경우를 말하자면, 와지엥키 공원은 바르샤바에 와서 제일 먼저 가본 곳이다. 이 공원은 옛날 왕궁이 있던 장소로 역대 왕들이 세운 교육시설이며 연극무대, 연회장, 호수, 정원, 동물원, 온실 등이 복합단지처럼 들어서 있다. 거기다 숲이 우거져 바르샤바에서 가장 은밀한 장소가 되어 있다.

'와지엥키'는 목욕탕을 뜻하는 단어인데, 이 이름은 17세기 말에 철학자이자 시인이었던 스타니스와브 헤라크리우스 루보미르스키Stanisław Herakliusz Lubomirski─그 당시에 그가 이 공원을 소유했다─가 지어놓은 사치스런 목욕시설에서 유래한다. 1764년 이 공원은 새로 선출된 왕이었던 스타니스와브 아우구스트Stanisław August의 소유가 되었는데, 그는 섬에 있던 목욕시설을 여름 궁전으로 바꾸었다. 궁전 보수를 약 20년 걸려 마친 결과 건축은 신고전주의적 양식, 장식은 로코코 풍으로 치장되었다.

지금은 공원 전체가 시민들의 휴식처이자 관광객의 볼거리가 되고 있지만, 그 속에서도 가장 핵심이 되는 곳은 단연 쇼팽 동상이 있는 야외 음악당이라고 하겠다. 이곳 중앙에는 피아노를 연주할 수 있는 무대가 있고 그 주위에 관람석이 있어 콘서트가 열린다.

쇼팽 동상 곁에는 모진 비바람에 휘어진 나무 한 그루가 서 있다. 이는 쇼팽이 망국의 시련을 겪고 있는 폴란드와 늘 함께 하고 있음을 나타낸다. 나무는 폴란드를 상징하고 비바람은 외세인 셈이다.

피우수츠키 동상과 벨베데레 관저

쇼팽 야외음악당 입구에 동상이 하나 서 있다. 바로 폴란드 독립의 아버

1 와지엥키 궁전
2 와지엥키 공원에 세워져 있는 쇼팽 동상. 야외음악당의 무대
   높은 곳에 세워져 있다.

지 피우수츠키 원수다. 그의 동상을 보면, 우국지사憂國之士로서 고민하는 모습을 하고 있다. 아마도 1930년대 그가 목도했던 암울한 유럽의 정세를 걱정하는 것이리라. 제2차 세계대전 직전의 폴란드 상황, 좌우의 두 강대국—스탈린의 소련과 히틀러의 독일—을 생각하면 잠이 오지 않았을 법한 노장군의 모습을 여기서 볼 수 있다.

그리고 그 옆의 건물은 피우수츠키가 집무했던 벨베데레 관저Belvedere palace다. 벨베데레 관저는 1822년에 완성해 폴란드 군대의 총사령관이자 러시아 황제의 동생이었던 콘스탄틴 대공Konstantin Pavlovich의 관저로 사용되다가, 1918년에 폴란드정부에 귀속되었다. 이후 피우수츠키 원수가 집권하면서 그의 관저가 되었다. 1990년에 바웬사가 대통령이 되었을 때 그도 이곳에서 집무했는데, 지금은 외국의 국빈이 묵는 영빈관으로 바뀌었다.

2004년 12월 노무현 대통령이 폴란드를 국빈 방문했을 때 이 영빈관에서 묵었다. 그때 들어가 보니 건물 내부가 무척 화려했다. 전체적인 외양은 결코 삼엄하지도 위압적이지도 않지만, 크지 않은 것이 바로 폴란드의 전통적인 저택 조성 방식이었다.

도로 맞은편에 러시아대사관이 있는데, 이 대사관 건물이 벨베데레 대통령관저보다 더 크고 웅장하다는 이야기가 있다. 그러나 오해할 필요는 없다.

•폴란드의 왕을 겸임한 러시아 황제의 동생으로 폴란드 의회 왕국의 군사령관을 하면서 거드름을 피우다 1830년 11월 비쇼츠키(Piotr wysocki) 등 폴란드 군대가 러시아의 지배에 항거하자 관저를 탈출해 달아났다. 폴란드 국민에게 혐오감을 준 러시아인 중의 한 명이다.

벨베데레 관저

피우수츠키 동상

러시아 대사관은 어느 나라에서나 크기 때문이다.

강 동쪽 프라가 지역

와지엥키 공원 숲의 높은 곳에서 낮은 곳으로 내려오면 비스와강이 흐른다. 그리고 강을 건너면 프라가Praga 지역이 있다. 프라가 지역은 러시아와 관계가 많다. 옛날 러시아가 폴란드를 침공하면 항상 1차로 점령하는 지역이어서 그곳 주민들은 많은 수난을 받았다. 지금도 '러시안 마켓'이라는 단어가 의미하듯이 러시아산 물건이 많이 들어와 있고 우크라이나, 벨라루스와 가까워 그곳 사람들과 물건들을 많이 볼 수 있다. 이곳은 바르샤바에서 가장 발전이 더딘 지역이라는 오명을 안고 있다. 서유럽에서 가장 먼 동쪽에 있어 낙후되었는지 모른다.

그러나 지금은 다르다. 바르샤바 시가 확장되면서 이곳이 점점 발전하고 있으며 주거생활이 윤택해지고 있다. 더욱이 부동산 개발 혜택을 받아 지금은 발전 잠재력이 큰 블루칩으로 여겨진다. 프라가 공원이 드넓게 펼쳐져 있으며 산책로를 따라 벤치가 있어 시민들의 더할 나위 없는 쉼터가 되고 있다. 축구장 등 체육시설도 있는 가운데 조그만 승마장이 있다. 크지 않은 승마장이지만 승마를 쉽게 접하고 배울 수 있다는 이점이 있다.

빌라누프 궁전

시 남쪽에는 소비에스키왕King John III Sobieski이 여름궁전으로 지은 빌라누프Wilanów가 있다. 1680년경 설계했을 때는 본관만 있었으나 나중에 좌우측 건물을 추가했다. 우리나라로 치면 덕수궁 정도의 크기인데, 뒤편에 정원과 호수가 있고 보트를 탈 수 있다. 인근에 교민이 운영하는 선물가게와 한식당이 있어 우리나라 사람이 자주 찾는다.

얀 소비에스키 3세 왕이 즐겨 머무르던 궁전, 폴란드의 저택 양식과 이탈리아의 바로크 양식의 장엄함이 잘 조화된 궁전이다. 왕이 사랑한 부인 마리지엥카Marysienka는 빌라누프 전속 화가들로부터 벽과 천정을 장식하는 그림의 신화 속 인물로 여러 차례 그려졌다. 원래 이름은 'Villa Nova'(새 빌라)이나 음운변화로 빌라누프가 되었다. 코시치우슈코의 군사적 봉기 때 약간 손상을 입은 일 외에는 잘 보존되어 왔다.

문화과학궁전

시내 중심가에 스탈린 시절 소련이 지어주었다는 문화과학궁전Palace of Culture and Science이 우뚝 솟아 있다. 1952년에 짓기 시작해 1955년에 완성했다. 건물 높이는 폴란드에서 가장 높고 유럽연합 내에서도 여덟 번째로 높다. 이와 같은 건물은 모스크바의 상징으로서 소련이 독일과의 싸움에서 승리한 것을 과시하기 위해 지었다고 한다. 당초 이름이 'Joseph Stalin Palace of Culture and Science'에서 알 수 있듯이 스탈린이 소련연방과 위성국가들에서 짓게 했고 그래서 이런 형태의 건물을 소위 '스탈린 고딕 양식'이라고 부른다. 모스크바 국립대학을 필두로 러시아 외무성, 우크라이나 호텔 등 유사한 건물이 일곱 개가 지어졌다. 폴란드는 스탈린 사후 그의 이름을 지워버렸다.

그렇지만 건물은 남아 있다. 비록 폴란드 사람의 감성에 맞지 않는 덩치

소비에스키왕이 사랑하는 부루 붕가의 왕비를 위해 지은 별궁, 빌라누프

때문에 아름다운 명성을 얻지 못하고 있으나, 이정표 역할은 하고 있다. 꼭대기에 전망대가 있고 일층에는 책전시회 등 각종 이벤트 행사가 열린다.

KOTRA 바르샤바 무역관이 운영하는 카페에 의하면, 연건축면적은 37,000평에 높이는 230미터이며 총 42층으로 이루어져 있고 전망대는 30층에 위치한다. 내부에는 영화관, 극장, 박물관, 서점, 연구소, 강당, 레스토랑과 전시장이 있으며 헬스장, 수영장을 갖추고 있으며 건물 바깥에는 청소년을 위한 스케이트장과 농구장을 운영하고 있다.

노비 쉬비아트 거리와 드골 동상

노비 쉬비아트Nowy Świat 거리는 신 도로 내지 새 거리New street란 뜻으로 제2차 세계대전 전 바르샤바에서 가장 번화했던 곳이다. 올드 타운에 대비되는 젊은이의 거리, 바르샤바의 명동 같은 곳이었다. 그러나 지금은 이름만 남았을 뿐, 전전의 모습을 찾을 길이 없다.

노비 쉬비아트 거리가 시작되는 사거리 론도에 가면 드골 장군의 동상을 볼 수 있다. 이곳에 왜 드골 장군이 서 있을까? 더구나 이곳은 과거 한때 위세 높던 공산당 건물이 서 있던 곳이 아닌가?

드골의 동상이 세워진 이유는 그가 1920년 폴란드가 소비에트 적군과 싸울 때 프랑스 군사고문단의 일원으로 이곳에 온 인연이 있기 때문이다. 그도 공산주의의 서유럽 확산을 막는데 참여했던 쥬역이다. 그랬던 만큼 공산주의가 무너진 오늘날 레닌이나 스탈린 동상을 대신해서 그의 동상이 세워진 것이다. 당연한 말이지만 이 동상은 공산정권이 무너지고 15년이 지난 2005

문화과학궁전

년경에 세워졌다.

바르샤바대학교

노비 쉬비아트 거리를 지나 올드 타운 쪽으로 가면 오랜 역사를 자랑하는 바르샤바대학교가 나온다. 대학본부와 유서 깊은 건물, 오래된 상징물들을 여기서 볼 수 있다. 그렇지만 대부분의 단과대학들은 다른 캠퍼스에 있다. 경제학과는 라투슈Ratusz역 두우기Długi 거리에 있고, 자연과학대학은 바나하Banacha 거리에, 게스트하우스인 소크라테스Sokrates와 일부 대학은 수제브Służew역 푸와프스카Puławska 거리에 있다. 바르샤바대학교에는 한국학과가 개설되어 있고 매년 10여 명의 졸업생을 배출한다. 또 쇼팽음대로 알려진 이 대학 음대에는 교환학생 협정에 따라 대구의 계명대학교 학생들이 와서 공부하고 있다.

바르샤바대학교에서 가장 인상적인 장소는 본관에서 좀 떨어진 도서관이다. 언덕 아래 비스와 강변에 있는데, 청동 녹색의 벽에 넝쿨이 올라가고 지붕에는 숲이 조성되어 있다. 가을에 찾았더니 마침 단풍이 져 대단한 풍치를 선사했다. 비스와강을 바라볼 수 있는 전망대가 있고 아래에는 녹지가 조성되어 있다.

바르샤바대학교 주변에는 한번쯤 들러볼 만한 장소가 여럿 있다. 1990년 체제전환 경제개혁을 주도했던 재무부, 중앙은행NBP이 100미터 이내에 있고, 쇼팽박물관과 쇼팽의 심장이 묻힌 성 십자가 교회가 가까이에 있다. 길이 만나는 곳에는 코페르니쿠스의 동상이 서 있다.

노비 쉬비아트 거리

전쟁 전의 번화했던
노비 쉬비아트 거리

바르샤바대학교

바르샤바 쇼팽 박물관

대통령 관저와 무명용사 묘

대학 정문을 지나 올드 타운 쪽으로 가면 브리스톨 호텔이 나오고 바로 옆에 대통령 관저가 있다. 대통령 관저가 큰 길가에 있는 것이 이색적이다. 대통령 관저 입구에는 말 탄 장군의 동상이 서 있는데, 그가 바로 폴란드의

150

마지막 왕의 조카이자 나폴레옹 군대의 원수였던 유제프 포니아토프스키다. 19세기 초 나플레옹의 러시아 원정시 폴란드군 10만 명을 이끌고 숙적 러시아를 쳤고 돌아와 프로이센과 싸우다가 라이프치히 전투에서 전사했다. 폴란드의 오랜 숙적이자 망국의 원흉들인 프로이센, 오스트리아, 러시아와 한번씩 겨뤄 본 유일한 장군이다.

관저 맞은편에 피우수츠키 광장이 있다. 입구에서 피우수츠키 동상을 보고 광장을 가로질러 가면 우리나라의 국립묘지와 같은 무명용사의 묘가 있다. 그런데 그 추모하는 방법이 세계에 유례가 없을 정도로 특이하다. 새로 기념비를 세우지 않고 그냥 폭격과 파괴에도 쓰러지지 않은 건물 잔해 위에 불을 밝혀 전몰 군인 애국자 등 나라를 위해 죽어간 모든 이를 이곳에서 추모한다. 가족과 갔을 때 초병 둘이 지키고 있었고 폴란드 특유의 군모를 쓴 의장대가 열병을 보여주었다.

이곳 광장은 애국자들을 위한 공간이다. 그래서 그런지 2005년 4월 3일 교황 요한 바오로 2세가 죽었을 때 많은 시민들이 나와서 촛불과 꽃을 놓으며 애도했다.

무명용사 묘 건너편은 분수대와 빨간 꽃으로 유명한 사스키 공원이 있다.

독일어로 프로이센(Preußen), 영어로 프러시아(Prussia)라고 하며, 프로이센이라는 말은 북쪽으로 올라가는 비스와강 하구와 동쪽으로 흘러가는 네만(Neman)강 하구 사이의 발트해 동남부 해안을 차지한 발트족의 이름에서 나왔다. 폴란드의 비스와강 하류지역부터 리투아니아 네만강 하류까지로 러시아령 칼리닌그라다를 포함한다.

한 여름 공원 숲 잔디밭에는 비키니 차림으로 일광욕을 즐기는 여성들을 볼수 있다.

올드 타운과 왕궁

왕궁과 올드 타운은 바르샤바 관광의 종점이다.

유서 깊은 왕궁과 잠코비 광장이 있고, 그 가운데에는 1644년에 지어진 지그문트 3세의 동상이 있다. 지그문트 왕의 기둥은 폴란드의 인물 동상으로서 이 나라에서 가장 오래된 기념물이다. 1644년 그의 아들 부와디스와브 4세가 아버지를 기려 세웠다.

가장 뛰어난 아버지께, 1643년 후세 사람들로부터 명예와 제왕 자격과 감사의 인사를 받을 자격이 있는 분을 위해 이 동상을 세웁니다.

왕궁과 올드 타운은 제2차 세계대전 때 독일군의 공습과 의도적인 파괴로 잿더미가 되었다. 어느 정도로 파괴됐냐면 미국의 아이젠하워 장군이 한 말에서 짐작해 볼 수 있다.

"파괴된 도시들을 수많이 보아 왔지만, 여기만큼 파괴된 곳은 그 어디에서도 보지 못했다."

지금 보는 왕궁과 올드 타운은 사회주의정권 시절 시민들이 참여하여 만든 건물들이다. 그렇다면 독일군은 왜 이런 짓을 했을까? 독일군이 전쟁 막바지에 바르샤바를 파괴한 이유는 적개심이 높은 수도 바르샤뱌 시민의 저

1 대통령관저 앞. 나폴레옹을 따라 러시아 원정을
 이끌었던 포니아토프스키 장군
2 지그문트왕의 기둥과 왕궁

항의지를 꺾기 위해서였다. 폴란드군은 제2차 세계대전 때 바르샤바를 거점으로 끝까지 저항했고 종전을 앞두고 또 한 번 더 자력으로 독일군을 물리치려 했기 때문이다. 왕궁과 올드 타운은 복구됐으나, 인근의 유대인 게토는 다시 세우지 않았다. 대신 빌리 브란트 서독 수상이 무릎 꿇고 사죄한 기념 부조물로 대신하고 있다.

　이런 사연이 있어 사람들은 왕궁과 성당, 올드 타운이 옛날 모습 그대로가 아닐 것이라고 생각한다. 나도 처음에는 그렇게 생각했지만 언젠가 기회가 되어 왕궁에 들어가 보니 그게 아니었다. 의외로 훌륭한 그림과 왕실 이모저모를 볼 수 있는 방과 침실이 완벽하게 재현되어 있었다. 기념품 가게의 구색도 왕궁답게 폴란드의 그 어느 곳보다 품위 있고 격조 있게 갖춰져 있었다. 국립박물관보다 더 가볼만한 장소이고 꼭 찾아보기를 권한다. 왕궁은 일요일에 무료, 빌라누프 별궁은 목요일에 정원과 후원 입장이 무료다. 아내는

이렇게 돈 안내고 들어가는 날을 잘 외워 두었다가 무료 입장권을 가지고 구경하길 좋아했다.

올드 타운 광장의 중앙에는 폴란드의 수호신, 비스와강을 지키는 인어상이 있고 분수대와 마차들 그리고 그림을 그리는 작가, 까페와 식당들을 접할 수 있다. 광장을 지나 성 밖으로 나오면 마리 퀴리 생가가 나온다. 생가가 소박하게 꾸며져 있고 눈에 잘 띄지 않아 어렵사리 찾았던 기억이 난다.

빌리브란트의 서독 수상이 게토 영웅 기념비 앞에서 무릎 꿇고 있다.

성 밖의 기념물이나 사적지로는 러시아의 통치에 맞섰던 봉기지도자 키린스키의 동상, 제2차 세계대전 막바지 봉기한 어린이 저항군 동상을 볼 수 있다. 이 기념물들은 모두 공산정권이 무너진 뒤에 세워졌다. 그 외에도 사적지는 아니지만 청동의 녹 쓴 외양을 한 대법원 건물, 그 앞의 크라신스키 저택, 미오도바 거리의 국제교회와 그곳을 빌려 예배드리던 한인교회, 일요일마다 예배드리기 위해 모여들던 우리나라 사람들이 생각난다.

포봉츠키 묘소

마지막으로 폴란드의 100대 볼거리 중 하나로 소개된 포봉츠키 묘소 Powązki Cemetery가 고색창연한 모습을 간직하고 있다. 올드 타운 인근 볼라Wola

지역에 있다. 1790년에 묘지가 조성되었으므로 오래된 묘는 거의 200년이나 되었다. 이 묘지는 공식적으로 스타니스와브 아우구스트 왕이 묻히면서 오늘에 이르렀다. 현재 이곳에는 유명한 문학자였던 프루스, 레이몬트 등 약 100만 명의 유해가 묻혀 있다.

이곳 묘지에는 200년에 걸쳐 각 시대별로 독특한 건축물과 기념비, 조각들이 쌓여 지금은 거대한 하나의 문화유적지가 되었다. 오스트리아 빈에 있는 악성들의 무덤에 버금갈 만큼 오래되었고 훌륭한 조각들이 많다.

파비악과 시타델라

바르샤바에는 애국지사들이 투쟁하던 장소가 많이 남아 있다. 나치 독일 치하 게스타포 본부로 쓰였던 교육부 청사라든지 파비악Pawiak 감옥도 그런 곳이다. 특히 파비악 감옥은 러시아가 통치할 때 감옥으로 사용되었고 독일군 치하에서 또 다시 폴란드 애국지사를 구금한 곳으로 악명 높다. 구한말 러시아를 거쳐 우리나라에 왔던 폴란드 학자도 이곳 파비악에서 수형생활을 했는데, 그곳은 일제 강점기 때의 우리나라 서대문형무소와 유사하다.

러시아가 남기고 간 유산이 하나 더 있다. 왕성 북쪽에 있는 19세기 요새 시타델라Citadel(폴란드말로 Cytadela)다. 러시아황제 니콜라스 1세가 1830년

현 교육부 청사는 1939년 독일이 폴란드를 점령하면서 게스타포 본부로 사용했다. 혹독한 심문의 본거지로 현재는 작은 박물관과 유치장이 보존되어 있다. 주소는 슈하(al. Szucha 25)로, 와젱키 공원 맞은편 이면 도로변에 있다.

18세기말 러시아 점령군을 무장해제한 바르샤바 봉기의 지도자 킬린스키.
올드타운과 왕성을 둘러싸고 있는 성곽의 바깥쪽에 세워져 있다.

11월 봉기를 진압한 뒤 폴란드 강점을 확고히 하고자 지었다. 1832년에 건설을 시작해서 1834년에 완공시켰다. 평시에 폴란드 사람을 감시하기 위해 약 5,000명의 러시아군이 주둔했고, 소요나 봉기가 일어났을 때는 16,000명으로 증원되기도 했다. 각종 병기를 잔뜩 가져다놓았다. 폴란드속의 러시아로 감옥소 기능을 해 많은 폴란드 애국자들을 잡아다 구금, 심문하고 처형했다.

시타델라의 모습을 보면 붉은 벽돌로 성을 쌓고 그 밖에는 해자를 만들었다. 거기다 성벽 안쪽으로 성벽보다 더 높은 둑을 쌓아두었다. 이를 보면 러시아가 폴란드 사람을 얼마나 두려워했는지 잘 알 수 있다. 지금은 러시아군 대신 폴란드군이 주둔한다. 일반인은 군부대로 출입할 수 없지만, 강변 쪽으로는 들어갈 수 있다. 그곳에 가면 이름 없는 십자가 행렬과 죽은 자를 기리기 위한 비석과 탑, 관을 나타내는 부조가 있다. 전체적으로 정적이 감돌고 분위기가 무거운데 정원에 포신, 옛날 감옥, 죄수들을 태우고 다닌 검은 마차를 전시해 놓았다.

소련군 묘지 및 기념탑

외국인을 위한 영어 소개가 없을 만큼 인기 없는 곳이다. 쇼팽 공항에서 시내로 들어오다 보면 오른쪽에 있다. 웅장한 기념비와 조형물이 있는데, 소련군 철모에 따발총을 든 군인들 모습이 인상적이다. 기념탑 주변에는 군인 묘지가 있으며 붉은 별이 그려져 있다. 폴란드의 수도 한복판에 이렇게 소련군을 기념하리라고는 생각지 못했다. 1944년부터 1945년 사이 폴란드를 해

파비악 감옥

게스타포 본부였던 교육부 청사

방시키면서 죽은 소련군이라고 한다. 대통령 관저 맞은편의 무명용사묘가 파괴된 잔해만으로 추모하는 데 비하면 이건 너무 지나치게 크다. 이색 지대이고 당국이나 시민들의 관심에서 벗어나 있다.

바르샤바 인근 명소

젤라조바 볼라

젤라조바 볼라Zelazowa Wola는 피아니스트이자 작곡가 프레데릭 쇼팽Frederic Chopin이 태어난 곳이다. 마조비아 지방의 작은 영주 저택인데, 이곳에서 태어나 수년을 살았다. 쇼팽이 떠난 후 버려졌다가 121년이 지난 1931년에 박물관으로 헌정되었다.

바르샤바 서쪽 소하체브Sochaczew로 가는 도로의 중간에 있다. 바르샤바에 정착한 지 얼마 안 되었을 때 가족과 함께 다녀왔는데, 그때의 여행 체험담이다.

새로 산 자동차로 약 2시간 가까이 달리니, 입구를 가리키는 이정표가 나왔다. 마침 점심 무렵이라 배가 고프고 아이들도 막 잠에서 깨어났기에 삼거리에 있는 식당에 들어갔다. 식당 메뉴판 요리 이름이 낯선데 딱 하나 아는 이름이 있었다. 바로 골롱카였다. 말로만 듣던 돼지고기 무릎 살 요리였다. 온 가족이 나눠먹으면 되겠다 싶어 과감하게 통짜로 고기를 주문했다. 그런데 웬걸 받아보니 가족이 모두 좋아하는 돼지고기였지만, 제대로 먹을 수 없었다. 예전에 먹은 적이 있는 프라이 요리 대신 약간 노린내가 나는 삶은 고기였기 때문이었다. 대신 프렌치 후라이로 배를 채웠다.

식당을 나와 길을 접어드니, 채 3분이 안 되는 거리에 쇼팽 생가가 있었다. 쇼팽이 태어나 자란 집은 작은 언덕 위에 있었는데, 집 앞에는 물이 흐르고 그 물이 모이는 곳에 호수와 숲이 있었다. 나무와 덤불은 전 세계 곳곳에서 수집해 심었다고 한다. 여름철 매주 일요일에는 쇼팽 뮤직 콘서트를 열지만, 미처 감상하지 못했다.

구경을 마치고 나오는 길에 기념품 가게에서 쇼팽 연주곡 테이프 하나를 샀다. 예르쥐 로마뉴크Jerzy Romaniuk가 연주한 쇼팽 베스트 곡이었다. 음악을 들어보니, 다소간 불안하고 섬세한 연주 스타일이란 생각이 들었다.

니에보루브 고성과 아르카디아 정원

외국의 어느 대사가 가볼만한 장소로 추천한 곳이고 폴란드의 100대 아름다운 명소로 선정되기도 했다. 두 곳이 이웃하고 있어 입장권 하나면 다 볼 수 있다.

이곳으로 가는 길은 유난히 경치가 좋고 차가 적어 드라이브하기 좋았다. 바르샤바에서 포즈난 가는 2번 도로를 타거나 8번을 타고 가서 스키에르니에비체Skierniewice와 워비츠Łowicz 사이 70번 도로로 들어가면 된다. 자동차로 두 시간 정도 걸려 도착했는데, 중세 전원 풍경처럼 숲이 많고 푸른 농토가 펼쳐져 있어 퍽 목가적이었다.

니에보루브Nieborow성은 프랑스식 궁정 정원 모습을 하고 있으며 폴란드의

젤라조바 볼라 쇼팽의 집

가장 아름다운 100대 관광명소에 선정되었다.

빌라누프에 있는 정원과 함께 가장 잘 보존된 바로크 양식의 정원으로 유명하다. 귀족 저택 가운데 내부가 손상되지 않은 채 보존된 몇 안 되는 건물 중의 하나다. 이 저택은 17세기 폴란드의 뛰어난 건축가 중의 한 사람이었던 네덜란드인이 1694~1697년에 지었다. 원래 대주교의 거주지였다. 2층으로 오르는 계단 벽과 천정에는 1만여 개의 수제 네덜란드 타일이 붙여졌다.

정원은 쇠락의 흔적이 곳곳에 남아 있다. 공산 시절 버려졌다가 최근에야 단장했기 때문이다. 성 안 박물관에는 도자기, 가구 일부가 놓여있고 영주가 살던 방과 초상화, 각종 그림들을 전시한다. 궁전 내부가 화려하게 꾸며져 있고 쓰던 침대며 장식, 그림, 도서, 서가가 옛날 모습 그대로 남아 있다.

아르카디아^{Arkadia} 정원은 비밀의 화원이다. 들어가는 입구에서부터 나올 때까지 하나의 긴 산책길로 연결된다. 산책길 주변으로 무너진 18세기 건물이 있으며 퇴락이 산림과 어울려 자연 그대로의 아름다움을 선사해준다. 서울의 비원처럼 건물과 정원, 호수가 잘 어우러져 색다른 분위기를 연출하며 신비한 느낌을 주었다. 작은 정원이 미로처럼 연결되어 로맨틱한 분위기를 자아낸다고 해서 연인들이 많이 온다. 정원의 아름다움은 아르카디아, 궁전의 화려함은 니에보루브성이라고 해야 하겠다.

푸투스크

바르샤바 북쪽에 우리나라 사람들이 좋아하는 강변 유원지가 하나 있다. 비스와강 지류를 낀 소도시 푸투스크^{Pułtusk}다. 외국 어느 대사도 가볼만한 장소로 추천했던 곳이다. 여름에 여러 사람과 함께 가보았는데, 일종의 유원지여서 굉장히 친숙하게 느껴졌다. 강변 오픈 하우스에서는 바비큐 등 음식과 맥주를 판다. 민속악단의 공연이 있기도 하다.

한 번 더 갔을 때는 겨울철이었다. 추웠지만, 겨울에 가보는 것도 괜찮았다. 바비큐집과 보트놀이가 문을 닫고 강가에는 삼삼오오 거니는 사람과 낚시꾼 밖에 없었지만 그래도 찾는 이가 많아 쓸쓸하지 않았다. 꼭 호반도시 춘천이나 강변도시 가평에 온 듯 했다. 원래 조용한 걸 좋아하는 성격이라 이런 한적한 곳이 내게 어울렸다. 강을 끼고 들어선 작은 마을, 한 가운데 광장이 있고 주변에 작은 운하가 흐르는 등 도시 자체도 꽤나 예뻤다. 따뜻한 맥주집에 들어가 아내와 함께 창밖을 보고 있을 때는 시간 가는 줄을 몰랐다. 아이들이 좋아하는 보트를 타지 못했던 게 아쉽다면 아쉬웠다.

카지미에슈

예술가의 마을 카즈미에슈Kazimierz Dolny가 바르샤바 동쪽에 있다. 트레스폴Trespol 방면 E30을 타고 가다가 루블린으로 가는 17국도 E 372 도로로 빠져나온 뒤 824번 지방도를 타면 도착한다. 이 도시는 강과 언덕 높이의 산이 만나는 곳에 다소곳이 위치한다. 중앙 광장에는 골동품과 엔틱을 볼 수 있고 한편에는 작가가 그림 그리는 것을 볼 수 있다. 예전에 우리나라 사람들이 이곳에 와서 그림을 많이 구입했다고 한다.

폴란드에 주재하는 헝가리 대사도 바르샤바 인근의 가볼만한 장소로 다음과 같이 소개했다.

"헝가리의 센텐데^{Szentendre}와 비슷한 도시로 꽤 다정다감한 분위기를 가진 곳이다. 헝가리 문화를 이해하고 평가해주는 부드러운 장소, 관광객들로 부터 떨어져서 친구들과 청정한 공기 속에 장관의 경치를 즐길 수 있는 지방 장소다."

체르스크

바르샤바 남쪽 근교에 있는 성터다. 언덕의 높은 곳에는 성곽과 성당이 있고 주위 낮은 곳에는 사과밭과 호수, 낚시터가 있다. 봄에 갔을 때 강에는 보트 타는 사람들, 물가에는 강태공과 구경꾼들이 모여 있었고 망루 아래 사과밭에는 말들이 풀을 뜯고 있었다. 지금은 한가한 풍경이지만, 과거 한 때 마조비아 공국의 수도였다고 한다. 안타깝게도 비스와강의 본줄기가 저 멀리 옮겨지면서 버려졌다고 한다.

마조비아 민속촌

수도 바르샤바는 정치의 중심지이지만, 경제적으로 보면 이곳은 마조비아 농촌지대다. 19세기 때까지만 해도 이곳 주민들 대다수가 농지에 매인 사람들로 거의 농노 같은 삶을 살았다. 바로 그 시대 장원 저택과 주변 촌락을 재현해놓은 곳이 전통적인 마조비아^{Mazowsze} 민속촌이다. 바르샤바에서 약 120킬로미터 떨어져 있으며, 가는 길은 토룬 쪽 도로를 타고 가다 시에르프치^{Sierpc}에서 스칸센^{Skansen}으로 가면 있다. 중세시대 폴란드 농민들의 집과 밭, 그 시대 사용하던 농기구들을 볼 수 있다.

1 카지미에슈 돌느니
2 체르스크

관광객을 따라 집에 들어가 보니, 낮은 천장에 투박한 의자며 탁자, 벽 한쪽에 있는 침대, 빵을 굽는 화로가 토속적인 모습 그대로였다. 집 밖에는 채소밭이 붙어 있고 광에 농기구가 걸려 있는 등 우리 농촌 모습과 다르지 않다. 이곳을 찾았을 때 너무 늦게 도착한 나머지 귀족 저택을 보지 못했던 건 아쉬웠다.

캄피노스 국립공원

바르샤바의 서쪽에 캄피노스Kampinos 국립공원이 있다. 포즈난 방향 2번 국도, E30을 타고 가다가 579번 지방도로 북상해 들어가면 나온다. 비에르제Wierze에 동네가 있고 팔미리Palmiry에 제2차 세계대전 때 희생된 폴란드 지도층 인사 및 레지스탕스 묘지가 있다.

1939년부터 1943년까지 독일군은 으슥한 이곳을 택해 파비악 감옥에 갇혀 있던 폴란드 인사들을 집단 처형했다. 처형된 사람들은 반나치 혐의를 둔 폴란드의 지도급 인사들, 즉 지식인과 정치인, 변호사, 귀족, 예술가, 체육인 등 엘리트 인사들이었다. 유격전을 벌이다 전사하거나 처형된 비정규군도 있다.

독일군이 저지른 일이라 신원이 확인되지 않은 묘도 많다. 그래서 그런지 이름 없는 십자가가 즐비하고 숲이 우거져 조금 으스스했다. 여름철에 갔는데 모기가 유난히 많았다.

라이[Raj] 석회동굴

바르샤바 남동쪽 키엘체[Kielce] 부근에 있다. 피아세츠노[Piaseczno] 가는 길에서 E77 타고 남쪽으로 가면 나온다. 도착해서 지도를 펼쳐 보니 바르샤바보다 크라쿠프가 더 가까울 만큼 멀었다. 일명 파라다이스 동굴로 불리며 폴란드에서 가장 아름다운 동굴이라고 한다. 1963년에 이곳에 살던 사람들이 우연히 이 동굴을 발견했다. 동굴 안에는 5~6만 년 전에 사람이 살았던 흔적이 남아 있다.

가이드의 안내를 받아 지하 20미터까지 구경할 수 있다. 주위 관광지로는 언덕 위에 솟구쳐 있는 행치니[Chęciny] 성이 있다. 망루는 건재하나 본성은 무너져 잔해만 남았다.

옛 수도 크라쿠프와 남서부

폴란드의 최남단에는 유명한 도시가 많다. 관광지로 유명한 옛 수도 크라쿠프와 휴양도시 자코파네Zakopane, 폴란드 사람들의 정신적 고향 쳉스토호바, 제2차 세계대전 이전의 독일도시 브로추와프Wrocław가 그것이다. 그 외에도 아담 미츠비예키츠 대학교가 있는 포즈난Poznań, 영화학교가 있는 우츠Łodz가 있다.

크라쿠프

크라쿠프Kraków는 마워폴스카Małopolska 지방에 있으며 11세기부터 600년간 폴란드 왕국의 수도였다. 제2차 세계대전 때 유럽의 웬만한 도시, 유서 깊은 도시는 거의 파괴되었으나 크라쿠프 만큼은 파리, 프라하와 더불어 파괴되지 않았다. 폴란드를 점령한 독일군 사령관이 이곳 바벨Wawel성에 주재했지만, 연합군이 역사적인 도시임을 감안해 폭격하지 않았다. 하여간 그런 정도로 유래가 깊고 고색창연한 도시다. 이 때문에 우리나라 사람들이 단골로 들르는 관광지가 되었다.

크라쿠프의 올드타운

시 남쪽 강변에 바벨성이 있고 성 안에는 41명의 왕이 대관식을 했던 호화로운 성당이 있다. 올드 타운 광장에는 14세기 상업이 발달할 때 지은 직물회관과 성모 마리아 대성당St. Mary's Basilica, 구시청 유적이 있다. 직물회관 1층에는 목공예품과 액세서리 등 기념품을 판다. 성모 마리아 대성당은 타타르(몽골)의 공격을 알리고 죽은 파수병을 기려 트럼펫 연주를 한다. 그 외 야기엘론스키 대학은 코페르니쿠스와 교황 요한 바오로 2세가 졸업한 학교로 유명하다. 신학부 건물의 안뜰은 가장 유서 깊은 곳으로 알려져 있다. 코시치우슈코 마운드 Kościuszko Mound 는 특이한 장소로 가볼만 하다.

바르샤바에 살다보면 바르샤바와 크라쿠프 사람들 간 정서가 상당히 다르다는 것을 알 수 있다. 이유는 잘 모르지만, 수도 바르샤바의 인텔리들은 크라쿠프와 그쪽 사람들, 그곳이 풍기는 분위기를 좋아하지 않는다고 한다. 나와 함께 있었던 바르샤바대학교 경제학과 연구소 동료들도 한결 같이 그렇게 말했다.

크라쿠프의 비스와강을 끼고 있는
바벨성의 모습

1　비스와 강변에서 본 성 모습
2　왕이 거처하면서 손님을 맞이했던 궁전

성모 마리아 대성당

성모마리아 대성당의 트럼펫

직물 회관

비엘리츠카

크라쿠프 다음으로 우리나라 관광객이 많이 찾는 곳은 인근에 있는 비엘리츠카Wielicka 소금광산이다. 과거 한때 폴란드 왕국의 가장 중요한 재원이었고 지금은 수많은 외국 관광객이 찾는 이 나라 고유의 문화유산이다. 광산mine이라고 하지만, 복도부터 방까지 온갖 세련된 구조물과 조각들을 보노라면 하나의 큰 박물관임을 알 수 있다. 광산을 지탱하기 위한 구조물, 각종 말과 사람의 힘을 이용한 리프트, 장비 등 인간의 신묘한 기술을 볼 수 있다. 광부들의 땀의 결실, 노고와 번민을 볼 수 있고 소금바위를 깎아 만든 조각들, 그 속의 이야기를 들을 수 있다. 지하 성당도 있다. 예수님의 일대기가 정교하게 조각되어 지상의 여느 성당 못잖은 위용을 자랑한다.

딱 한번 늦가을 추위를 느끼며 소금광산에 들어가 본 적이 있다. 이색 지대가 흥미로웠지만 시간이 너무 많이 걸렸던 기억이 난다.

유대인 수용소

크라쿠프에서 조금 더 떨어진 곳에 나치 독일이 세운 유대인 강제수용소가 있다. 나치독일이 세운 수많은 수용소 가운데 최후까지 가동한 덕에 그리고 소련군의 진군이 예상외로 빨랐던 덕에 보존되어 지금에 이르고 있다. 전 세계 곳곳에서 이곳을 보러 오며 이스라엘 등 유대인 참배객들이 많다. 수용소가 있는 곳은 '오스비엥침Oświęcim'이지만, 독일말 '아우슈비츠Auschwitz'가 더 유명하다. 지금 봐도 무서운 그런 음울한 장소를 꼭 가서 봐야 하는지 의문이 들지만, 엽기적인 장소여서 우리나라 사람들이 많이 찾는다. 2년간 폴란

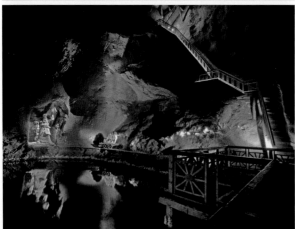

크라쿠프에서 가까운 비엘리츠카 소금광산

드에 있는 동안 가볼 기회가 있었지만 가족의 반대로 가지 않았다.

자코파네

자코파네^{Zakopane}는 겨울철 스포츠의 중심지이자 휴양도시다. 산속의 도시답게 이곳 집들은 온통 나무집 일색이다. 내가 민박했던 이층집도 마찬가지였다. 벽과 천장, 바닥이 나무고 벽에는 그림 대신 나무 조각 예술품이 걸려 있고 침대와 식탁도 모두 나무로 되어 있었다. 색을 칠하거나 니스조차 칠하지 않은 원목 가구였다.

자코파네는 평지가 대부분인 폴란드에서 유일하게 산속에 있는 도시이고 스키를 즐길 수 있는 곳이다. 그런 만큼 자코파네는 폴란드의 재산이자 온 국민의 휴양지라고 할 수 있다. 나지막한 구바우브카^{Gubalowka} 산으로는 산악전차가 다니고 이보다 높은 Kasprowy Wierch 산(해발 1,985미터)으로는 케이블카가 다닌다. 케이블카의 출발지는 쿠즈니체^{Kuznice}인데 해발 1,000미터에 있어 택시나 마차를 타고 올라간다. 케이블카를 타고 정상에 오르면 능선을 경계로 슬로바키아와 나뉘어 진다. 산 아래로 리프트와 슬로프가 이어지고 저만치 산정호수들이 흩어져 있다. 이곳이 타트라 산맥이고 타트라^{Tatra} 국립공원의 일부이다.

자코파네에 가서 인상적이었던 것은 산꼭대기 같은 높은 곳이라도 관광객에게 바가지를 씌우지 않는다는 점이었다. 지상과 2,000미터 산정의 음식값이 차이가 나지 않았다. 음식 맛을 즐길 수 있게 하면서 스트레스를 안 받게 하는 모습을 보니 기초가 튼튼한 사회임을 알게 해주었다.

자코파네 풍경

자코파네 건물과 산 정상으로 향하는 케이블카와
탑승을 기다리는 인파

우찌

우찌Łodz는 폴란드에서 세 번째로 큰 도시이며, 바르샤바에서 멀지 않은 곳에 있다. 19세기 섬유산업도시로 이른 시기에 직물, 섬유를 중심으로 산업이 발전했으나 지금은 그 자리를 다른 도시에 넘기고 대신 영화의 메카가 되었다. 우리나라에서 건

우츠의 1853년 직조공장 모습

너간 유학생이 이곳을 거쳐 영화제작에 종사하고 있다. 그래서 유학 온 영화학도들은 우스갯소리로 이 도시를 '할리우찌'라고 부른다.

포즈난

바르샤바 서쪽은 비엘코폴스카Wielkopolska 지방으로 무역박람회의 도시 포즈난과 가장 오래된 역사도시 그니에즈노, 폴란드 민족의 발상지로 알려진 비스쿠핀Biskupin이 있다. 이처럼 폴란드의 근본 바탕이 되는 지역임에도 바르샤바 서쪽에는 독일의 흔적이 많다. 예전에 독일 사람이 살았고 한때 독일령이기도 했던 지역이어서 곳곳에 독일식 경영의 흔적이 남아 있다. 이곳의 가장 큰 도시는 독일이 '포센'으로 부른 포즈난Poznań이다. 연구소의 동료는 이곳이 경계지대라고 하면서 다음과 같이 말했다.

"바르샤바에서 포즈난 방향으로 기차를 타고 가면 어느 순간 농촌 풍경이 일변한다. 바르샤바와 포즈난의 중간선을 경계로 낙후된 농촌과 발전된

1 포즈난 올드타운
2 포즈난 광장
3 포즈난 아담 미츠키에비츠 대학

독일풍 경작지로 구분되어 진다."

브로추와프

바르샤바 남서쪽에 옛날 독일도시 브로추와프^{Wrocław}가 있다. 독일어로 '브레스라우^{Breslau}'라 부르는데 전쟁 때 많이 파괴되고 일부가 보존됐다.

가족과 함께 가서 묵었던 폴란드의 옛 국영호텔 체인 폴로니아^{Polonia}가 생각난다.

북한에서나 볼 수 있는 사회주의식 건물이 인상적이었다. 천장이 높고 웅장했으며 거대한 기둥과 쓸모없이 남아도는 공간, 정교하지도 화려하지도 않은 장식, 딱딱하고 단조로운 색감, 거기다 바닥에는 호화로운 양탄자가 깔려 있었다. 4인실에 들어가니 호텔 객실이 아니라 큰 거실과 작은방으로 이루어진 하나의 펜션이었다. 네 명이 자기에 미안할 만큼 큰 반면, TV는 아주 작고 화장실은 낙후되었다. 전체적으로 사이즈가 크고 훈기보다 위풍이 더 셌지만, 다행히 이불이 두둑해 춥지 않았다. 잊을 수 없는 건 아침 뷔페 식사였다. 정말 풍성했다.

시내를 관광하면서 보니 올드 타운의 모습이 폴란드의 일반도시와 달랐다. 성당이 무척 높고 웅장하며 고층 주택들이 즐비하게 늘어서 있어 위풍을 느낄 수 있었다. 스타일은 독일도시 그대로였다. 주차되어 있는 차도 'D'자 달린 독일차, 오가는 사람들도 독일 관광객, 독일말이 들리고 도시의 모습도 독일이었다. 바르샤바와 비교할 수 없을 만큼 웅장하고 큰 올드 타운, 넓은 길과 광장이 한눈에 강한 인상을 주었다.

브로추와프 전경

브로추와프 오드라강(위)과 올드타운

이상철 전 폴란드 대사님이 브로추와프를 방문하면 꼭 가보라던 공원의 파노라마를 찾았다. 대사님이 봤다는 파노라마는 코시치우슈코장군이 농민군으로 러시아군을 격파한 라추와비체^{Racławice} 전투 기록을 담고 있었다. 1794년에 벌어진 이 전투에서 러시아군이 수모를 당했으므로 폴란드 공산당은 이 그림을 50년 동안 은닉했다고 한다.

국립박물관에도 들렀는데, 박물관과 그 옆의 지방행정청 건물은 위풍당당했다. 마치 제국주의 시대의 상징건물처럼 보였다. 박물관 1층에는 실레지아 시대 성화와 성인 조각상, 2층에는 폴란드의 왕과 귀족들의 초상화, 풍경 그림 등이 있었다. 박물관을 나오면 앞에 오드라 강이 있는데 툭 터진 강이 마음을 시원하게 해주었다.

브로추와프는 예부터 서남부의 대도시로 교통의 중심지였다. 길이 복잡하게 온 사방으로 연결되어 있어서 처음 온 사람으로서는 나가고 들어가는 일이 쉽지 않았다. 병목현상이 생기고 정체가 심해 간신히 빠져나오곤 했다. 그때마다 이 도시가 정말 큰 도시이구나 하고 실감했다. 도시를 벗어나 달리니 푸른 밭, 회갈색의 갈아엎은 밭이 끝없이 펼쳐졌다. 폴란드의 일반적인 대지가 이런 저런 나무와 풀로 다소 자연스럽고 덜 개발된 인상인데, 이곳은 포즈난 서쪽 지역과 같이 잘 정리된 모습이 깨끗한 인상을 주었다. 그런데다 이곳은 소수민족 문제로 강제이주가 있어서 사람이 덜 살고 그래서 역설적으로 경치가 좋아졌다.

크시옹즈성

크시옹즈성Ksiaz Castle은 실레지아 지방의 가장 큰 성으로 숲속의 가파른 언덕에 세워졌다. 폴란드에서 말보르크성과 바벨성 다음으로 큰 성이다. 1288~1292년 기간 쉬비드니차Swidnica와 야보르Jawor의 볼코Bolko 공이 원래 있던 낡은 요새 터에 이 성을 지었다. 현재의 화려한 성 모습은 Hochberg의 요한 하인리히Johann Heinrich 15세가 이룩했다.

독일 관광객들을 많이 볼 수 있었다. 성은 폴란드에서 세 번째로 크고 너무나 멋진데, 이 성을 전체적으로 조감할 수 있는 곳이 없고 폐쇄적으로 운영해 제대로 구경하기 어려웠다.

쳉스토호바

폴란드의 가장 유명한 성지聖地이자 순례 장소다. 기적을 일으키는 '검은 마돈나' 그림으로 유명하다. 이 기적의 성모 마리아상의 연대에 대해서는 두 가진 견해가 존재한다. 6~7세기 비잔티움 시대의 그림이라는 설과 13세기 이탈리아에서 그려졌다는 설이 있다. 1382년에 지어진 후 17세기에 거의 완전히 새로 지어졌는데, 이 때 주위를 거대한 요새로 둘러쌌다. 1655년 스웨덴군의 포위와 1771년 러시아군의 공격, 양차대전을 거치면서도 거의 피해를 입지 않는 기적을 일으켜 폴란드 국민들의 신심이 더욱 깊어졌다고 한다.

브로추와프를 거쳐 남서부를 여행할 때 이곳에 들렀다. 부로추와프에서 연결되는 길은 좋지 않았지만, 표지판은 어디서나 쳉스토호바Częstochowa를 가리켰다. 촌락과 농지, 숲의 풍경이 아주 깔끔하고 잘 정리된 느낌을 주었으나, 쳉스토호바로 다가갈수록 그리고 바르샤바에 접근할수록 무질서한 들판이 펼쳐졌다.

도시의 중심이자 성모 마리아 성소聖所인 야스나 구라Jasna Góra에 올라가봤다. 정상의 성당은 사방으로 높게 쌓아 올린 성 위에 요새처럼 잘 보호되어 있었다. 이 나라 사람들이 기도하러 혹은 순례하러 오는 곳이어서 외국인으로서 조금 부담스럽게 느껴졌다. 박물관을 구경했는데, 예상대로 거의 전부라고 할 만큼 기독교적인 것으로 채워져 있었다. 관광을 마치고 바르샤바행 도로를 타니 길이 왕복 4차선으로 잘 뚫려 있었다. 폴란드 지도자들이 이 도시를 얼마나 중히 여기는지 알 수 있었다.

크시옹즈성

그단스크와 북동부

폴란드는 북쪽으로 발트해를 끼고 500킬로미터에 걸쳐 모래 해변이 펼쳐진다. 서쪽으로는 독일과 국경선을 이루는 오드라Odra(독일말 '오데르')강의 항구 도시 슈체친Szczecin이 있고, 동쪽으로는 삼형제 도시 그디니아Gdynia – 소포트Sopot – 그단스크Gdańsk가 있다. 그 외 코페르니쿠스가 태어난 토룬Torun, 그가 천체 관련 저술활동을 한 프롬보르크Frombork, 성직자로서 생애를 마친 올슈틴Olsztyn이 있다.

그단스크

발트해에 면한 도시로 가장 크고 유명하다. 포모제Pomorze(Pomerania; 오드라강 하류에서 그단스크만에 이르는 지역) 동부지역에 위치하며 중세 시대 한자동맹의 도시였다. 제1차 세계대전 이전에는 독일령 '단찌히'였으나, 베르사이유조약에 따라 자유시가 되었고 오늘에 이른다.

유서 깊은 도시로서 시내 중심부에는 잘 보존된 중세시대 올드 타운이 있다. 타운 안에는 중세 시대 저택에 둘러싸인 두우기 광장이 있다. 광장 안에

그단스크와 그단스크의 긴 시장거리

는 분수가 있고 그 안에 17세기경 동으로 만든 냅튠 조각이 있다. 항해에서 돌아온 선원들이 이곳에 와서 무사귀환을 감사했다고 한다. 또 지금은 박물관이 된 14세기에 건축한 시청Ratusz과 아르투스Artus 저택이 있고, 모트와바Motlawa 운하 부근에는 중세시대 크레인이 보존되어 있다. 목조 크레인으로서 예전에는 2톤 무게의 짐을 27미터까지 끌어올렸다고 한다. 종교적 기념물로는 성모 마리아the Virgin Mary 성당이 있다. 1343년부터 1502년까지 160년 동안 지었으며 유럽에서 벽돌로 지은 가장 큰 성당으로 알려져 있다.

특이한 전적지로는 독일군이 1939년에 선전포고 없이 발포했던 역사의 현장 베스테르플라테Westerplatte다. 폴란드정부는 매년 9월 1일 독일침략을 상기하기 위해 이곳에서 기념식을 열고 있다. 180명의 수비대가 7일간 방어했던 해안진지로 유명하며, 현재 추모 기념비가 세워져 있다.

이곳은 호박Amber의 주산지와 가까워 시내 곳곳에 보석가게가 많다. 주변에 휴양도시 그디니아, 온천도시 소포트가 붙어 있는데 과거 한 때 독일 땅이어서 독일, 스웨덴 등지로부터 오는 관광객들이 많다.

그단스크에서 배로 스웨덴, 덴마크와 연결된다.

몇 년 전 스웨덴에서 배로 그단스크에 건너온 적이 있었다. 노르웨이 북단에서 휴가를 보낸 뒤 자동차로 스웨덴의 최남단 니나샴Nynashamn까지 와 배를 타고 오는 경로였다. 먼 길을 달려 니나샴에 왔을 때 그곳에는 이미 많은 사람들로 북적이고 있었다. 자동차 여행객이며 먼지를 뒤집어쓴 오토바이족들, 연인과 함께 있는 커플을 볼 수 있었다. 다들 지쳤지만 한편으로 귀향에 들뜬 모습이었다.

배에 오르니 노르웨이, 스웨덴과 전혀 다른 자유분방한 세상이 펼쳐졌다. 그때까지는 북유럽의 비싼 물가에 억눌려 있었는데 배를 타고부터는 갑자기 마음에 여유가 생기고 돈 걱정이 없어졌다. 이곳에는 시골 장날이 열린 듯 고기와 소시지를 굽고, 수프를 끓이며 값싼 물건들과 상품들을 내다팔았다. 이곳이야말로 쇼핑천국, 약간의 돈으로 기분을 낼 수 있는 곳이란 생각이 들었다. 나만이 아니었다. 집에 돌아가는 폴란드 사람들 모두가 긴 여행을 끝낸 안도감으로 배 전체가 술렁이고 분위기가 들떴다. 모두들 먹고 마시고 즐기는 듯 했다. 나 역시 해방감을 느꼈다. 오랜만에 돈 걱정 하지 않고 소시지와 뜨거운 수프로 배를 채우고 탄력이 붙은 김에 영화까지 감상하며 그단스크로 왔던 기억이 난다.

그디니아, 소포트

그단스크에 내려서 관광휴양도시이자 축제도시인 소포트Sopot와 그디니아Gdynia를 찾았다. 그디니아Gdynia는 과거 한 때 제일 큰 항구에 속했으나, 지금은 현대 도시로 탈바꿈했다. 소포트는 오래된 휴양도시다. 노르웨이에 여름 휴가를 보내고 돌아오면서 이 도시들을 구경한 적이 있었다.

아이들 성화에 못이겨 해변 도로가 백사장에 나왔다. 말로만 듣던 은빛 모래 해변이었다. 모래가 어찌나 고운지 아이들이 나오려고 하지 않았다. 배고프다는 핑계로 아이들을 데리고 나와 시내의 관광객 행렬을 따라갔다. 관광코스를 따라 밤경치가 괜찮았다. 관광객도 많아 그들을 따라 저녁부터 심야에까지 소포트 시내를 구경했다. 밤의 관광객, 각종 공연, 콘서트, 먹고 마시는 업소가 성업중인 걸 보니 외국물이 들어오는 항구도시의 진가를 보는 듯 했다.

슈체친

슈체친Szczecin의 독일이름은 스테틴Stettin, 역사적으로 스웨덴의 도시였다가 독일 도시가 되었고 제2차 세계대전 후에는 폴란드의 도시가 되었다. 이 도시는 윈스턴 처칠 영국 수상이 '철의 장막iron curtain'의 출발점으로 언급해서 유명해졌다.

발트해의 스테틴에서부터 아드리아해의 트리에스테Trieste(이탈리아-슬로베니아 국경도시)까지 철의 장막이 유럽대륙을 가로질러 내려지고 있다.

토룬

토룬Toruń은 비스와강 중류에 위치한 중세 상업무역의 중계지로 한자동맹Hanseatic의 도시다. 바르샤바에서 강을 따라 국도를 달리면 하류 중간쯤에 중세 성곽도시가 나오는데, 그곳이 바로 토룬이다. 올드 타운이 비교적 옛 모습 그대로 보존돼 있다. 14~15세기 번영했던 상업도시의 영화가 남아서인지 전반적인 도시 인상이 부유하면서도 깔끔한 인상을 준다. 광장에 서면 사방 어디든, 무슨 건물이든 조금만 걸어가면 닿을 수 있을 만큼 가까이 있다.

이 상업으로 번성한 도시에 태양 중심설을 처음으로 주장한 코페르니쿠스의 흔적이 보존되어 있다. 시내에 그의 동상과 생가가 있는데, 전형적인 토룬 상인의 집으로서 현재는 박물관이 되어 있다. 코페르니쿠스의 동상이

토룬 전경

토룬의 올드타운

코페르니쿠스가 머문 성벽 탑

코페르니쿠스 동상

그곳에 서 있는데, 동상 전면의 명판에는 다음과 같은 글이 쓰여 있다.

'니콜라우스 코페르니쿠스'

"토룬의 시민이자 하늘과 태양을 멈추고 지구를 움직인 자"

동상 뒤에는 최근 복원된 구시청이 있다.

토룬의 특산품은 생강으로 만든 진저 브레드^{Ginger bread, biscuit}인데, 그중에서도 중세 때부터 만들어온 독특한 향의 '피에르니크^{Piernik}'가 가장 유명하다.

말보르크성

고딕 양식으로 지은 유럽 최대의 벽돌 성이다. 이러한 양식의 성으로는 유럽에서 가장 큰 구조를 갖고 있다.

비스와강 지류인 노가트Nogat 강의 언덕에 있다. 붉은 벽돌로 성을 쌓고 주황색 기와로 지붕을 덮었다. 우리나라로 치면 수원성에 해당될 만큼 잘 보존돼 있고 강을 끼고 있어 매우 아름답다. 13세기 독일기사단이 십자군 원정과 동방 이교도를 정복하기 위해 세운 수도원이자 성으로 한 때 작은 왕국이었다. 성의 크기는 기사단의 힘과 권위를 상징한다. 기사단 단장의 방은 궁전으로 불렸고 검은색 십자가 깃발은 그들의 상징이다.

말보르크Malbork는 과거 서프로이센의 마리엔부르크Marienburg로 불린 적이 있어 마리엔부르그성으로 불리기도 한다. 성의 유래가 그래서인지 몰라도 독일 관광객이나 독일 마크 달린 차들이 눈에 많이 띄었다.

마주리

동북의 마주리Mazury 지역은 호수가 많은 여름 휴양지로 유명하다. 2천여 개의 호수가 산재하며, 여름철에는 요트 타는 사람들로 붐빈다. 관광객, 휴양객이 많다 보니 방구하기가 쉽지 않다.

가을철 가족과 함께 이곳으로 주말여행을 갔다. 올슈틴Olsztyn을 거쳐 므라고보Mragowo, 미코와이키Mikołajki로 갔는데, 늦가을이어서 샛노란 단풍 경치가 장관이었다.

드라이버 하면서 보니 호수 주변 경치 좋은 곳에는 잘 가꾸어놓은 펜션이 즐비했다. 온 가족이 휴식을 취하며 재충전하기 딱 알맞았다. 하루만이라도 자보고 싶어 호수변 펜션 세 곳의 문을 두드렸으나 여의치 않았다. 성수기가 아니었지만, 하루 묵는 손님을 잘 받지 않았다. 할 수 없이 폴란드식 여관 포쿠에^{Pokóje}에서 묵었다.

그리고 다음날은 16번 도로를 타고 가다가 해질녘 오지슈^{Orzysz}와 에욱^{Ełk} 사이 호수를 낀 캠프장에 들었다. 농촌관광업을 하는 에벨리나^{Ewelina}였는데, 주인아저씨의 무한한 친절이 하루를 멋지게 만들었다. 캠프장 바로 옆의 큰 호수가 제법 호젓했는데 보트를 타고 들어가 보니 바다같이 넓었다. 낚시하는 사람들 외에는 호수에 있는 사람이라고는 우리가족뿐이었다. 아이들이 보트 타는 것, 노 젓는 것을 다 좋아하니 아이들과 놀아주기가 이보다 더 나을 것이 없었다. 호수 저 멀리까지 나갔다가 돌아왔다.

넓은 캠프장에 돌아와서는 주인아저씨가 주는 숯과 성냥, 은박지판으로 집에서 담아온 돼지고기를 구워먹었다. 아저씨의 인심이 어찌나 좋은지 불이 잘 안 붙자 신문지를 내주었고 땔감을 찾지 못하자 나와서 장작을 패주었다. 주인 부부가 너무 고마워 감사의 선물로 아주머니에게 김을 주었다. 어리둥절해 하는 아주머니에

말보르크성

게 스시용이라고 하니 알아들었다. 방에 들어와서는 불을 켜놓고 아이들과 함께 숙제를 했다. 이렇게 놀아주고 숙제를 도와주는 자상한 아빠가 되어보긴 이때가 처음이 아니었나 생각된다.

칼리닌그라드가 있는 러시아령 동프로이센 지역 가까이에 기에루주^{Gierłoż}라는 지명이 있다. 1941년부터 1944년까지 히틀러가 자주 머물며 지휘한 벙커 '늑대의 소굴' 소재지다. 히틀러 암살을 기도한 톰 크루즈 주연의 '작전명 발키리' 영화의 무대이기도 하다.

그룬발트

유럽 역사상 가장 끔찍한 전투가 벌어진 곳이다. 작은 읍에 불과하지만, 강대국간 커다란 싸움이 벌어지면서 일약 유명해졌다. 1410년 그룬발트^{Grunwald}에서 3만여의 폴란드-리투아니아 군이 2만여의 독일기사단을 격파했고, 1914년 탄넨베르크^{tannenberg}에서 독일군 16만이 제정러시아 40만 대군을 와해시켰다. 그 대규모 싸움의 장소가 약 500년을 사이에 두고 같은 장소에서 벌어진 건 참으로 묘하다. 15세기 그룬발트는 지금껏 지명이 남아 있으나, 탄넨베르크는 현재 올슈틴^{Olsztyn}과 니지차^{Ndzica}의 중간쯤으로 알려져 있다.

그룬발트

비에슈차디와 동남부

루블린

바르샤바 동쪽의 가장 큰 도시다. 소련의 동유럽 공산화시 폴란드 공산정권의 모태가 된 '루블린위원회'가 있던 곳이다. 그러나 소련의 영향권으로부터 벗어난 지금 그런 정치도시로서의 상징성은 사라졌다. 지금은 루블린^{Lublin}대학이 있는 교육도시로서 그리고 경제도시로서 내륙의 지역경제 활성화를 위한 해외투자유치에 골몰하고 있다.

예전 한때 대우 등 우리 기업이 진출했던 곳이어서 가족과 함께 주말여행을 다녀왔다.

지도를 보고 찾아가는데, 초행길이어서 루블린 시내로 들어선다는 것이 그만 운동장만큼이나 큰 도로로 접어들었다. 그런데 우연찮게 당도한 그곳에는 기괴한 구조물이 하나 서 있었다. 내려서 보니 그곳은 놀랍게도 제2차 세계대전 때 독일군이 세운 마이다넥^{Majdanek} 수용소였다. 수용소 앞에는 죽어간 수많은 영혼을 기리려는 건지 거대한 콘크리트 덩어리가 기괴한 형상을 한 채 세워져 있었다. 그 조형물 뒤로 들판이 휑하니 펼쳐져 있는데 왠지 분위기가 무시무시했다. 차에서 내려 들판을 걸어보았다. 섬뜩한 기분이 들고 누군가 날 불러 세울 것 같아 더 걷고 싶지 않았다. 이 수용소는 소련 군의 진격이 워낙 빨라 독일군이 미처 소각하지 못한 탓에 그대로 남았다고 한다.

루블린 시내에는 작은 성과 올드 타운이 있다. 공산주의 시절 버려졌다가 최근 단장하고 있어 조금 어수선했다. 아직은 관광객을 맞이할만한 환경이나 분위기가 아니어서 그날 밤 바르샤바로 돌아왔다.

비에슈차디와 제수프

동남쪽 끝에 비에슈차디Bieszczady 국립공원이 있다. 해발 1,050미터에 이르지만, 풀로 덮인 산 능선이 이색적인 풍광을 선사하는 곳이다. 야생동물이 많으며 스라소니가 공원의 상징이다. 공원으로 들어가는 길도 경치가 뛰어나다. 원래 우크라이나 소수민족이 살았는데 민족분규가 많아서 이곳에 살던 사람들을 포즈난 인근지역으로 옮겼다. 그래서 지금은 오히려 사람이 적게 살면서 풍광이 아름다워진 것이다. 슬로바키아, 우크라이나와 접경지역을 이룬다. 이곳으로의 여행은 선뜻 내키지 않았던 기억이 난다. 동부는 가난하고 어두우며 낙후된 이미지가 있기 때문이다.

11월 중순 토요일 아이들을 픽업해 이 지역 동남쪽 최끝단의 도시 제수프Rzeszów로 갔다. 해가 짧은 계절인데다 출발이 늦어 일찌감치 야간운전이 되었다. 가난하고 낙후된 지역으로 유명한 라돔Radom을 거쳐 제수프Rzeszów에 도착했다.

예상대로 이곳의 분위기는 편치 않았다. 젊은 청년들이 어슬렁거리며 배회했고 나를 보는 시선 역시 석연찮게 느껴졌다. 인터넷으로 예약해둔 호텔을 찾아가니 외딴 장소에 있는데 영 호텔 같지 않았다. 숙소를 포기하고 도망치듯 빠져나와 제수프 시내로 향했다. 그리고는 국영호텔체인 폴로니아에서 묵었다. 시내 중심가 버스 정류장 옆에 있는데다 분위기가 밝아 안도감이 들었다.

다음날 명승지 비에슈차디 국립공원을 향해 드라이버를 계속 했다. 9번 국도와 28번 도로를 타고 내려가다가 노비 송츠와 프제미수 두 방향으로 갈리는 사녹에서 프제미수Przemysl로 향했다. 비에슈차디 공원 입구 언덕에 도착하니 짧은 풀이 덮여 있고 언덕 야외 주차장에는 배낭 맨 등산객들이 산을 오르고 있었다. 자코파네만큼 아름답지는 않았지만, 숲이 계속되고 산이 나지막하니 둥글어 편안했다. 여름에 캠핑하고 한적한 길을 따라 드라이버하거나 자전거를 타면서 자연풍광을 즐기면 좋겠단 생각이 들었다.

동부 국경지대

바르샤바에서 동쪽으로 계속 가면 폴란드와 우크라이나를 가르는 부그Bug 강이 나온다. 이 강은 새들의 천국이어서 도로변 전주가 새들의 보금자리가 되고 있다. 이처럼 새가 번성하는 곳이지만, 사람들은 뜻밖의 분단을 경험하고 있다. 종전보다 국경수비가 강화되었기 때문이다. 폴란드가 이렇게 하는 이유는 유럽연합에 가입하면서 자국이 연합의 국경선을 지키게 되었기 때문이다. 얼마 전까지만 해도 폴란드와 우크라이나 사람들은 서로 무비자로 오갈 수 있었다. 그렇지만, 지금은 비자를 받아야만 오갈 수 있다.

국경선 부근에는 산림지역이 있고 그 속에 독일군이 세운 소비보르^{Sobibor} 수용소 터가 남아 있다. 영화에서 본 적이 있는 소비보르 수용소가 궁금해 아무도 없는 산속 비포장도로를 달려봤다. 산속에 사람이 있을 리 없고 적막 강산인데 어느 순간 가던 길이 두 갈래로 갈라졌다. 갑자기 길 잃은 사람처럼 당황스러웠다. 햇볕이 들지 않는 깊은 산림지대라 물어볼 행인도 없고 어쩔까 하는데 어찌나 조용한지 갑자기 식은땀이 났다. 도저히 더 나아갈 엄두가 나지 않아 차를 돌려 나와 버렸다.

거기서 북쪽으로 좀 더 올라가면 벨라루스와 공유하는 비아워비에자 ^{Białowieża} 국립공원이 있다. 지금도 유럽산 들소^{bison}가 보존되어 인류의 자연유산이 되고 있다.

자모시치

폴란드의 남동쪽에 유서 깊은 르네상스 도시 자모시치^{Zamość}가 있다. 연구소의 폴란드 동료가 아름다운 도시로 추천했지만 아쉽게도 가보지 못했다. 자모시치에서 남쪽으로 더 내려가면 제2차 세계대전 기간 독일군이 세운 벨젝^{Bełżec} 수용소 터가 있다. 폴란드에서 가장 음울한 장소에 세운 곳으로 영화에도 등장한 바 있다. 제수프와 인근 지역은 서성이는 청년들이 모여서 웃고 쑤군거려 눈에 거슬렸다. 왜 이렇게 배회하는 젊은이들이 많은가? 미국의 어느 도시 건물에서 본 'No loitering'이란 단어가 생각났다. '노 로이터링'이란 이곳에서 어슬렁거리지 말라는 뜻이다. 연구소 동료들에게 동남부 지역

자모시치

을 다녀왔다고 하면서 그곳엔 젊은이들이 삼삼오오 모여 있고 분위기가 편치 않더라고 하니, 모두들 수긍하는 눈치였다.

시련이 많은 아픈 역사,
세계적 인물

폴란드가 세계 역사의 전면에 등장한 것은 비교적 늦은 10세기 무렵이다.
이때 통일국가가 만들어지고 국경선도 느슨하게나마 정해졌다.
엄밀히 말하면 주인 없는 땅, 주변 국가들이 미처 잠식하지 못한 곳, 경계선 밖의 땅에서 폴
란드는 출발했다. 거기서 사람이 살면서 집이 늘어나 마을이 되고, 도시가 생기고 국가가 되
었다.

폴란드의 역사

피아스트 왕조

폴란드가 세계 역사의 전면에 등장한 것은 비교적 늦은 10세기 무렵이다. 이때 통일국가가 만들어지고 국경선도 느슨하게나마 정해졌다. 엄밀히 말하면 주인 없는 땅, 주변 국가들이 미처 잠식하지 못한 곳, 경계선 밖의 땅에서 폴란드는 출발했다. 거기서 사람이 살면서 집이 늘어나 마을이 되고, 도시가 생기고 집단이 생겨 국가가 되었다. 이 나라가 바로 폴란드 최초의 국가, 피아스트^{Piast} 왕조(960~1370)다.

폴란드 옆에는 언제나 게르만족이 있었는데 이 무렵부터 독일은 가톨릭을 전파하고 이교도를 교화시킨다는 명목하에 폴란드를 위협하기 시작했다.

당시 신성로마제국의 황제이자 독일의 왕 오토 1세는 이교도인 슬라브인들을 가톨릭교도로 개종시켜야 한다며 폴란드 정복을 정당화하고 있었다. 이 시기 폴란드의 피아스트 왕조는 수도가 그니에즈노^{Gniezno}로 지금의 바르샤바보다 훨씬 더 독일 쪽에 가까웠다. 그만큼 독일의 위협이 예사롭지 않았다. 독일의 침공 위협에 직면한 피아스트 왕조의 미에슈코^{Mieszko} 1세는 차

라리 가톨릭을 받아들임으로써 군사적 위협의 빌미를 없애 버리려는 생각을 했다. 침략의 구실이 없으면 싸울 이유도 없어지니까. 그리하여 미에슈코왕은 966년 체코의 공주와 결혼하면서 가톨릭교로 개종했다. 미에슈코 1세가 개종을 통해 대외관계를 안정시키자 폴란드인들이 존경하는 용맹 왕 볼레스와프가 지금의 폴란드 영토와 비슷한 국토를 확보했다. 이때가 11세기였다.

12세기가 되면서 폴란드를 둘러싼 주변 민족들이 점차 변경 땅을 잠식하기 시작했다. 서쪽에는 게르만족, 북쪽에는 프로이센Preussen족, 남서쪽 실레지아에는 보헤미아인들이 폴란드를 위협했다. 12세기 중반 폴란드왕은 나라를 왕자들에게 분할, 상속했는데, 이때부터 200년간 폴란드는 작은 공국으로 나뉘어졌다. 나라는 분열되고 전쟁이 잇따르면서 국토가 황폐해졌다. 같은 시기 독일은 여전히 가톨릭을 수호한다는 사명과 이교도를 개종한다는 명분으로 폴란드의 서쪽을 위협했다. 북쪽의 프로이센 족도 발트 해의 해상권을 쥐고 해안지역을 잠식하면서 위로부터 폴란드를 위협했다.

분열의 시대였던 이 당시 바르샤바 지역을 다스리던 마조비아공은 1226년에 프로이센을 물리치고자 독일의 튜튼Teuton 기사단을 끌어들였다. 이들 튜튼 기사단은 십자군 원정을 다녀온 무리들로 마조비아공의 초청은 결과적으로 폴란드에 큰 우환을 남겼다. 튜튼 기사단이 폴란드 북쪽의 프로이센을 물리친 뒤 돌아가지 않고 그 땅을 대신 점거하였기 때문이다. 기사단은 독일로부터 계속 기사들과 농민들을 불러들여 그곳에 정착시키고 영역을 확장시켜 나갔다. 튜튼 기사단은 하얀색 바탕에 검은색 십자가를 상징물로 사용했으며, 지금의 폴란드 북부지방 말보로크Malbork에 근거지를 두었다. 튜튼 기사

튜튼 기사단의 모습

단은 단치히(폴란드어로 그단스크) 항구를 통해 발트 해변을 장악하여 무역을
하고 상업을 일으키는 등 나라에 버금가는 세력을 가졌다.

　튜튼 기사단의 위협이 커가던 1241년 몽골군이 폴란드에 나타나 유럽을
흔들었다. 그들은 얼어붙은 비스와강을 건넌 뒤 마조비아 볼레스와브^{Boleslav}
공이 보낸 폴란드군을 격파하고, 계속 달려 크라쿠프를 불태우고 오드라강
을 건넜다. 실레지아의 헨리 2세가 지휘하는 폴란드, 체코, 독일 연합군이 레
그니차에서 막아 나섰지만, 헨리공에 이어 전군이 처참한 살육을 당하고 말
았다. '지옥에서 온 사자'란 이름에 걸맞게 몽골군은 가는 곳마다 아무것도

*죽은 자의 귀를 잘라 큰 자루에 담았더니 무려 9자루나 되었다고
한다.

남기지 않고 불태우고 파괴했다.

폴란드는 이후 여러 공국으로 나뉘어져 싸우면서 국력이 약해졌고 이 틈에 주변에서는 북쪽의 튜튼 기사단과 서쪽의 브란덴부르크로부터 침략과 위협이 이어졌다.

1306년에 국가를 부흥할 부와디스와프 워키에텍Władysław Łokietek 왕이 집권했다. 그는 브란덴부르크의 간섭 등을 물리치고 나라를 통일하면서 새로운 발전의 계기를 마련했다. 그리고 그의 아들 카지미에쉬Kazimierz(1333~1370) 대왕은 부왕이 이룩한 것을 수성하는 입장에서 현명하게 나라를 이끌었다. 적대국들과 싸우기보다 공존하면서 교황의 판결과 같은 평화적인 방법으로 영토를 되찾고, 안으로 내실을 다지는 정책을 폈다. 서쪽으로 방어요새를 만들어 국가의 안전을 확보하면서 도시의 발전을 위해 유대인들에게 무역과 기술의 발전을 촉진시키는 특권을 주었고, 수도 크라쿠프에 대학을 세워 젊은이들이 모국에서 학문을 할 수 있도록 해주었다. 이로서 나라는 다시 통일되고 번영을 구가하였으며 영광을 누렸다.

폴란드-리투아니아 연합 야기엘로니안 왕조

14세기 무렵이 되자 피아스트 왕조는 무너지고 새로운 야기엘로니안 왕조(1385~1572)가 탄생했다. 이 왕조는 폴란드의 순수 부계 혈통이 아니고 모계 혈통으로 연결된다. 이러한 왕조가 탄생될 수 있었던 배경에는 폴란드의 모계 사회적 전통이 있다.

1370년에 카지미에쉬 왕은 후사가 없어 왕위를 누이의 아들인 조카 루드

빅Ludwig에게 주었다. 루드빅은 당시 헝가리 왕이었으므로 폴란드 왕으로 부임하지 않고 대신 폴란드 왕위를 그의 딸 야드비가Jadwiga에게 주었다.

야드비가는 폴란드에 와서 조금 통치하다가 리투아니아 대공大公 야기에워Władysław Jagiełło(1386~1434)와 정략적으로 결혼했다. 정략결혼의 결과는 두 나라의 통합이었다. 역사적인 폴란드-리투아니아 연합왕국, 즉 야기엘로니안 왕조가 탄생한 것이다. 이와 같이 선택한 배경 중의 하나는 리투아니아가 작지만, 용맹한 민족으로서 싸움에 능했기 때문이었다. 비록 폴란드인과 리투아니아 인이 결합한 연합왕국이었지만, 이 연합왕국은 단일국가 못지않은 강한 힘을 발휘했다.

야기에워 왕은 먼저 폴란드 땅을 점거하고도 복종을 거부하는 튜튼 기사단에게 선전포고를 하고 1410년 7월 9일 폴란드의 북부 평지 그룬발트Grunwald에서 끝장 싸움을 벌였다. 3만의 폴란드 연합군이 2만의 악명 높은 튜튼 기사단을 섬멸했는데, 중세시대 유럽의 가장 큰 전투라고 한다. 이 전투 장면을 그린 영화로는 1960년에 만든 알렉산더 포드Alexander Ford 감독의 *The Teutons*가 있다.

이 대결을 통해 폴란드-리투아니아 왕국은 처음으로 튜튼 기사단에 우위를 확보했다. 그렇지만 역사적인 승리에도 불구하고 눈에 보이는 변화는 없었다. 장기적으로 튜튼 기사단이 폴란드에 종속하게 되는 토대가 만들어졌을 뿐이었다.

1454년에 카지미에시 야기엘론칙Kazimierz Jagiellończyk 왕 때 폴란드는 재차 튜튼 기사단이 점거한 북부지역을 탈환하기 위한 전쟁을 벌였다. 약 13년에

코페르니쿠스

걸친 공방전 끝에 땅을 되찾으면서 독일 기사단은 폴란드 최동북단의 쾨니히베르크(현 러시아 칼리닌그라드)로 옮겨갔다. 폴란드는 이제 바다로의 출구를 얻었고, 독일 기사단장은 폴란드 왕에게 신하로서 복종을 맹세했다. 폴란드는 강력한 힘을 가지게 되었고 도시들은 공예와 무역, 해상운송 등을 통해 번영을 구가하는 한편, 문화와 과학 분야에서도 르네상스 시대를 맞았다. 코페르니쿠스가 천문학에서 큰 발견을 한 것도 바로 이 무렵이었다.

그렇지만, 폴란드가 리투아니아와 연합함으로써 나타난 가장 큰 변화는 발트 해변 지역 확보와 리투아니아의 문제에 깊숙이 빠져들게 되었다는 점이었다. 두 나라가 더욱 긴밀히 연결됨으로써 폴란드는 리투아니아의 이해관계로 벌어지는 모스크바 공국과의 전쟁에 자연히 끌려들어가게 되었다.

결국 폴란드는 나라가 커진 만큼 분쟁과 갈등의 불씨를 더 많이 안게 되었다. 야기엘로니안 왕조의 전성기라 할 1506년에 폴란드와 모스크바 공국은 변경지대를 둘러싸고 오랜 기간 전쟁을 벌였다. 폴란드는 이때부터 국제 분쟁에 적극적으로 개입했다. 모스크바 공국과 전쟁을 하면서 다른 한편 몰다비아와 대립하는 터키의 위협에 대처해야 했다. 거기에다 폴란드가 발트 해 지역을 장악하려 하면서 분쟁은 모스크바 공국 외에 스웨덴까지 끼어들게 되었다.

한편 폴란드에서는 르네상스 시대가 열렸다. 그 배경에는 이탈리아가 있었으며 크라쿠프 바벨 대성당에 지그문트 대종大鐘을 건 지그문트 I 스타리 Zygmunt I Stary(1506~1548)가 그 주인공이다. 그는 이탈리아 여성을 왕비로 맞이했고 이 때문에 두 나라 사이에 긴밀한 관계가 맺어졌는데, 그 덕에 많은 유학생들이 이탈리아에 가서 공부하고 돌아왔다. 그러므로 16세기는 폴란드의 황금기라고 할 수 있다.

야기엘로니안 왕조의 마지막 왕이던 지그문트 II 아우구스트August(1548~1572)는 폴란드–리투아니아 연합을 지속시키기 위해 1569년에 루블린Lublin 공동의회(세임Sejm)를 소집하여 폴란드와 리투아니아를 실질적으로 합치는 안을 통과시켰다. 이로써 폴란드와 리투아니아는 하나의 왕국으로 합쳐졌는데, 공동의 외교를 수행하되 행정 및 군대는 각각 독자적으로 운영하도록 했다. 이와 더불어 그간 리투아니아가 사실상 지배하던 우크라이나를 연합왕국의 지배 영역 속에 포함시켜 폴란드가 그 지역을 통치하게 되었다. 폴란드는 바야흐로 남쪽으로 흑해를 통하고 북쪽으로 발트 해를 끼는 대제국이 되었다.

이 무렵 폴란드의 상징은 날개 단 중장기병, 일명 후사르Hussar 군단이었다. 후사르는 갑옷에 날개를 달고 대형을 이뤄 돌격하는 중장 기병으로 적에게 공포의 대상이었다. 1605년에 키르홀름에서 스웨덴군을 제압할 때도 이 기병이 주축이었는데, 당시 전투 대형 모습이 남아 있다.

지그문트 2세 왕이 후사 없이 죽자 야기엘로니안 왕조도 종말을 고했다.

헝가리 바토리, 스웨덴의 바자 시대(1573~1672)

루블린 공동의회 의결 이후 연합왕국은 동등한 특권을 가진 폴란드와 리투아니아 귀족들의 대표가 사실상 국가를 이끌고 왕을 선출했다. 이때 처음 선출한 왕은 헝가리 공국을 다스리고 있던 스테판 바토리Stefan Batory(1576~1586)였다. 그도 역시 혈통을 중시하는 폴란드인들의 선호에 부합되게 아우구스트 왕의 여동생과 결혼한 사람이었다. 그는 폴란드를 위해 준비된 왕이었다. 모스크바 공국과 전쟁을 벌여 원정 끝에 그들을 굴복시켰다. 이 당시는 폴란드의 시대였다. 모스크바 측은 분열됐고 폴란드의 위세에 눌려 지냈다. 바토리 왕은 10년간 통치했는데, 전쟁의 와중에도 오늘날의 리투아니아 수도인 빌르노Wilno에 대학교를 설립해 젊은 이들이 교육받을 수 있도록 배려했다.

그 다음에 선출된 왕은 스웨덴 바자Waza 가문의 지그문트 3세Zygmunt III (1587~1632)였다. 그 역시 폴란드왕 지그문트 스타리 1세가 외할아버지로서 폴란드인 혈통을 가졌다. 지그문트 3세는 어머니의 영향으로 신교 대신 가톨릭을 택했다. 이러한 선택으로 폴란드의 왕이 될 수 있었다. 그를 왕으로 선출한 폴란드의 의회 대표들은 나름대로 북유럽의 강자인 스웨덴과 연결함으로써 자국이 강해지리란 믿음을 가졌다. 폴란드 사람들은 왕을 외부의 강한 나라로부터 수혈함으로써 자국을 외부의 위협으로부터 보호받을 수 있기를 기대했다. 당시 가장 인기 있었던 왕의 후보는 주로 프랑스 부르봉 왕가의 왕자들이었다. 그렇지만 프랑스 왕족들에게 폴란드는 너무 멀었다. 프랑스 왕가가 기피하자 폴란드-리투아니아 귀족들은 적대국가로부터 왕을 수혈함

날개 달린 중장 기병대의 모습, 후사르 기병

지그문트 3세 바자

으로써 양국 간 우호관계와 제3의 국가로부터 침략을 방지하려는 생각을 했다. 이후 왕의 자리는 스웨덴 계가 3대에 걸쳐 역임했다.

　폴란드의 왕이 된 지그문트 3세는 그의 부친이던 스웨덴 왕이 서거하자 스웨덴 왕위를 물려받아 두 나라 왕을 겸하려 했다. 그러나 스웨덴이 반발하고 두 나라가 대치하면서 기나긴 전쟁이 벌어졌다. 강국 스웨덴을 업고 나라의 안정과 번영을 꾀하려던 의도는 오히려 전쟁에 끌려들어가는 빌미가 되었다. 1600년부터 벌어진 전쟁에서 폴란드는 키르홀름 전투의 대승 등 초반 기세가 좋았다. 마침 모스크바 공국이 약해졌을 때이므로 러시아 원정에도 나서는 등 외정도 했다. 그리하여 1610년에 폴란드는 모스크바 공국의 군대를 격파하고 모스크바를 정복하기도 했다.

　이즈음 폴란드는 강성한 반면, 러시아는 약소국으로서 분열과 피지배의 시련을 겪었다. 러시아 역사에 나오는 '참칭자 사건'이란 것도 실은 이반이 죽고 난 뒤의 왕위계승을 둘러싼 폴란드의 간섭을 지칭하는 말이다. 이 시대를 배경으로 한 영화 「폭군 이반·Ivan, the terrible」과 「1612」가 이 당시를 잘 보여준다. 폭군 이반 영화는 러시아의 왕자와 귀족들이 폴란드 왕에게 충성을 맹

---

* 17세기 초 폴란드의 모스크바공국에 대한 공세는 대대적인 것이었으며 러시아는 문자 그대로 '시련의 시대'(또는 '동란의 시대')를 체험하게 되었다.

1605년 폴란드 군이 스웨덴 군을 격파한
키르홀름 전투 장면

세하자, 황제 이반이 귀족들을 대대적으로 심판하고 처형한다는 이야기다. 영화 「1612」도 러시아가 통일을 방해하고 국토를 유린하는 폴란드에 맞선다는 이야기다.

이때 모스크바 공국은 폴란드의 왕자에게 황제 자리를 제의하면서 연명을 꾀했으나, 내부 반란으로 붕괴되고 1613년에는 로마노프가 짜르로 추대되었다. 그는 크렘린에서 폴란드 군대를 몰아내고 새 나라를 건설했다. 이때부터 러시아와 폴란드는 숙적이 되어 끝없이 싸우는 관계가 되었다.

한편, 지그문트 3세는 터키와도 전쟁을 벌였는데, 이 전쟁으로 인해 훌륭한 장군이 많이 배출된 반면, 나라는 피폐해졌다. 그의 업적 중의 하나는 수도 이전이었다. 그때까지 수도는 남쪽의 크라쿠프였으나, 이즈음 국력을 기울인 주된 전장이 북쪽의 스웨덴과 동쪽의 모스크바 공국이 되면서 거처를 옮긴 것이다. 지금도 바르샤바의 왕궁 앞에는 그의 아들 부와디스와프Władysław(1632~1648) 4세가 부왕의 공적을 기리기 위해 세운 지그문트 동상이 서 있다.

바자 가문의 두 번째 왕 부와디스와프Władysław 4세는 16년간 통치하면서 모스크바 공국 및 스웨덴과 평화를 유지했고 터키와도 별다른 전쟁을 벌이지 않았다. 그래서 지금도 폴란드 국민들의 사랑을 받고 있다. 다만, 그의 집권기간에 우크라이나의 코사크 족들이 흐미엘니츠키Chmielnicki 혹은 Khmelnytsky를 지도자로 하는 반란을 일으키면서 후대에 큰 우환을 남겼다(폴란드에 대항해 반란을 일으킨 코사크족 이야기를 영화화 한 것이 「대장 부리바」다). 한때 폴란드 군에 이기는 등 세력을 떨쳤지만 1650년대 들어 기세가 꺾였다. 흐미엘니츠키는 폴란드의 압제에서 벗어나기 위해 러시아를 끌어들였는데 러시아의 지원 대가는 짜르에 대한 충성 맹세였다. 이것이 빌미가 되어 우크라이나는 정치적으로 러시아에 종속되고 말았다. 오늘날에도 우크라이나의 동부 절반은 친親러시아적인데, 이 시기에 기원을 두고 있다고 할 수 있다. 이로써 폴란드는 1667년을 기점으로 우크라이나 땅을 잃게 되었다.

우크라이나 땅이 러시아의 보호령이 되자 모스크바 공국은 폴란드 땅으로 단숨에 쳐들어왔다. 스웨덴도 폴란드 영토를 차지하려는 야심으로 군대를 보내 짓밟고 약탈했다. 폴란드는 우크라이나가 가지는 중립지대의 중요성을 절감했으나 이미 늦었다. 이 시기에 스웨덴은 폴란드 전국을 제압하면서 예술품과 귀한 책들을 약탈했으며, 코페르니쿠스 도서관의 천체에 관한 책들까지 빼앗아갔다.

•• 1584년 폭군 이반이 죽고 대신 왕자의 처남이 황제가 되면서 대귀족들이 반발했다. 1603년 어느 젊은 수사가 폴란드에 나타나 자신은 구사일생 도망나온 황태자라고 하고 폴란드의 지그문트 3세에게 현재의 러시아 황제를 공격할 병력을 내달라고 요청했다. 이 자를 역사가들은 참칭자라고 부른다. 1605년 참칭자의 사절단이 모스크바에 도착하자 참칭자와 지지자들은 황제 일가를 처형한다. 그 사이 참칭자와 폴란드 귀족들은 모스크바의 모든 정권과 재산을 긁어모았고 모스크바는 초대받지 않은 사람들의 무법천지가 되었다. 그러다가 어느날 모스크바인들은 끝없는 향연에 만취된 폴란드 압제자들을 급습해 제거하고 참칭자를 불태워죽였다. 그런데 폴란드 정부의 지원을 받은 제2의 참칭자가 또 다시 러시아 황실에 나타났다. 간신히 그를 처단하자 폴란드 왕자 블라지슬라프가 모스크바에 쳐들어와 모든 재산을 파괴시켰다. 러시아는 국민군을 창설하고 1612년 폴란드인들을 러시아에서 완전히 내쫓아버렸다.(이길주, 한종만, 한남수, 『러시아, 상상할 수 없었던 아름다움과 예술의 나라』, 리수, 2003년, 195~200쪽)

부와디스와프 4세가 통치하는 동안 평화와 번영의 시기를 구가했지만, 17세기는 폴란드인에게 있어 매우 혹독한 시련기가 되었다. 야기엘로니안 왕조는 처음부터 폴란드와 리투아니아가 합친 국가인데다 우크라이나까지 흡수함으로써 나라 덩치에 비해 결속력이 약했다. 오늘날 폴란드인들을 보면 집 안을 내실 있게 하고 산다. 마찬가지로 옛날 폴란드 사람들도 나라 모습이야 어떠하든 자기만 잘 살고 자유를 억압받지 않으면 된다고 믿었던 듯하다. 그래서 왕이야 누가 되든 자기네들 이해관계를 해치지 않으면 만족했다.

그런데다 폴란드인과 리투아니아인이 갈라져 각각의 대표를 둬야 했던 불가피한 사정 역시 이러한 현상을 부추겼다. 일사 분란한 통치나 어느 한 민족의 독단적인 지배는 생각하기 어려웠다. 이러한 이유 때문에 폴란드 왕국은 믿기지 않을 만큼 낯선 제도, 즉 왕을 폴란드와 리투아니아 귀족 대표들이 선출하는 방법을 운용했다. 민주주의라고 하기에는 너무나 많은 문제점과 비효율성, 도덕적 해이가 있었다. 이로 인해 17세기 100년 동안은 스웨덴과의 전쟁으로 국토가 초토화되고, 코사크족의 반란과 터키의 침략을 막아내는데 국력을 소진하고 말았다. 스웨덴과의 전쟁을 그린 「크미치스」(1974년작)는 헨릭 셍키예비치의 대표작의 하나인 『Potop』The deluge을 원작으로 한 영화다. 이 시기 폴란드는 자신의 정체성과 왕조의 재정적, 군사적 기초가 허물어지는 데도 방치하고 말았다. 그 결과는 망국이었다. 폴란드인에게 암흑의 역사라 할 18세기 나라의 분할과 망국으로 가게 된 것이다. 스웨덴 계통의 바자 왕들은 폴란드를 보호하기보다는 오히려 자신의 야심으로 인해 폴란드를 거덜 내고 말았다.

폴란드인 선출왕 – 소비에스키 시대(1674~1696)

이 시기 특별한 일이 있었다면 폴란드-리투아니아 왕조의 마지막 불꽃을 피우는 듯한 인물이 등장한 일이다. 그때까지 외국인 계열의 왕에게 염증을 느끼던 귀족 대표들은 순수 폴란드인을 찾았는데, 바로 군사적 능력이 뛰어났던 소비에스키 3세[Jan III Sobieski](1674~1696) 였다. 그는 왕이 되기 일 년 전인 1673년에 우크라이나를 공격해온 터키군을 호침[Chocim]에서 격파한 인물이었다. 왕이 된 뒤에도 1683

얀 소비에스키 3세

년 터키군이 오스트리아 수도 빈을 포위하자 교황과 오스트리아 합스부르크 황제의 구원 요청을 받고 자신이 직접 군대를 거느리고 출격했다. 빈 근처에서 독일 및 오스트리아군과 합세한 소비에스키왕은 10만 명이 넘는 터키군을 공격하여 단숨에 패배시켰다. 빈에서의 승리는 어려운 내정과 분열 직전의 폴란드 연합왕국에 잠시나마 빛을 발했다. 하지만 폴란드의 드넓은 영토의 일부였던 우크라이나 지역은 이제 폴란드의 영향권을 벗어나기 시작했고, 빈에서 물러간 터키와 세력을 확장하던 러시아가 그 자리를 대신 차지했다.

터키가 우크라이나 지역으로 계속 침략해 들어오자 소비에스키왕은 싸움을 피하고자 그 일대를 양보했다. 그 사이 코사크 집단이 점차 러시아에 예속되면서 우크라이나는 영원히 폴란드의 영향권에서 떨어져 나갔고 러시아

의 세력권에 들어갔다. 소비에스키는 외정에 성공했으나 국제정치, 국제외
교 그리고 내정에 실패했다. 군인으로서 성공했지만 정치인으로 빛을 보지
못했다. 그의 죽음 이후 곧바로 폴란드 해체가 이어졌다. 폴란드의 역사가는
소비에스키 왕의 통치를 다음과 같이 기술하고 있다.

> 소비에스키 왕은 주변의 야심 찬 이웃국가였던 스웨덴, 러시아, 브란덴부르크
> 의 프로이센을 다루는데 적절한 노력을 기울이지 못했다. 프랑스와 동맹을 체
> 결했지만, 프로이센 공국을 수복하는데 도움이 되지 않았고 또 구식의 국가조
> 직을 개혁하지도 못했다. 그의 통치가 끝날 무렵에는 이런 모든 실패가 거의
> 뒤엉켜 있다시피 했다. 이러한 간과가 결국 18세기 국제무대에서 폴란드를 희
> 생양에 불과한 처지로 만들고 말았다.

대외정책의 미숙이 인접국과의 전쟁으로 발전하였음을 의미한다. 폴란드
의 문화적 폐퇴, 근거 없는 우월감, 귀족들의 집단이기주의, 경제통상 및 선
진문명 도입의 소홀, 후진적 농촌사회와 노동력 착취, 국가 외연을 넓히려다
폴란드민족의 정체성을 잃어버린 일, 느슨하게 운영해온 연합제식 국가통
치, 내정보다 외정에 골몰한 일, 이웃의 힘을 빌려 안전을 추구하던 타성 등
은 이제 폴란드라는 나라의 존재 자체를 뿌리째 뒤흔드는 단계로 가져갔다.
　귀족계급의 사르마티즘화도 시대의 흐름에 역행하는 것이었다. 폴란드
귀족들이 추구하던 사르마티즘Sarmatism은 자신들을 농민과 다르며 조상도 폴
란드 토착민이 아니라 로마 시대의 사르마티아인Sarmaci이라고 주장하면서 만

들어낸 신화였다. 이러한 뿌리 신화를 가지고 귀족들은 끝없는 우월감과 외국에 대한 적대감으로 이교도 세력을 배척하고 전쟁을 치르려 했다. 이러한 선민의식은 기병의 등에 단 후사르 날개에서도 잘 나타나 있다. 신성한 곳에서 유래한 민족이기에 그들의 신화를 반영하여 기병은 날개를 달고 중무장을 해야 한다고 여겼다. 그래서 다른 모든 나라들이 경기병輕騎兵에 주력할 때 폴란드는 중기병重騎兵을 고수했다. 자기 폐쇄적인 것에 만족해하다가 저도 모르게 세계적 추세로부터 멀어져 가면서도 여전히 기독교문명을 수호한다는 종교적 사명감에 도취되어 있었다. 특히 소비에스키 왕이 빈에서 터키를 격파하여 이슬람의 유럽 진출을 저지한 때부터 귀족들은 자신들을 기독교의 울타리로 자임하고 폴란드는 기독교 문명을 동쪽의 위협에서 지켜낼 운명에 있다는 이념을 발전시켰다.

독일계 선출왕–드레스덴의 작센Saxon 가문 시대(1697~1763)

1697년 17세기를 마감하기 직전 폴란드–리투아니아 귀족 대표들은 독일 작센 가문의 프리데릭 아우구스트Frederik August(1697~1704, 1709~1733) 2세를 폴란드 왕으로 선출했다. 여러 가지 정치적 고려를 한 끝에 선택되었지만, 그는 독일 사람으로서 폴란드의 내정을 귀족 대표들에게 맡기고 나라의 운영을 완전히 방임했다.

대신 그는 국제정치에 몰입했다.

이즈음 발트해 주변에는 강자들이 많았다. 러시아에서는 표토르(피터) 1세가 등장해 페테르부르크로 수도를 옮기고 서유럽 국가들을 본 딴 개혁을 실시해 강국이 되어 있었다. 그리고 폴란드 왕에게 충성을 맹세하였던 브란 덴부르크도 이제 더 이상 그런 조그만 나라가 아니었다. 프로이센의 왕이 된 프리드리히 1세는 1701년 잘 훈련된 군사를 거느리고 폴란드를 위협하기 시 작했다. 오스트리아도 터키와의 전쟁을 승리로 이끈 뒤 영토를 확장하고 다 른 민족을 흡수하면서 강대국이 되었다.

이런 상황에서 폴란드 왕인 아우구스트 2세가 러시아와 손잡고 스웨덴을 상대로 전쟁을 벌였다. 전쟁을 시작한 쪽은 독일 작센 가문의 폴란드왕이었 지만 전쟁을 주도한 이는 스웨덴왕 카를 12세였다. 그는 1700년부터 1721 년까지 북방 대전쟁으로 불린 전쟁 동안 폴란드 영토를 오가며 처음에는 아우구스트와, 그 다음에는 표토르 1세와 전쟁을 벌였다. 이 전쟁은 당초 아 우구스트가 덴마크왕과 비밀리에 동맹을 맺고 스웨덴을 협공하면서 시작되 었는데, 폴란드로서는 아무 명분 없는 전쟁에 끌려들어가 나라 전체가 싸움 터가 되고 말았다. 그런데다 러시아의 야심찬 표토르 1세까지 끌어들임으로 써 폴란드가 러시아의 간섭을 받게 되는 계기도 되었다.

스웨덴의 카를 1세는 폴란드에 큰 상처를 남겼다. 그는 폴란드에서 고전 苦戰한 보복으로 지나는 지역마다 마을 전체를 불태우고 주민들을 학살했다. 곤경에 처했던 전쟁이었던 만큼 전쟁터에서 그의 행동은 잔인하기 짝이 없 었다. 이 전쟁은 1707년 카를이 아우구스트의 퇴위를 강요함으로써 끝났는 데, 분쟁은 그것으로 끝난 게 아니었다. 카를 12세는 공격의 화살을 러시아 로 돌렸고 표토르 1세는 스웨덴군의 진군을 막기 위해 코사크족을 보냈다. 코사크 병사들은 폴란드에 들어와 시체를 우물에 던져 물을 오염시키고 마

러시아가 보낸 코사크족의 횡포

을을 모두 불태워 초토화시켰다. 그로 인해 폴란드의 주요 도시들이 파괴되고 땅은 황폐화되었다. 「크치미스」는 이 당시를 배경으로 스웨덴과의 전쟁을 재현한 폴란드 영화다.

선출 왕을 두고 스웨덴과 독일 작센이 싸우다가 러시아가 작센가를 지지함으로써 작센의 아우구스트 2세가 재집권했다. 그리고는 자신의 자리를 확고히 하려고 개혁을 추진했다. 그러자 이에 반발한 귀족들은 1715년 타르노그루드 연합을 결성하여 반란을 일으켰다. 폴란드의 혼란을 내심 기대하며 호시탐탐 기회를 엿보고 있던 러시아의 표토르 1세는 1717년 중재자를 자청하며 군대를 보냈고, 의회를 점령했다. 여기서 러시아는 의원들을 협박하여 러시아 황제가 폴란드 내정에 개입할 수 있는 법적인 권한을 부여하는 문서에 서명하게 했다. 이로부터 2세기에 걸친 러시아의 폴란드 지배가 이어졌다.

아우구스트 2세가 죽자, 또 다시 스웨덴과 작센가 사이에 폴란드 왕위를 둘러싼 다툼이 일어났는데 마침 프랑스가 스웨덴을 지지하여 작센가의 왕위 계승을 막을 수 있었다. 그러나 러시아와 오스트리아는 작센의 아우구스트 3세를 지지한다고 선언하고 의회의 선거 결과를 뒤집었다. 내분이 일어나자, 러시아와 프로이센은 또 다시 군대를 보내 아우구스트 3세가 다시 선출되도록 했다. 아우구스트 3세는 1733년에 왕이 된 후로 하는 일 없이 1763년까지 재임했다. 폴란드의 역사에서 중요한 시기였던 60년간이었건만, 폴란드는 반전의 계기를 찾지 못하고 더욱 더 내리막길로 접어들었다. 그리하여 별다른 개혁과 변화를 추구하지 않은 채 60년이 흘렀고 폴란드의 마지막 왕, 그것도 러시아의 도움으로 선출된 왕이 출현했다.

왕의 무능과 개혁 실패

폴란드인들은 외국인을 초대해 왕으로 선출했음에도 정작 그 왕들이 각종 개혁을 하려고 하면, 왕권 강화 음모라거나 의회의 특권제한이라고 하면서 왕을 견제하는데 골몰했다. 조세를 더 걷거나 군사력을 키우려 해도 돈이 없어 추진하지 못했고, 의회의 귀족 대표들과 국사를 협의하려 해도 감쪽같이 정보가 새어 나가 외국으로부터 간섭이 들어왔다. 외견상 나라가 존재했지만, 사실상 이름뿐인 나라였다. 나라를 강하게 하거나 국정을 쇄신하려는 노력은 언제나 왕권강화로 인식되어 귀족들과의 대결이나 전쟁을 각오하지 않으면 안 되었다.

이러한 현상을 집약적으로 보여주는 제도가 바로 두 민족 귀족대표들로 이루어진 의회에서의 만장일치제와 의원 개개인들의 거부권이었다. 어떠한 결정이든 의원 중 한 명이라도 반대하면 통과될 수 없었다. 이미 통과되었다 해도 무효 처리 되었다. 이와 같은 제도의 유래를 따지면, 결국 과거 왕들이 그때그때 귀족들과 담합하고 거래한데 있었다. 거래가 반복되면 써먹을 수 있는 자원이 고갈된다. 그 상황에서 또 다른 협조와 동의를 얻기 위해서는 더 많은 양보가 필요하고, 그러다가 결국 왕을 능가하는 권한을 내주게 된 것이다. 예를 들어, 튜튼 기사단을 몰아내고 실지를 회복한 카지미에슈 야기엘론칙 왕은 1454년에 값비싼 전문 직업군대를 육성해야 했는데, 이때 귀족들에게 특권을 주는 방식으로 세금을 더 걷었다. 그 특권이란 왕은 의회의 승인 없이 새로운 세금을 걷거나 귀족들의 전쟁에 대한 군무봉사를 요청하지 않겠다는 것이었다. 이것은 결국 무책임한 권한포기 각서이고 국가의 통치권을 내부로부터 하나씩 떼어 주어 왕권이 유명무실해지는 결과를 초래했다. 이로 말미암아 국가는 마비상태에 빠지고 말았다.

*러시아는 군대를 보내 현지를 점령하고 토착민을 회유, 협박하여 친 러시아화 하고자 했을 뿐만 아니라, 사실상의 점유를 기정사실화해서 국제적으로 승인 받으려 했다. 그리고 물량전술로써 비록 효율적이진 않지만 다대한 피해를 냄으로써 승전에 기여했다는 사실을 강조하여 전후 보상에서 도덕적 우위를 점하고자 했는데, 이런 러시아식 방식을 두고 하는 말이다.

폴란드의 왕은 무엇을 하든 정치적 비용이 너무 많이 들었다. 결국 이러한 고비용 비효율 구조는 당대만 생각하고 자기 자신만 생각한 폴란드 국가 지도자들의 잘못이라고 할 수 있다. 정치권 전체의 부패를 가져온 이러한 제도는 귀족 등 지배계층으로 하여금 국가에 대한 충성심과 국민에 대한 책임감을 잃게 만들었다. 자기 집단의 이해관계를 충족시키고 귀족 대표들의 각종 권한을 뺏기지 않기 위해서라면 그 누구와도 연대할 수 있다는 믿음이 결국 주변국에 손을 벌리게 되었고, 그 결과 주변국의 간섭과 무력개입까지 가져오게 된 것이다.

폴란드가 나날이 국가로서의 모습을 잃어갈 무렵 주변 국가들은 강대국으로 변했다. 폴란드는 그야말로 인접 강대국들이 서로 눈치를 보느라 분할과 지배의 시기가 늦추어졌을 뿐, 오스트리아, 프로이센, 러시아 삼국의 이해가 일치하는 순간, 그 즉시 해체될 위기에 처했다. 폴란드는 이러한 외부의 위협을 의식하면서도 여전히 왕권과 귀족세력간의 이해다툼으로 국제적인 세력권 싸움에 효과적으로 대처하지 못했다.

마지막 왕 – 폴란드인 포니아토프스키와 3차 분할(1764~1795)

1763년에 아우구스트 3세가 죽었지만, 폴란드 귀족들은 마음대로 왕을 선출할 수 없었다. 폴란드가 러시아로부터 사실상 후견 받는 지위에 있었으므로 러시아의 양해나 사전 승인 없이는 그 누구도 왕을 정할 수 없기 때문이었다. 1764년 러시아의 예카테리나 여제는 군대를 보내서 자신의 말을 잘 듣는 스타니스와프 아우구스트 포니아토프스키S. A. Poniatowski(1764~1795)를 왕이 되게 했다. 그는 교육을 잘 받은 귀족 가문의 인물로 페테르부르크에서 예카테리나 여제女帝와 사교활동까지 한 적이 있었다.

1765년 의회에서는 국정을 마비시키는 귀족대표들의 만장일치제(리베룸베토Liberum veto·)와 거부권 제도를 폐지하는 법안이 제출되었다. 이 법안이 알려지자 귀족들이 집단 반발했다. 왕이 러시아, 프로이센과 짜고 귀족들의 권리를 제한하는 한편, 가톨릭 외에 러시아정교와 프로테스탄트 신자들에게 동등한 시민권을 주려 한다는 것이다. 1768년에 마침내 귀족들은

스타니스와프 아우구스트 포니아토프스키

바르 동맹konfederacja Barska을 결성해 봉기를 일으켰다. 그들은 왕에게 전쟁을 선포하고 종전처럼 '황금의 자유'와 러시아의 내정간섭 중단을 주장했다. 다른 한편 우크라이나에서는 농민들이 봉기를 일으켜 폴란드 귀족과 성직자들을 살해했다. 이와 같은 상황에서 러시아군이

• 브리태니커 사전에 의하면, 리베룸 베토는 폴란드 역사에서 세임(Sejm)의 각 의원이 가지는 거부권으로 법적 권리였다. 단 한 사람의 거부권에 의해서 회기가 중지될 수 있고 회기 동안 통과된 모든 법령을 무효화시킬 수 있었다. 이 권리는 모든 의회 귀족대표들이 동등한 권리를 가지고 있다는 가정을 전제로 결정이 만장일치가 되어야 한다는 이유 때문이었다. 그러나 실질적으로는 정부 기능을 마비시키고 권력집중을 불가능하게 하고 외국이 부당한 간섭과 영향을 끼치는 것을 가능케 하는 좋은 도구가 되었다.

폴란드로 진격해 들어오고, 왕은 반란을 진압코자 폴란드군으로 하여금 러시아군에 협조할 것을 명령했다.

왕의 명령은 폴란드인의 정서에 반㖩했고 나라는 사실상 통제 불능 상태에 빠졌다. 그러자 1772년에 러시아의 여제 예카테리나와 프로이센의 대왕 프리드리히 2세, 오스트리아의 여제 마리아 테레지아는 러시아의 수도 페테르부르크에 모여서 폴란드에 대한 지배권 분쟁을 마무리하는 분할조약에 합의했다. 이들은 폴란드가 자기 나라를 스스로 통치하지 못한다고 결론 내린 뒤 당시 폴란드 영토의 30퍼센트에 이르는 땅을 분할하여 나눠가졌다. 이들은 각 나라를 대표하여 앉았지만, 아이러니컬하게도 모두 독일어를 쓰는 독일인들이었다.

프로이센의 폴란드 분할 의도는 자국 영토의 확장과 게르만 민족의 생활 공간 확대에 있었다. 반면 러시아는 폴란드를 자국의 잠재적인 적국으로 인식해 그 위협을 줄이려는데 주안점을 두었다. 의도야 어찌됐든 두 나라는 폴란드를 분열, 와해시키려는 점에서 차이가 없었다.

러시아는 폴란드의 동쪽 지역을, 프로이센은 동프로이센을 연결하는 폴란드 북부 포메라니아Pomerania(폴란드어 '포모제')와 단치히(그단스크) 지역을, 오스트리아는 폴란드 남쪽을 획득하고 갈리치아Galicja라는 이름을 붙였다. 폴란드 의회는 러시아 군대가 포위한 공포 분위기 속에서 자신의 영토의 일부를 분할하여 삼국에 할양하는 조약문서에 동의했다. 이제 떨어져 나간 지역의 폴란드인들은 국적이 바뀌었고 그 나라의 지배자에게 충성하도록 강요받았다.

폴란드에서는 포니아토프스키 왕을 비롯해 온 국민이 큰 충격에 빠졌다. 왕과 애국자들은 폴란드를 다시 일으켜 세우기 위해서는 만장일치제나 왕의 선출제 같은 악법을 폐지해야 한다고 믿었다. 그래서 왕과 의회는 삼국의 주의가 분산된 틈을 타 1791년 5월 3일 폴란드 독립을 위한 신헌법을 제정했다. 그러나 이번에도 내부의 적이 나타났다. 폴란드-리투아니아 귀족들은 신헌법이 자신들의 권익을 해친다며 왕을 반대하는 타르고비차Targowica 동맹을 만들었다. 이들은 무장반란을 일으키면서 러시아에 지원을 요청했고, 러시아는 또 다시 폴란드의 내정에 간섭했다. 그러자 왕의 조카이자 나중에 나폴레옹 군대의 원수가 되는 유제프 포니아토프스키Józef Poniatowski 장군과 미국 독립전쟁에서 이름을 떨친 타데우슈 코쉬치우슈코Tadeusz Kościuszko 장군이 국왕편에 서서 진압에 나섰다. 이들의 참전은 정부군의 사기를 올리는데 크게 기여했다. 그렇지만 군사력의 우열이 분명해 압도적인 러시아군과 동맹군에 무릎을 꿇을 수밖에 없었다. 그리하여 폴란드는 또 한 번 분할의 위기에 처했다. 1793년에 러시아와 프로이센은 폴란드를 응징해야 한다며 두 번째로 폴란드 분할을 단행하여 러시아는 폴란드의 동쪽 영토를, 프로이센은 서쪽의 비엘코폴스카 지역을 차지했다.

이 예기치 않은 분할은 타르고비차 동맹을 결성했던 사람들조차 놀라게

* 1772년 폴란드의 분할을 주도한 프로이센의 프리드리히 2세 대왕 (1740~1786 재위)은 폴란드에 대해 다음과 같이 말한 것으로 알려져 있다. "비스와강의 입구를 다스리는 자(프로이센)는 폴란드의 왕보다 폴란드를 더 잘 다스린다."

유제프 포니아토프스키 장군 　　　　　　　　타데우슈 코시치우슈코 장군

만들었다. 그들은 단지 신헌법 이전으로 돌아가기를 바랐고 신헌법을 폐지하면 자신들의 목적이 달성되리라고 믿었다. 이 믿을 수 없는 결과에 대해 폴란드 민족은 격분했다. 폴란드는 미국 독립전쟁과 러시아군과의 싸움에서 이름을 떨친 코시치우슈코 장군을 지도자로 선출하고 맞서 싸울 것을 결의했다. 코시치우슈코는 반역자들인 타르고비차 동맹 가담자를 체포하여 처단했다. 그 중에는 장군도 있었고 가톨릭 주교들도 있었다. 러시아로 도망가 돌아오지 않는 자들에 대해서는 초상화를 교수대에 걸었다.

　코시치우슈코는 농노제의 폐지를 약속하고 농민군을 조직해 라츠와비체 Racławice 전투에서 러시아군을 패배시켰다. 이 소식을 듣고 바르샤바에서도

크라쿠프에서 맹세하는 코시치우슈코

봉기의 불길이 타올랐다. 구두 수선공이었던 킬린스키Jan Kilinski가 봉기를 주도하여 수도에서 러시아군을 몰아냈다. 코시치우슈코는 축성築城 전문가로서 러시아와 프로이센의 포위에도 불구하고 바르샤바에 강력한 방어망을 구축하여 2개월간이나 버텼다. 그러나 러시아가 맹장 수보로프Suvorov 장군을 보내 빌르노를 함락시키고 진격해오자 코시치우슈코가 손수 군대를 이끌고 요격에 나섰다가 도리어 패하고 말았다.

코시치우슈코의 부상 및 포로 소식은 바르샤바 시민의 심리적 마지노선

라츠와비체 전투의 주력이었던 농민군의 기도

을 무너뜨렸다. 러시아군이 비스와강 건너편 프라가^Praga 지역에 쇄도했고 방
어벽은 붕괴되었다. 러시아군은 이 전투 후 프라가 지역에 사는 사람을 남녀
노소 구분 없이 무차별 학살했다. 여자와 아이를 포함해 2만 명이 죽었는데,
수보로프는 '프라가 전역에 시체들이 널부러졌고 피가 강물을 이루었다.'라
고 말했다. 프라가 패배 이후 수도 방어사령관과 시민들은 사기가 떨어지고
저항 의지가 꺾였다. 다음날 바르샤바는 함락되었고 대대적인 검거선풍과
처형, 시베리아 유형이 집행되었으며, 봉기를 승인했던 포니아토프스키 왕
은 양위를 강요받고 러시아로 호송되어 갔다.

그렇지만 봉기를 이끌었던 코시치우슈코는 농노제 폐지의 인간존중정신과 국가분할을 재촉한 반역자 응징 등을 통해 사회의 모든 계층으로부터 신뢰와 사랑을 받았다. 그리고 그의 지도력과 정신력은 폴란드의 민족적 정체성을 형성하는데 중요한 영향을 미쳤다. '우리가 살아 있는 한 폴란드는 죽지 않는다.'는 그의 말이 찬송가처럼 불렸던 것도 그러한 사실을 간접적으로 보여준다.

결국 코시치우슈코의 봉기는 실패해 1795년에 오스트리아와 러시아, 프로이센에 의해 3차 분할되고 말았다. 조약에 따라 바르샤바는 프로이센이 가져가고, 크라쿠프는 오스트리아가, 빌르노는 러시아가 차지했다. 러시아의 예카테리나 여제는 항상 분할을 주도하여 폴란드 영토의 60퍼센트, 즉 인구의 절반을 지배했다. 오스트리아는 두 차례의 분할에 참가하여 폴란드 영토의 20퍼센트와 380만 명의 인구를 다스리게 되었고 프로이센은 폴란드 영토의 20퍼센트와 270만 명의 인구를 차지했다. 이때부터 1918년 독립할 때까지 123년 동안 폴란드라는 나라는 지도상에서 사라졌다.

귀족들의 이기주의와 오만이 수세기에 걸쳐 반복적으로 폴란드를 멸망의 길로 이끌어갔다. 러시아는 폴란드가 자국에 위협이 되는 상황을 묵과할 수 없다는 이유로 폴란드의 개혁과 국가재건을 시도할 때마다 훼방하거나 간섭하였고 프로이센은 러시아의 서진을 견제하면서 단치히 등 폴란드 북부 영토를 본국에 연결시키기 위해 포즈난 등 폴란드 서부를 자국 영토로 만드는데 혈안이었다.

나폴레옹과 바르샤바 공국(1807~1815)

   망국의 기간은 폴란드인들에게 지난至難한 독립투쟁의 시기였다. 그리고 한 번 접어든 망국의 길은 여간 벗어나기 어려운 게 아니었다. 폴란드의 뜻 있는 지사, 애국자들은 자기 나라를 버리고 프랑스 등지로 망명갔다. 이곳에서 폴란드인들은 희망을 만들어 나가고자 했다. 마침 나폴레옹이 폴란드를 옥죄던 오스트리아군을 격파하자 많은 폴란드 사람들이 의용군 모집에 모여 들었다. 막연하게나마 나폴레옹이 자신들의 조국을 되찾는데 도움이 되리라 고 믿었기 때문이다.

   1806년에 나폴레옹은 예나에서 프로이센 군대와 싸워서 이겼다. 그리고 1807년 1월에 바르샤바에 입성했다. 나폴레옹은 프로이센이 점유했던 땅에 소위 바르샤바 공국을 세우고 군대의 지휘권을 자신의 수하에 있던 폴란드 인 유제프 포니아토프스키 원수에게 주었다. 물론 명목상으로는 작센 가문에 공국의 통치권을 주는 형식을 취했다. 포니아토프스키 공은 공국을 침범한 오스트리아군을 물리치고 오스트리아가 3차분할로 차지한 국토를 되찾았다.

   나폴레옹은 1812년에 대륙봉쇄령을 어긴 러시아를 응징하기 위한 정벌 군을 일으켰다. 그 중 폴란드군은 전체 67만 대군 중 10만 명이었다. 프로이센이 2만 명, 오스트리아가 3만 명을 제공하였음을 감안하면 그 원정 규모가 얼마나 큰지 알 만하다. 그만큼 폴란드인들이 열정적으로 압제의 원흉 러시아에 대한 복수전에 뛰어들었던 것이다. 그러나 러시아 원정은 실패로 돌아갔다. 그리고 폴란드는 바르샤바 공국 군대의 70퍼센트를 잃었다. 아울러 나

폴레옹이 라이프치히 전투에서 패하던 1813년에 포니아토프스키 장군 역시 전사했다. 그러자 이해 러시아군은 기다렸다는 듯이 바르샤바 공국을 다시 점령했다.

나폴레옹이 러시아를 칠 때 러시아의 짜르 알렉산드르 1세는 폴란드인을 회유해 자기편으로 만들고자 했다. 폴란드인이 그와 같은 말에 넘어갈 리는 없었다. 그럼에도 그와 같은 일을 한 것은 결국 폴란드를 무력으로 집어 삼키기 위한 일종의 명분 축적이었다.

폴란드 역사서에는 바르샤바 공국을 다음과 같이 기술하고 있다.

1807년부터 1813년까지 7년 동안 존속했던 바르샤바 공국은 나폴레옹이 폴란드에서 군대를 일으키기 위한 하나의 수단이었다. 나폴레옹은 독립을 갈망하여 헌신적으로 충성했던 폴란드인들에게 결코 독립을 승인하지 않았다. 바르샤바 공국을 그 이름대로 부른 적도 없었다. 그럼에도 나폴레옹 신화와 그의 제국 건설에 참가한 폴란드 사람들의 역할은 이후 100년 동안 지속적으로 폴란드 문제를 국제사회에 부각시키는 데 큰 기여를 했다.

나폴레옹이 바르샤바 공국을 어떻게 바라보았는가 하는 문제와 별도로, 폴란드인들에게 있어 나폴레옹은 매우 특별한 존재로 남아 있다. 마리아 발레프스카Maria Walewska라 불리는 18세의 폴란드 백작 부인과의 사랑도 있었고 한때 폴란드 민족의 해방자로 기대되어 독립의 희망을 불어넣기도 했다. 폴란드의 구원자이기를 바라던 나폴레옹 신화는 그들의 문학에도 반영되어 나타나 있다.

분할 망국, 독립투쟁의 기간(1815~1917)

나폴레옹 몰락 후 유럽 군주들은 빈에 모여 새로운 질서를 구축하기 위한 회의를 열었다. 이 회의 결과, 러시아 황제가 폴란드 왕을 겸하는 바르샤바 공국—폴란드에는 왕이 없었으므로 '회의왕국Congress Kingdom'으로 불렸다—을 만들고 종전에 프로이센이 지배했던 폴란드의 중앙을 내놓았다. 회의왕국에는 폴란드인이 총독으로 임명되었으나 폴란드 군대와 주둔중인 러시아 군대의 사령관은 러시아 황제의 동생 콘스탄틴Constantine 대공이 맡았다.

프로이센은 폴란드 서쪽 지역에 포센^{Posen}(현재의 포즈난) 대공국을 건설하고 대공 자리는 프로이센의 황제인 빌헬름 3세가 겸임했다. 오스트리아는 르부프^{Lwów}(현 우크라이나 소재)를 수도로 하는 갈리치아 지역을 차지하였고 크라쿠프는 오스트리아 관할이되 자치정부를 가진 자유도시가 되었다. 독일은 단치히와 쾨니히베르크 보호를 위해서는 본토를 이어주는 포센(포즈난) 지역의 확보가 중요하다고 보고 이들 점령지역을 영원히 자국의 영토로 편입하고자 했다.

러시아의 지배 기간 폴란드는 낙후되고 독립의 전망은 점점 사라져갔다. 이제 뜻 있는 폴란드 사람들은 자신의 조국을 위해 각자가 할 수 있는 일을 찾기 시작했다. 수많은 애국지사들은 러시아, 프로이센, 오스트리아 제국의 일개 변방이 되고 만 조국 땅을 버리고 프랑스 등 서유럽 나라들로 망명하였고, 그럴 처지가 못 되는 사람들은 러시아의 지배를 벗어나기 위한 모의를 하면서 항거를 되풀이 했다.

1830년은 유럽에서 반란의 해였다. 독일과 이탈리아, 폴란드에서 반란이 일어났다. 이 해 11월에 바르샤바에서는 비소츠키^{Wysocki}란 이름의 폴란드군 장교와 일단의 사관생도들이 시민들의 도움을 받아 봉기를 일으켰다. 병기고를 부숴 무기를 탈취하고 벨베데레 관저를 습격하는 등 한때 바르샤바를 점령했다.

러시아는 관망하다가 1831년 1월에 폴란드 의회가 러시아 황제를 폴란드 왕에서 퇴위시키는 조치를 취하자, 대군을 보내 반격했다. 폴란드는 5월에 승부를 가름하는 큰 전투에서 패한 뒤 1831년 9월에 결국 항복하고 말았다.

1 1830년 대러시아 봉기 때 바르샤바 병기고
2 벨베데레 궁 주변 격전 모습

러시아 황제는 이 반란에 대한 응징으로 반란에 참여한 폴란드 장교들을 유형 보내고 사병을 징발하였으며 봉기를 지지한 귀족들의 재산과 토지를 몰수했다. 그리고 새로 총독으로 임명된 러시아 총사령관은 바르샤바 북쪽 언덕에 시타델라^{Sitadela}라는 요새 겸 정치범 수용소를 건설하여 테러를 통한 철권통치를 했다. 많은 폴란드 군인들은 프로이센으로 도망갔다가 그곳에서 무장해제 당했고, 정치

아담 미츠키에비츠

가와 학자, 시인들은 망명길에 나서 프랑스 등 유럽 각국으로 흩어졌다. 이때 아담 미츠키에비츠^{Adam Mickiewicz}, 율리우슈 수우바츠키^{Juliusz Słowacki}, 지그문트 크라신스키^{Zygmunt Krasinski} 등 폴란드 3대 낭만주의 문학가들이 나타났고, 피아노 작곡가인 프리데릭 쇼팽이 활약했다.

그 후 1846년에는 크라쿠프에서 봉기가 일어났는데, 오스트리아는 이 자유도시를 합병했다. 폴란드 사람들이 서유럽 국가로 망명가는 루트의 하나였던 자유도시 크라쿠프는 더 이상 그 역할을 수행할 수 없게 되었다. 오스트리아 점령지역은 러시아나 프로이센 지역보다 정치적 자유를 억압하지 않았으나, 오스트리아의 변방에 속해 경제적으로 낙후되었다.

프로이센은 원래 포센 공국의 폴란드인을 독일인과 동등하게 대우하였으나, 시간이 지날수록 폴란드인에게 자유를 억압하고 구속을 가하기 시작했다. 폴란드어 사용에 대한 규제를 강화하여 1832년에는 정부의 공용어로서 독일어만 사용하도록 했다. 1848년에 유럽 여러 나라에서 '민중의 봄'이라는

혁명이 시작되었고 이탈리아와 보헤미아, 헝가리에서 민족의식이 뒷받침된 반란이 일어나자 포센 공국의 폴란드인들도 봉기를 일으켰다. 그러나 프로이센 당국이 본국의 군대를 불러 진압하자 저항은 멈추고 말았다.

프로이센은 봉기군 진압 후 응징하는 조치로서 포센 공국의 지위를 박탈하고 포센 지역으로 격하시켰다. 비스마르크가 재상이 된 이후의 상황은 더욱 나빠졌다. 독일 당국은 학교에서 폴란드어 사용을 금하였고, 학교 선생을 독일인으로 바꾸었으며, 일상생활에서도 폴란드어 사용을 금지했다. 포센 지역을 독일 땅으로 만들려는 정책에 박차를 가해 본토로부터 독일인의 이주를 유도하고 헐값에 산 폴란드 땅을 그들 이주민들에게 불하拂下해 주기도 했다. 그렇기 때문에 지금도 폴란드 사람들은 비스마르크 전 재상을 몹시 싫어한다. 철혈鐵血재상답지 않게 쫀쫀하게 폴란드 점령지역에 대한 억압정책을 폈고 대국답지 않게 토지를 잠식하는 등 인색했기 때문이다.

1830년 봉기 이후 러시아 당국은 폴란드 자치정부와 군대를 없애고, 대신 러시아 관리들에게 국정을 맡기고 러시아 군대를 도시에 주둔시켰다. 그리고 1863년 1월에 러시아 당국은 봉기 확산을 차단하기 위해 폴란드인들에 대한 징집명령을 내렸다. 이는 오히려 봉기의 직접적 원인이 되어 그 다음해까지 집단 저항이 계속되었다. 1월 봉기에서는 게릴라 방식으로 저항했는데, 이 역시 결국 실패하고 말았다. 그리하여 더욱 더 가혹한 러시아 당국의 탄압이 이어졌다.

반란에 참여하거나 도움을 준 사람들은 모두 가혹한 박해를 받았고, 그 중 상당수는 시베리아 유형지로 보내졌다. 러시아 당국은 이제 정부와 학교에서 폴란드어 대신 러시아를 통용하게 하였고, '폴란드'라는 나라 이름을 아예 없애고 '비스와 강변 나라'로 바꿔 부르게 했다. 폴란드 젊은이들은 군대로 징집되어 끌려갔고 폴란드대학교는 러시아대학교가 되었으며 엄격한 검열로 언론·출판·사상의 자유가 억압되었다. 이와 같이 무식한 통치에 좌절한 많은 사람들은 조국을 떠나 서유럽 각국으로 망명길에 오르거나, 자의반 타의반 동쪽 시베리아 또는 미국으로 옮겨 가 살게 되었고, 그로 말미암아 폴란드 사람들은 오늘날 전 세계 여러 나라에서 거대한 이민사회를 구성하게 되었다.

폴란드 공화국(1918~1939)

유럽은 20세기로 접어들면서 강대국들이 두 개의 진영으로 나눠졌다. 동시에 폴란드를 분할하고 있던 세 제국들도 갈라섰다. 러시아는 프랑스, 영국과 협상국으로서 한편이 되고, 그에 맞서 중부유럽의 독일과 오스트리아-헝가리제국이 동맹국이 되었다. 자연히 폴란드 땅에서 두 진영 간 대결이 이루어졌다. 바르샤바와 우츠 등 지금의 폴란드 땅 중앙부와 그를 둘러싼 외곽의 절반 땅 사이에 전선이 형성됐다. 러시아군이 오스트리아를 공격하는 한편, 폴란드 중앙 돌출부로부터 동 프로이센 지역으로 공세를 펴면서 지금의 올슈틴 남쪽 탄넨베르크Tannenberg에서 대전투가 벌어졌다.

• 1410년 독일 튜튼기사단이 폴란드-리투아니아 연합왕국에 패했던 장소, 그룬발트(Grunwald)와 가까운 지역이다.

이러한 상황은 폴란드에게 정치적 지렛대^{leverage} 효과를 주어 양 진영이 서로 다투어 가며 폴란드를 자기편으로 끌어들이려는 기현상을 낳게 했다. 폴란드는 이를 독립할 기회로 보고 여러 가지 형태의 직간접적인 독립투쟁을 전개했다. 그러다가 1917년을 맞이했는데, 그 해 발생한 두 개의 사건은 결정적으로 제1차 세계대전의 성격을 바꿔 놓고 폴란드가 재탄생할 수 있는 방향으로 나아가게 만들었다. 즉, 미국이 연합국(처음 이름은 협상국) 쪽에 서는 한편, 러시아 제국이 볼세비키 혁명에 휩싸여 동부전선의 군대를 철수한 것이다. 러시아가 연합국에서 빠지자 우드로 윌슨$^{Woodrow Wilson}$ 미국 대통령은 별다른 장애 없이 보다 더 자유로운 요구를 할 수 있게 되었다. 그는 전쟁을 민주주의의 확산, 폴란드의 독립, 중부 강대국들에 종속된 여러 민족들의 해방이라는 십자군적인 성전聖戰 성격으로 전환시켰다.

그런데다 로마노프^{Romanov} 왕조의 몰락 이후 볼세비키 정권이 독일과 맺은 1918년의 브레스트-리토프스크$^{Brest-Litowsk}$ 조약이 폴란드의 독립에 결정적인 기여를 했다. 러시아가 전쟁에서 빠지고 독일과 오스트리아-헝가리 제국이 패전하면서 승전국과 패전국 모두 윌슨 미국 대통령이 제의한 14개 항을 수락함으로써 폴란드는 1918년에 드디어 '바다를 출구로 하는 독립된 나라'로 재탄생하게 된 것이다.

혼란 끝에 폴란드 공화국은 다소간 사회주의 색채에 자본주의 시장경제를 가진 민주주의 국가로 출범했다. 그렇지만 민주적 제도와 폴란드가 처한 현실 간에는 처음부터 큰 괴리가 있었다. 다민족 국가로서 인종문제가 있는데다 분할지배의 경험으로 인해 국민통합이 어려웠다. 그런데다 의회가 독립에 실질적인 역할을 한 피우수츠키와 군부의 입장을 무시하고 대통령의 권한을 극도로 제한하는 헌법을 만들었다. 그리고는 그 헌법에 따라 대통령 선거를 실시했다. 그러자 유력한 대선주자이자 군부의 지지를 받는 피우수츠키가 출마를 포기해버렸다.

분위기가 흉흉한 가운데 새로운 대통령이 선출되었지만, 이내 암살되었다. 나라는 주인을 잃고 혼란에 빠졌다. 그러자 피우수츠키는 1926년에 쿠데타를 일으켜 정권을 장악했다. 그는 국제정세의 혼란 속에 대통령의 권한을 강화한 비상체제로 나라를 운영했고 제2차 세계대전이 터지기 전까지 위기내각을 계속 했다. 이를 입법화한 것이 피우수츠키 헌법인데, 거기에 규정된 신대통령제는 우리나라 헌법 책에도 소개된 바 있다.

신생 공화국의 첫 시련은 국경선을 확정짓는 작업이었다. 맨 먼저 독일과 분쟁이 붙었다. 폴란드 북부의 거점 단치히^{Danzig}(현재는 Gdańsk)와 서부, 실레지아^{Silesia} 지방을 둘러싼 민족분규가 치열하게 전개되었다. 그렇지만 단치히가 국제연맹이 관리하는 자유시^{Free city}가 되면서 더 이상 분쟁이 확대되지 않았다. 전쟁으로 발전할 만큼 심각한 도전은 확정된 국경선이 없던 러시아와의 갈등이었다. 폴란드는 러시아가 혁명으로 혼란한 틈을 타 우크라이나

---

* 이 신대통령제는 미국형 대통령제를 모방하였다고는 하나 이를 변형하여 수용한 경우로 국가원수와 집행부 수반을 겸한 대통령이 입법부와 사법부에 대하여 월등하게 우월한 지위를 차지하고 있다. 그런 까닭에 타 국가기관이 대통령의 헌법상 또는 사실상의 권력독점에 대항하거나 그 권력행사를 유효하게 견제할 수 없다. (권영성, 헌법학 원론, 법문사, 1988, 790)

를 끌어들여 영토 확대를 꾀했다. 여기서 폴란드가 기적적으로 승리했다. 이 승리는 그동안 러시아의 압제에 눌려 살았던 폴란드 국민의 자긍심을 크게 북돋아주었다.

위세 높던 러시아가 피우수츠키의 일격에 거의 400킬로미터 이상 패주했다. 이 전쟁의 꽃은 바르샤바 전투였다. 양군 10만 명이 싸운 2일간의 전투에서 볼셰비키 적군은 10만 명 중 전사상자 2만여 명에 포로 6만 5천 명이라는 참패를 했다. 이를 영화화 한 것이 「1920년 바르샤바 전투」이며, 2011년에 폴란드가 만들었다.

이 전쟁의 실패에 대해 당시 러시아 소비에트를 이끌던 트로츠키는 그의 자서전[5]에서 '전략적 오산'이 있었다고 말했다. 그 전략적 오산이란 총사령관 트로츠키가 측방이 노출되는 것을 막기 위해 스탈린의 남방군에게 북상할 것을 지시했지만, 명령이 이행되지 않은 데 있었다. 스탈린은 폴란드 남부의 르부프Lwów에 화려하게 입성하는데 마음이 쏠려 군대를 빼지 않았고 결과적으로 그것이 패전으로 연결됐다는 것이다.

모스크바는 논란 끝에 강화조약을 체결키로 하고 피우수츠키에게 오늘날의 우크라이나, 벨라루스 땅을 양보했다. 어쨌든 폴란드는 소비에트 적군과 리가Riga 조약을 맺어 동부 국경선을 확정하니 폴란드는 면적 39만 km²에 인구 2천7백 만의 나라가 되었다. 그러나 인구의 1/3은 폴란드인이 아닌 소수민족이었다. 이때의 영웅 피우수츠키는 공산정권 시절 잠시 격하되기도 했

---

5   L. 트로츠키/박광순 옮김, 트로츠키의 자서전 『나의 생애(하)』, 242-244쪽

피우수츠키와 그의 군대

지만, 현재는 신생 독립국을 성공적으로 이끈 지도자로 재평가되면서 폴란드인들의 사랑을 받고 있다.

폴란드 친구들에게 피우수츠키의 소비에트 적군에 대한 승리(1920년)와 소련의 1939년 폴란드 분할 점령이 관계가 있느냐고 물었다. 폴란드 친구들은 관계가 있다고 대답했다.

피우수츠키의 승리는 공산주의 소비에트 국가를 건설하려던 레닌과 트로츠키에게 타격을 가했다. 이들만이 아니었다. 스탈린도 크게 상처를 입었다. 그는 자신의 실책으로 전쟁에 패하면서 내부의 비판과 비난을 받게 되었다. 그때의 기억이 콤플렉스로 작용해 스탈린은 집권 이후 내내 폴란드를 의식했다. 그리고는 폴란드에 앙갚음을 했다. 스탈린에게 있어 주적은 독일이 아니라 폴란드였다. 나중에 히틀러와 독소 불가침조약을 맺고 폴란드 영토를 분할하기로 한 것도 그의 영토 회복 의지에 따른 것이었다. 나중에 독일과 합의한 점령선도 실은 그가 회복하고자 하는 소비에트 국경선이었다.

제2차 세계대전과 대독소對獨蘇 항쟁(1939~1945)

제1차 세계대전의 결과에 가장 분노하며 절치부심했던 나라는 독일이었다. 독일은 러시아로부터 뺏은 땅 전부를 신생국가 폴란드에 주어야 했고 폴란드가 바다로 향하는 출구를 가지면서 독일 땅은 양단되었다. 그렇지만 독일은 베르사이유 체제의 제재를 받고 있었으므로 어쨌든 유럽에는 불안한 평화가 유지되었다.

그러나 평화의 기간은 오래가지 않았다. 신생국 폴란드에 바람직하지 않은 정세가 1930년대 유럽에 조성되기 시작한 것이다. 그 주역은 다름 아닌 소련과 독일이었다. 폴란드가 그럭저럭 나라를 이끌어가는 동안 소련은 일국 사회주의 건설을 내세워 강대국이 되었고 서쪽의 독일도 그에 못지 않는 군사대국화의 길로 갔다.

독일이 먼저 폴란드에 불가침조약을 제의했다. 마침 프랑스에 실망하고 있던 폴란드는 독일과 불가침조약을 체결한데 이어 소련과도 불가침조약을 맺었다. 소련이 폴란드와 불가침조약을 맺은 이유는 1917년 볼세비키 혁명 이후 동유럽으로의 공산혁명 수출과 적군^{赤軍}의 진출이 모두 거부당했기 때문이었다. 그렇지만 독일 및 소련과의 불가침조약은 임시적이었다. 이것만으로 폴란드는 안심할 수 없었고 피우수츠키 역시 이를 잘 간파하고 있었다.

폴란드는 사자 같은 피우수츠키가 집권할 때는 이웃 강대국들이 쉽게 넘보지 못했다. 그렇지만 객관적인 전력에서 보면 다른 나라에 비해 경제, 군사적으로 약했다. 독일과 함께 추축국으로서 어깨를 나란히 한 이탈리아가 약체였던 것과 같다.

폴란드는 소련 및 독일과 불가침조약을 유지했으나 독일이 뮌헨 평화회담을 어기고 체코를 점령하자, 영국, 프랑스와 손잡는 쪽으로 방향을 급선회했다. 뒤늦게 영국과 프랑스는 히틀러의 침략의사를 직시하게 되었고 이를 막고자 한때 경원시했던 소련을 끌어들여 독일의 팽창을 막아보고자 했다. 그래서 소련에 동맹을 제의했다. 당연히 소련이 응해 오리라고 믿었지만, 스탈린의 생각은 달랐다. 그는 싸움에 말려들기보다 독소관계 개선으로 전쟁을 피하는 게 더 바람직하다고 생각해 영국, 프랑스 대신 히틀러와 손잡

앞다. 히틀러는 그대로 소련과 불가침조약을 맺으면 폴란드를 침공하더라도 영국과의 교전을 막아 주리라 믿었다.

사전 정지작업이 끝난 독일은 전쟁의 구실로 자유도시 단치히와 독일 본토를 잇는 회랑을 요구했다. 폴란드는 이를 거절하고 전쟁 불사의 각오로 영국과 공수동맹을 체결했다. 이로써 폴란드와 독일 간의 위태로운 평화는 깨졌고, 독일은 이해가 맞아떨어진 소련과 독소불가침조약과 폴란드 분할을 예정한 비밀의정서를 체결했다. 히틀러는 대(對)폴란드 공격의 협조자를 구한 셈이 되었고, 스탈린은 독일과의 힘든 전쟁을 피하면서 폴란드로부터 영토를 되찾게 되어 기뻐했다.

1939년 9월 1일, 친선 방문한 독일전함 홀슈타인이 느닷없이 단찌히의 폴란드 수비군 진지 베스테르플라테Westerplatte를 포격했다. 이로써, 독일과 폴란드간 전쟁, 아니 동시에 영국과 프랑스가 독일에 선전 포고함으로써 제2차 세계대전이 일어났다. 이어 9월 17일에는 폴란드의 절반 땅으로 소련군이 밀고 들어오기 시작했다.[6] 9월 19일이 되자 바르샤바를 제외한 전역이 독·소 양군에게 점령당했다. 그런데 폴란드 군이 포위되어 협살(挾殺)되는 동안 영국과 프랑스는 동맹국임에도 군사지원을 하지 않는 기현상을 보였다. 애당초 영국이 공수동맹 체결로 독일을 막을 수 있으리라 믿고 군사와 무기를 보내는 것까지 고려하지 않았기 때문이었다.

그렇지만 폴란드는 다른 나라의 도움 없이 해안 수비대가 분전하고, 바르

---

6 L. 트로츠키/박광순 옮김, 트로츠키의 자서전 『나의 생애(하)』, 242-244쪽

샤바에서 자체적으로 방어전을 전개했으며, 기병대가 출몰하며 기습 공격하는 등 만만찮은 힘을 발휘했다. 그러나 400대의 독일군 폭격기가 바르샤바와 대도시에 폭탄을 투하하는 무자비한 공격을 강화하자, 힘에 부친 폴란드군은 항복했다. 항복 직후인 9월 28일에 히틀러와 스탈린은 폴란드를 나레프Narew 강에서 부그Bug강-산San강으로 이어지는 선에서 땅을 분할하는 내용으로 비밀 불가침조약을 개정했다.

1930년대 폴란드군

독일은 폴란드 점령을 끝내자 폴란드의 서쪽 지역을 '편입된 동방지역'이라며 자국 영토로 편입하고, 동쪽 지역은 독일의 주변부로서 총독 관할로 군정통치를 했다. 그리고는 폴란드인의 반항을 제압하기 위한 엘리트 제거, 전쟁 수행에 필요한 물자와 인력 동원, 유대인 말살을 본격 자행했다. 소련의 스탈린도 이에 질세라 폴란드군 포로 2만여 명을 처형하라고 지시했다. 그 시대 유대인 박해와 관련된 영화로는 2003년에 개봉한 유대계 폴란드인 감독 로만 폴란스키가 만든 「피아니스트」다.

• 1939년 통계에 의하면, 폴란드내 유대인이 전체 인구의 13%에 해당하는 350만명이 살고 있었고 수도 바르샤바에만 33만명이 살고 있었다.

전 세계를 충격에 빠트린 공산주의 소련과 극우 나치스 독일과의 밀월관계는 오래가지 않았다. 1941년 6월 22일에 히틀러는 폴란드를 발판 삼아 소련으로 쳐들어갔다. 소련은 독일의 공격을 예상하지 못한 나머지 초전에 전전선이 붕괴되었다. 스탈린은 기본적으로 독일과의 힘든 전쟁을 피하려고 서방의 동맹제의도 뿌리쳤고 심지어 독일에 전쟁물자까지 공급해가면서 독일과 우호관계를 유지하던 중이었다. 그런데 왜 독일은 소련을 쳤을까?" 스탈린이 받은 충격은 컸다.

나중에 정신을 차린 스탈린은 폴란드에 대한 외교 전략을 극적으로 수정했다. 폴란드의 위상을 중요시하고 서둘러 영국에 망명중이던 폴란드 정부와 외교관계를 맺었다. 그때가 1941년 7월 30일이었다. 적의 적은 친구라는 오랜 격언에 따른 것이었다. 그리고 망명정부와 합의 하에 독일군의 빠른 진격을 막고자 소련에 포로로 있던 폴란드군의 재편성도 허용했다. 그리하여 이들 폴란드군 7만 5천 명은 중동에 가서 독일군과 싸웠다.

그러나 이러한 협조관계는 1943년 4월 13일 카틴^{Katyn} 숲에서 발견된 폴란드군 장교 암매장 시신으로 인해 산산이 깨져버렸다. 소련 깊숙이 진격한 독일군이 스몰렌스크 인근 카틴 숲에서 머리에 총을 맞아 사망한 4,500여명의 폴란드군 장교 시신을 발굴하고 이를 만 천하에 공개한 것이다. 사태는 급변했다. 독일은 소련에게 학살 책임이 있다고 비난했고, 런던의 폴란드 망명정부 수반 시코르스키^{Sikorski} 장군은 스탈린을 만나 실종된 폴란드군 장교 명단을 보이며 항의했다. 스탈린은 모든 행위를 부인했다. 이에 시코르스키 장군은 국제적십자측에 카틴 학살 조사를 요청했는데, 격분한 스탈린은 폴

독일군의 바르샤바 행진(1939.10.5)

● 1941년 6월 22일 히틀러의 독일군대가 소련을 침공하기 129년 전
1812년 6월 23일 프랑스 척후대가 니에멘(Niemen) 강을 건넜고
다음날 나폴레옹의 대군이 진격했다. 이때도 러시아 공격의 시발
점은 폴란드에서 이루어졌다.

●● 영국, 프랑스, 폴란드는 소련을 끌어들이면 히틀러를 견제할 수 있
으리라 생각했으나, 스탈린은 독소관계 개선이 서방국가들과의 동
맹보다 유리하다고 생각했다. 영국, 프랑스와의 동맹관계는 소련
이 독일과의 힘든 전쟁을 감당해야 할 부담이 있었기 때문이다. 스
탈린은 다가오는 대전에 소련이 휘말리는 것을 전혀 바라지 않았
다. 그는 독소 무역에 관한 협정을 맺어 원자재 등 러시아 물자들
을 독일의 전쟁 사업에 이바지하도록 제공하여 독일을 달래는데
주력했다. 히틀러는 소련과의 불가침조약이 영국과의 교전을 막아
주고 영국과 폴란드의 관계에서도 쐐기를 박을 것으로 보았다. 그
러나 이 예측은 모두 빗나갔다. John Lucas, 이종인 역, 「히틀러
와 스탈린의 선택, 1941년 6월」, 도서출판 책과 함께, 2006.

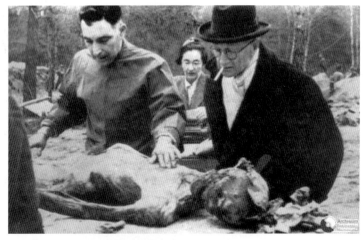

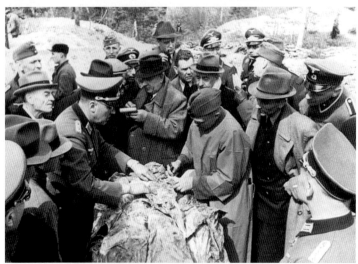

소련의 스탈린이 저지른 카틴 숲 폴란드군 장교 포로
살해 암매장 사건

란드 정부가 히틀러와 공모했다고 비난하면서 외교관계를 단절시켜버렸다.

부와디스와프 시코르스키 장군

나중에 드러난 일이지만, 이는 소련이 저지른 일이었다. 카틴 숲 사건에 대해서 1990년 4월 13일에 당시 공산당 서기장이었던 고르바초프는 구소련의 범죄라고 인정하면서 공식적으로 사과했다. 그리고 그것이 악질적인 스탈린주의자들에 의해 저질러진 것이라며 비난했다. 제2차 세계대전 기간 동안 스탈린은 이를 극구 부인하면서 도리어 이를 항의하던 폴란드 지도자들을 공격하는 뻔뻔함을 보인 바 있다. 2004년 말 크바시니에프스키 폴란드 대통령이 러시아를 방문했으나, 푸틴은 이 사건과 관련된 근거서류의 인계를 거부했다. 아직까지 러시아 측은 강제노역자 보상 문제나 문화재 반환에 대해서도 카틴 학살 사건처럼 소극적이거나 기피하는 태도로 일관해 오고 있다.

이에 따라 폴란드 국민들의 분노가 가라앉지 않고 있으며, 마침내 이 사건을 고발하는 영화를 만들었다. 폴란드 스스로 2007년 소련의 포로에 대한 비인도적인 처사를 고발하기 위해 「KATYN」을 제작, 상영한다고 밝혔다.

[•] 위키피디아에 따르면, 카틴숲 학살사건의 희생자수는 21,768명이며, 이들 중에는 현역 장성과 영관급, 위관급 장교들이 있었다. 놀라운 사실은 은퇴한 예비역 장성까지 끌고가 죽였다는 점이다. 그 외에도 대학교수, 언론인, 지주, 관리, 조종사, 엔지니어가 희생자 중에 있었고 70세 이상 고령자도 있었다.

히틀러가 집권했을 때 만약 피우수츠키가 독일과 동맹을 맺어 타협했다면 어땠을까? 프랑스마저 독일에 항복하고 타협했다. 폴란드는 왜 그렇게 할 수 없었나?

1930년대 상황과 제2차 세계대전에 대한 폴란드 사람의 생각이 궁금해 그들의 의견을 들어봤다.

"프랑스와는 상황이나 여건이 달랐다. 슬라브 민족으로서 독일과 손잡기
　어렵다."

자칫 체코처럼 독일의 앞잡이로 비난받을 수 있기 때문인 듯 했다. 다른 한 사람은 유대인 시민권자 문제를 제기했다.

"폴란드나 러시아에는 유대인들이 그 어느 나라보다 많고 이들이 사회에
　서 큰 역할과 공헌을 했다. 그런데 어떻게 이들을 팔 수 있으며 도외시할
　수 있는가?"

나는 소수(유대인)보다 다수(폴란드 사람)를 택해야 한다는 점 그리고 어차피 유대인 박해를 피할 수 없는 상황이라면 폴란드만이라도 자구책을 구해야 하지 않는가 하고 반문했으나 폴란드 동료들은 동의하지 않았다.

러시아를 싫어하면서도 슬라브 민족으로서 범슬라브를 지향하고 독일의 경제적 유리점을 인식하면서도 독일보다는 유대인에 우호적임을 알 수 있었다. 독일은 양면전쟁을 피하는 게 전략적이라고 보았으나, 이 나라는 양쪽과 동시에 갈등하는 위험을 감수했다.

소련의 점령과 공산화(1943~1945)

스탈린은 독일군을 몰아낸 폴란드 땅에 친소親蘇 공산주의자를 심는 데 전념하면서 런던에 있던 폴란드 망명정부(1943년 7월 시코르스키 장군이 비행기 사고로 죽고 미콜라이칙Stanisław Mikolajczyk이 수반이 되었다)에 대해서는 거부하는 태도로 일관했다. 단지 미·영과의 협상을 위한 카드로만 활용했다. 스탈린은 1943년 12월의 테헤란 회담에서도 폴란드 망명정부를 인정하지 않고 그 대표성을 부인하는데 주력했다. 이후에도 스탈린은 줄곧 런던의 폴란드 망명정부 인사들을 배척하고 대신 폴란드 내에 친소파親蘇派를 만드는 데 박차를 가했다.

테헤란 회담이 끝난 지 한 달 뒤인 1943년 12월 31일 스탈린은 폴란드 노동자당으로 하여금 전全민족국내위원회KRN를 만들도록 지시했다. 코민테른 상임위원인 비에루트Bolesław Bierut가 그 책임자가 되었다. 그리고 1944년 6월에는 폴란드 민족해방위원회가 소련의 보호 아래 동부 접경도시 헤움Chełm에서 결성되었다. 며칠 뒤 이 위원회는 보다 서쪽의 큰 도시 루블린Lublin으로 옮겨졌다. 그리고 소련군이 유럽으로 진격해나갈수록 스탈린의 정치적 힘은 이 지역에서 나날이 커져 갔다. 소련군이 7월 23일에 루블린을 점령하자, 루블린 위원회는 자신들이 폴란드 내 유일한 법적 행정권을 가진 조직이라고 선언했다. 이 위원회는 소련군의 보호 아래 세력을 확대했다. 이러한 시기에 망명정부측은 자체적으로 바르샤바를 해방하기 위한 무장봉기를 일으켰다.

1944년 8월 1일이 시발점이었다. 바르샤바에서는 매일 같이 독일 점령군을 몰아내기 위한 시가전이 벌어졌다. 처음 이 봉기는 여러 가지 성공의 전망을 안고 시작되었다. 소련군이 비스와강 건너편에 와 있었고 영국으로부터 무기가 공수되어 왔다. 독일군이 궁지에 몰릴 만 했다. 하지만 강 건너편까지 온 소련군이 협조해주지 않았다. 그러자 연합군내 균열을 감지한 독일은 지원군까지 데려와 지하 레지스탕스에 대해 맹공을 퍼부었다. 강 건너편의 소련군이 도와주지 않은 이유는 장차 폴란드를 적화하는데 방해가 될 반공세력을 도와줄 이유가 없다는 것이었다.

봉기는 실패로 끝났고 독일군은 이에 대한 보복으로 폴란드의 귀중한 문화유산을 잿더미로 만들었다. 왕궁과 구시가지, 대학, 성당 등이 차례차례 폭파되었다. 20만 명에 이르는 바르샤바 시민들이 죽었고, 용전했던 국내군은 항복했다. 바르샤바는 1939년에 수도를 사수하고자 치른 전투에서 도시 상당 부분이 파괴됐는데, 1943년에 일어난 바르샤바 게토 유대인 항쟁으로 또 부서졌고 1944년 종전을 앞둔 바르샤바 봉기로 또 다시 잿더미가 되고 말았다.

폴란드 망명정부에 의한 바르샤바 봉기는 파리 해방보다 일찍 시작한 투쟁임에도 파리가 먼저 해방되고 바르샤바는 초토화됐다. 그 이유는 프랑스에서는 레지스탕스가 봉기하자 아이젠하워 장군이 바로 응원하도록 지시했고 독일군사령관도 일찌감치 항복했던데 반해 바르샤바는 그렇지 않았기 때문이다. 바르샤바에서는 소련군과 공산주의자들이 국내군의 봉기를 돕지 않았고 독일군도 항복하지 않았다. 항복하기는커녕 지원군을 받아가면서까지 히틀러의 도시파괴 명령을 철저히 이행했다. 그리고 냉전의 바람이 작용했다. 소련은 연합군의 활주로 이용을 거부하고 우익계열 인사를 제거하는 등

1943년의 바르샤바 게토 봉기와 1944년의
바르샤바 국내군 봉기

바르샤바 봉기 기념 조형물

노골적으로 방해했다.

　이런 사정이 있었기 때문에 공산정권 시절에는 바르샤바 봉기가 철저히 터부시 되어 거론 자체가 금지됐다. 그러다가 공산정권이 무너진 1989년에야 기념조형물이 생기고 공식 기념식을 진행하는 등 빛을 보게 되었다.

　처칠은 1944년 10월에 만난 루블린의 공산주의자들에 대해 '러시아의 앞잡이'라고 비난했는데, 바로 이들이 폴란드 국민의 뜻과 무관하게 나라를 공산화하고 자국을 소련의 위성국으로 전락시켰다. 바웬사는 이들에 대해 다음과 같이 말했다.

소련의 체험과 관념을 그대로 받아들인 공산세력이 생겨나게 되었다. 그들은 국가를 변화시키기 위해 가장 뿌리 깊은 전통을 송두리째 뽑아버리고 남부 유럽과의 문화적 유대관계를 깨뜨리는가 하면 종교를 말살해버리는 등 폴란드인의 민족성을 바꾸기 위해 마구 덤벼들었다. 전쟁이 끝난 후 국가재건사업이 펼쳐졌을 때 진행과정이 더 어려워지고 더 복잡해진 이유도 바로 거기에 있었다.[7]

스탈린은 "폴란드에서 세워지는 정부는 반드시 친소親蘇적이어야 한다." 고 주장하면서 루블린 위원회를 폴란드 정부의 주도세력으로 만들어나갔다. 그러더니 마침내 1945년 1월 5일에 소련은 루블린 위원회를 폴란드의 임시정부로 승인했다.

소련군의 독일 동부전선에서의 약진과 동유럽 해방 그리고 소련의 동유럽 공산화 작업이 가속화되자 소련의 발언권과 협상력은 나날이 높아졌고 미국과 영국은 현실을 인정하는 쪽으로 기울어졌다. 더 중요한 사실은 이미 소련군이 폴란드를 점령하고 공산주의 앞잡이를 내세워 나라를 적화시키고 있었다는 점이다. 이에 반해 서방 진영의 손길은 저만치 멀리 있었다. 결국 서유럽에 있으려고 서유럽 국가들과 동맹을 맺고 맞서 싸웠던 폴란드는 자신들의 희망과 정반대로 독일의 무조건 항복(1945. 5. 8) 이후 소련의 지배하에 있게 되었다. 이를 두고 폴란드의 망명정부 수반 미콜라이칙Stanisław Mikolajczyk은 『폴란드의 강탈The Rape of Poland』이라는 책을 내어 서유럽의 양심과

7 바웬사, 『희망의 길』, 1988, 19쪽

배신을 질타했다.[8]

안제이 바이다 감독의 영화 「재와 다이아몬드」에서 주인공이 한 말 '폴란드는 자유를 위해 싸웠지. 하지만 이런 건 우리가 원하던 자유가 아냐'가 폴란드 국민의 좌절을 잘 보여준다.

서방 연합국들은 동유럽의 가장 큰 쟁점인 국경선 확정 문제에 몰두했다. 이중 폴란드의 국경선 확정 문제는 스탈린의 집요한 주장에 따랐다. 스탈린은 독소불가침 조약에서 히틀러와 합의한 선을 폴란드와 소련 사이 국경선으로 해야 한다고 주장했다. 서방 연합국으로서는 소련의 동부전선 협공과 전쟁 기간 흘린 피의 대가를 무시할 수 없었다. 결국 테헤란회담, 얄타회담, 포츠담회담을 통해 미·영·소 정상들은 폴란드 망명정부의 강력한 반발에도 불구하고 현재의 국경선과 소련의 세력범위에 합의했다.

* 러시아는 안보를 위한 '완충지대 확보'를 중시한다. 과거 몽골, 폴란드, 스웨덴, 프랑스, 독일로부터 침공받은 적이 있는 만큼 인접국을 완충지대로 삼으려는 것이다. 완충지대는 중요한 개념으로 현재 주변 CIS 국가들이 완충지역 역할을 한다. 러시아가 이들 나라들의 동향에 민감한 반응을 보이는 이유다.

** 러시아는 독일이 항복한 5월 9일을 '위대한 조국전쟁'으로 부르며 전국민적 승전기념일로 행사하며, 러시아의 희생으로 전 세계의 평화를 달성했다고 주장하고 있다. 2차대전 기간 총 2,700만명이 희생되었는데, 이중 군인이 900만명, 민간인이 1,800만명이 죽었다. 거의 모든 가정에 전쟁으로 인한 유고자가 있었다고 한다.

---

8 Stanisław Mikolajczyk, The Rape of Poland: Pattern of Soviet Aggression, Whittlesey house New York, 1948

1945년 알타회담과(위) 포츠담 회담

대신 폴란드-독일 국경선이 서쪽으로 이동되었다. 이전까지 독일령이었던 동東프로이센 지역Ebling(엘블롱Elbląg)은 폴란드 땅으로, 쾨니히스베르크 Königsberg(러시아명 Kaliningrad)는 러시아 영토가 되었다. 독일령 포메라니아의 Stettin(폴란드명 슈체친, Szczecin), Köslin(폴란드명 Koszalin)은 폴란드 영토가 되었다. 또 베를린 동쪽 브란덴부르크 땅 일부도 폴란드 영토가 되었다. 마지막으로 오데르강 주변의 상부, 하부 실레지아 Breslau(폴란드명 브로추와 프Wrocław), Liegnitz(폴란드명 Legnica), Oppeln(폴란드명 Opole), Gleiwitz(폴란드명 Gliwice)가 폴란드 땅이 되었다. 이에 따라 폴란드 지역에 있던 독일인 1,100만 명이 현재의 독일 영토로 쫓겨 갔고, 우크라이나, 벨라루스에 있던 폴란드인들은 독일인을 쫓아낸 자리로 이주했다. 슈체친Szczecin은 이주민들로 이루어진 도시다. 제2차 세계대전 후 새로 영토에 포함됨으로써 동쪽의 뺏긴 영토에 살던 사람을 여기로 이주시켰다.

공산정권과 자유노조운동(1945~1989)

1944년 7월에 폴란드 노동당은 사회주의당을 흡수하여 '폴란드 통일노동자당'을 결성하고 소련에 추종하는 폴란드 인민공화국 정부를 수립했다. 폴란드 공산정부의 첫 수반은 비에루트였다. 그는 1952년에 소련 헌법을 채택하고 스탈린을 모델로 한 정치를 실시했다. 중공업과 농업 집단화를 중심으로 하여 경제 정책의 가닥을 잡았으며, 소련군 원수를 폴란드군 최고사령관에 임명해 국방 체계를 갖추었다. 국외적으로는 바르샤바 조약에 가입하고 국내에서는 비밀경찰 통치를 했다.

다음으로 등장한 고무우카Gomułka는 한때 농업 집단화 정책에 반대해 실각했으나 1956년에 비에루트가 갑작스럽게 죽자 다시 제1서기로 복직했다. 1956년에 포즈난 폭동이 일어났는데, 이 사건을 계기로 소련과의 종속적 관계를 정리하는 수완을 발휘해 국민들로부터 인기를 회복했다. 이때가 되어 소련군 장성 등 대부분의 소련 장교들이 폴란드를 떠났고 정치적 테러가 상당하게 줄었으며 강제 농업 집단화가 중지되었다. 비신스키Stefan Wyszyński 주교가 석방되는 등 종교적인 분야에서 양보가 이어지고 보다 자유로운 여행과 서방과의 접촉이 허용되었다. 그는 1970년에 서독과 오데르-나이세 국경선을 인정하는 협정에 서명함으로써 외교정책에서도 성공을 기록했다.

그러나 실정도 있었다. 1968년에 일어난 체코 '프라하의 봄' 때 소련에 협조해 진압군대를 보냈고 수천 명의 유대인들이 나라를 떠난 반反유대인 운동에 관계했다. 그리하여 10년이 안 되어 경제개혁은 부진해졌고 종교의 자유가 억압되었다. 결국 고무우카는 1970년 12월에 실질임금 하락에 항의하는 대규모 노동자 시위가 발생하자 곧 실각하고 말았다. 그 대신 경제재건을 약속한 기에레크Gierek가 당 제 1서기가 되었다. 그는 유럽의 일본이 되겠다는 야심찬 계획을 가지고 집권했다.

기에레크는 서방의 자본과 기술로 공업화한다는 계획을 가지고 대외투자 유치에 나서면서 국민을 달래고자 해외동포의 방문 및 서신교환을 허용하는 등 전향적인 정책을 폈다. 그러나 집권 초기인 1971년에 이미 파업이 일어나는 등 나라 정세는 그에게 많은 시간을 주지 않았다. 1976년에 경제운영에 실패한 정부가 식료품 가격을 인상했는데, 국민들은 '못 살겠다'며 라돔Radom

과 우르수스Ursus의 노동자를 중심으로 대규모 시위
와 파업을 일으켰다. 민심이반이 가속되었다. 결국
그의 경제개혁정책은 1970년대 후반에 실시한 무리
한 중공업정책으로 인한 외채 증가와 소비재 산업의
낙후로 실패하고 말았다. 기에레크는 1980년 7월
육류가격 인상에 항의하는 노동자들의 파업을 계기
로 마침내 권좌에서 물러났다.

기에레크

　　폴란드에 서광을 비춘 것은 국민의 전폭적 지지
를 받은 교황 요한 바오로 2세의 등장과 바웬사를 중심으로 한 그단스크의
자유노조운동이었다. 교황 요한 바오로 2세는 1979년에 처음으로 자신의 모
국을 방문하여 폴란드 역사상 가장 많은 군중이 운집한 가운데 사복식을 거

식품류 가격 상승 항의 시위

행했다. 이 때 교황은 화합의 정신을 제시했는데, 이에 고무된 폴란드 국민들이 자유연대를 결성함으로써 공산주의 시대에 새로운 전기를 마련했다.

그러나 1981년에 큰 위기가 왔다. 국내적으로는 국가 부도의 상황과 사회적 혁명의 조짐이 있었고, 대외적으로는 소련군의 침공 위협에 직면했다. 그리하여 그 해 11월, 야루젤스키 장군이 비상계엄령을 선포하고 자유노조를 불법화한 데 이어 바웬사 등을 구금했다. 그리고는 곧장 바깥 세계로 통하는 문을 닫아걸었다. 1983년 6월 교황이 폴란드를 방문하면서 계엄령은 해제되었으나, 강압정치는 계속되고 경제난은 해소되지 않았다.

자유민주 시장경제국가로 체제전환(1989)

인플레와 소비재 부족 등으로 사회 불만이 커지고 자유노조를 중심으로 파업이 잇따르자, 1989년 2월 6일부터 4월 5일까지 지금의 대통령 관저에서 집권 공산정부와 재야 민주세력 간 원탁회의가 열렸다. 회의가 열리게 된 것은 국민의 마음이 완전히 떠나 자유노조의 협조나 지지 없이는 집권 공산정부가 할 수 있는 일이 없었기 때문이었다. 회의는 순조롭게 진행되어 무혈 명예혁명이라고 할 만큼 좋은 합의가 이루어졌다. 이 합의는 「국민화해협정」이라는 이름으로 1989년 4월 7일 발표되었다.

주요 내용은 민주화였다. 의회의 분신으로서 최고통수권자 권한을 행사하던 국가평의회를 폐지하고 대신 대통령직을 신설하였다. 의회를 양원제로 개편하고 자유선거를 실시해 의원을 뽑기로 하였다. 참정권, 정치단체 합법화, 사법부 독립, 언론의 자유를 보장하였다. 이제 정부에 대한 의회의 반

1 교황과 야루젤스키
2 1988년 바웬사와 자유노조원들

1989년 원탁회의의 바웬사

대가 합법적으로 가능해진 민주주의 시스템으로 바뀌었다.

1989년 4월 7일 원탁회의로 만들어진 정치체제는 대통령제와 내각책임제가 혼합된 이원집정부제였다. 대통령은 임기 5년의 직선으로 뽑히며 권한은 외교, 국방에 관한 최고책임자, 내각총리 지명권, 의회해산권, 법률안 거부권, 비상사태 선포권을 가졌다. 총리는 대통령의 지명을 받아 임명되고 내각은 다수당의 지지를 얻어 조각하였다.

원탁회의 합의대로 헌법이 개정되었고 1990년 1월 1일 발효되었다. 헌법개정의 주 내용은 국호를 인민공화국에서 공화국으로, 공산당 일당지배 및 사회주의 국가조항의 폐기, 대소련 우호관계조항 삭제, 민주주의 기본권과 자유경제조항 신설 등이었다.

1990년 1월 27일 폴란드를 40여 년간 통치해온 통일노동자당, 소위 공산당은 국민들의 지지 하락을 시인하며 해체를 결정하였다. 대체정당으로서 사회민주주의당을 창당하고 국가간섭 및 사회적 책임 요소가 가미된 시장경제 노선을 채택하였다. 1990년 10월 야루젤스키 대통령이 물러나고 바웬사가 민주정부의 초대 대통령으로 선출되었다.

1992년 8월 1일 소小헌법 개정안을 통과시켜 그간 논란이 되었던 의회와 대통령 사이의 권한관계를 명확히 하였다. 대통령은 총리 임명권과 총리의 제청에 의한 내각 구성 승인권을 갖고 총리는 내무, 국방, 외무장관 선임시 의무적으로 대통령과 사전 협의를 하도록 하였다. 하원은 여전히 내각 인준 권을 갖되 4회 연속 내각 인준을 부결할 경우 대통령은 의회의 해산을 명할 수 있고 6개월 한시 내각을 구성할 수 있도록 했다. 대통령에게 최고사령관 및 군 장성 임명권 등 군 인사권을 주었다.

발체로비치의 급진 경제개혁(1990)

민주정부가 들어선 폴란드에서 가장 시급히 해결해야 할 과제는 경제문 제였다. 이 때 해결사로 등장한 사람이 바로 바르샤바경제대학 교수였다가 비공산정부의 부총리 겸 재무부장관으로 임명된 발체로비치Balcerowicz였다.

그는 미국, 영국에서 시장경제와 경제체제 전환 이론을 배운 학자로서 일 찌감치 '공산정권 하에서 또 정치적인 간섭을 허용하는 조건하에서는 어떠한 개혁도 성공할 수 없다.'는 신념을 가지고 있었다. 그래서 그는 정치로부터 간섭받지 않는다는 조건으로 입각했다.

그의 개혁 구상은 비공산정부(자유민주정부)에서 개혁을 추진해야 한다는 점, 단번의 자유화로 각종 통제를 한꺼번에 풀겠다는 점, 개혁이 가혹하더라 도 인기에 영합해 후퇴하지 않겠다는 점 등이 핵심이었다. 그래서 그의 경제 개혁은 자신의 이름을 따 발체로비치 경제개혁 혹은 급진 경제개혁, 일명 충 격요법Shock therapy으로 불린다.

발체로비치가 박정희 대통령의 한국 근대화 사례를 연구했다는 사실을 아는 이는 많지 않다. 그가 참고하려 한 박정희 대통령의 경제 전략도 실은

'라인강의 기적'을 일으킨 서독 재무상 에르하르트에서 왔다. 한강의 기적이라고 하는 우리나라의 경제성장 신화도 라인강의 기적이라는 말에서 유래된 것이다. 박정희 전 대통령과 발체로비치가 참고한 에르하르트의 경제개혁은 폴란드의 경제체제 전환을 이해하는데 큰 도움이 되므로 잠깐 소개한다.

에르하르트는 1948년 4월 미·영 점령지역의 경제국장(나중에 서독 재무상)으로 발탁되었다. 그는 전시 통제경제를 철폐하고 화폐개혁의 뜻을 밝혔다. 그리고는 1948년 6월 20일 초인플레로 기능이 마비된 화폐를 새 화폐로 바꾸었는데, 놀랍게도 에르하르트는 새로 만든 마르크화를 분배하기 전날 가격 및 경제 통제조치들을 모두 철폐시키는 깜짝 조치를 취했다. 이 조치의 놀라운 효과에 대해 프랑스 경제학자 뤼프J. Rueff는 이렇게 말했다.

"천지가 개벽했다. 암시장이 갑자기 사라졌다. 가게의 진열장에는 상품들로 가득 찼고 공장의 굴뚝에서는 연기가 났으며 길거리에도 화물차들이 내달렸다. 폐허의 고요함은 사라지고 곳곳에서 건설현장의 요란한 소리가 들렸다."

시장경제체제의 도입이야말로 독일에게 '일어나 걸어라!' 라고 하는 복음福音이나 다름없었다. 발체로비치는 바로 이와 같은 장면을 꿈꾸고 급진 경제 자유화를 실시했다.

당시 폴란드 경제는 무너지기 직전의 상황으로 통제불능의 마비 상황이었다. 1970년대 외채가 있는데다 돈 빌릴 수 있는 대외 신용이 없다 보니 특별한 조치나 지원 없이는 경제를 향상시킬 방법이 없었다. 그래서 그는 국제사회의 권고에 따라 긴축 프로그램을 도입하고 내부적으로 허리띠를 졸라매는 급진 경제개혁을 실시했다.

개혁의 핵심은 통제 철폐, 즉 자유화였다. 가격 자
유화, 물건거래 자유화, 수출입 자유화, 외환거래 자
유화, 생산 자유화였다. 이러한 자유화의 궁극적인
목표는 천정부지로 치솟던 물가 상승을 막고 또 물자
난을 해소함으로써 나라의 부도 상태를 하루라도 빨
리 끝내는 데 있었다.

경제개혁의 설계자, 발체로비치

정부 조직도 개편했다. 지금까지 계획경제의 핵심
역할을 하던 가격 결정국을 폐지하고 일부 국영 품목
의 가격을 제외한 모든 상품, 서비스의 거래를 자유
화시켰다.

자유화는 1990년 1월 1일을 기해 전격적으로 실
시되었고 예상대로 이 나라는 충격적인 변화를 겪었
다. 물건을 구하러 서 있던 줄이 사라지고 수요와 공
급이 맞물리면서 시장경제가 활기를 되찾았다. 경제
정책적으로 말하면, 정부지출을 줄이고 화폐의 유통
을 통제하는 등 주로 수요를 억제하는 방법으로 수
요-공급의 균형을 달성해나갔다. 공급이 원활치 못

루드빅 에르하르트

•그의 경제개혁 방법은 이론적으로 미국의 경제학자 제프리 삭스
(Jeffrey Sachs)의 경제모델에 따랐다.

한 상황에서 자유화로 상품과 서비스에 대한 수요가 폭증하면 결국 인플레로 연결되기 때문이다.

그러한 조치에도 불구하고 공급이 원활치 않고 실업이 발생하면서 인플레와 소득감소가 발생했다. 국민들은 한층 더 허리띠를 졸라매야 했고 비판여론이 들끓었다. 곳곳에 상품이 넘쳐났지만, 국민들의 주머니 사정은 나빠지기만 했다. 결국 이러한 민심 악화는 정치권을 심판하는 형태로 나타나 1990년대 이후 계속 여야를 교체하는 현상이 벌어졌다.

그런데다 수요가 정해져 있는 계획생산에서 수요를 찾는 자본주의 개방경제로 나아가면서 코메콘COMECON(공산권 경제상호원조회의)에 따라 배당된 조선, 석탄, 군수산업이 한 순간에 경쟁력을 잃고 붕괴되었다. 대규모 공장·기업소가 연이어 문을 닫았다. 어차피 닥쳐올 상황이긴 했지만, 어려울 때 적지 않은 부담을 주었다. 다행히 1990년 이후에는 무역의 3분의 2가 서유럽에서 이루어지고 그 절반이 독일과 이루어지는 등 경제 파트너가 때맞춰 교체된 덕에 안도할 수 있었다.

서유럽 선진국들은 폴란드의 체제전환을 반기면서 경제가 안정을 되찾도록 여러 가지 도움을 주었다. 가장 대표적인 조치는 대규모 외채 탕감이었다. 비록 세계에 문호를 열었지만, 폴란드는 당시까지만 해도 부실채무와 외환부족으로 국제사회와 신용거래를 할 수 없었다. 돈, 경화(달러나 유로 같이 세계 어느 곳에서나 유통 가능한 돈)가 있어야 국가 발전에 긴요한 자재나 상품, 기술을 사올 수 있다. 그런데 그런 돈을 빌려올 수 없었던 시기에 서유럽 선진국들이 외채 탕감을 해주고 안전판으로서 외환안정기금 조성을 도와주었다. 이러한 지원을 이끌어내는 데 미국의 도움이 결정적이었다.

개혁이 급진적이었던 만큼 시간이 지날수록 사회적인 저항이 많아졌고 정책 시행이 순탄치 않았다. 이 역시 발체로비치가 예상했던 것이고 에르하르트 재무상 시기 독일에서 일어났던 일이었다.

당시 서독에서는 경제자유화에 따른 시장수요가 증가하면서 물가가 상승했는데, 에르하르트는 직접 라디오 방송에 출연해 연설을 했다. 그의 연설의 요지는 통제경제로 돌아가서는 안된다는 점, 파업은 국민의 아픔과 고통을 가중시키기 때문에 안된다는 점, 물가상승은 통화량에 적응해 나가는 과정에서 생기는 자연스런 현상이라는 것을 호소했다. 그는 경제에서 인간의 심리를 매우 중요하게 보았다. 우리나라에서도 '인플레이션 심리'를 갖지 않도록 캠페인을 벌인 적이 있지만, 에르하르트는 이때 이미 국민들을 이해시키고 안심시키며 호소하고 설득하는 작업을 했었다.

폴란드도 재정적자 해소를 위한 보조금 삭감이 수혜자들의 반발을 샀고, 적자투성이의 국영기업 민영화는 실직을 우려한 종업원들의 집단적 반대에 부딪혔다. 그렇지만 개혁을 지휘한 발체로비치는 흔들리지 않았다. 지속적으로 대국민 홍보와 설득작업을 벌여 나갔다. 전담하는 조직을 두어 개혁정책을 홍보하고 그 불가피성, 고통과 인내를 요구했다. 발체로비치가 개혁에 대한 저항을 예상하고 미리 대책을 강구한 것 역시 에르하르트에게서 배운 것이었다.

에르하르트는 개혁이 성공한 뒤 결과론으로서 경제 자유화 조치가 좀 더 과감하고 광범위하게 실시되었어야 했다고 말했다. 나중에 위기가 지나자

규제를 철폐하고 자유시장의 영역을 확대시키는 일이 수많은 이익단체들의 반대에 부딪혀 제대로 추진될 수 없었기 때문이다.

문제는 정치권이었다. 정치인들의 경제에 대한 인식이 낮은데다 인기나 표를 염두에 둔 선동적 발언이 그치지 않아 많은 어려움이 초래되었다. 정부에 대한 초기 지지가 급격히 사라지고 개혁은 여러 가지 어려움에 봉착하기 시작했다. 그러나 뚜렷한 대안이 없었던 만큼 정부가 바뀌어도 발체로비치가 시작한 경제개혁은 바꾸지 않았다. 폴란드는 경제체제전환을 시작한 1990년부터 5년간 고통스런 시간을 보냈지만, 그 덕에 1994년부터 1997년까지 연평균 6% 이상에 달하는 유럽 내 최고의 성장을 달성했다.

발체로비치는 두번씩이나 부총리겸 재무부장관을 역임했는데, 처음은 개혁 프로그램을 만들어서 시행했던 1989년 12월 9일부터 1991년 12월 22일까지였고, 두번째는 경제 지표가 나빠졌던 1997년 10월 31일부터 2000년 6월 8일까지였다. 금융전문가로서 한때 폴란드 중앙은행의 총재로 활동했으며 부인은 우크라이나 등 구소련권 국가들에 경제체제 전환을 전수하는 경제연구소의 소장으로 활약하고 있다.

발체로비치가 개혁을 성공으로 이끌게 된 요인은 준비가 철저했고 개혁을 성공시키기 위한 필수요소를 간과하지 않았으며, 국민이 고통을 겪는 한이 있어도 환부를 도려내겠다는 결단이 확고했기 때문이었다. 그는 한번 만든 정책을 흔들림 없이 집행했고 그래서 경제정책에 관한 한 국민의 신뢰를 얻었다. 물론 그가 국제적인 경제학자로서 미국 등 주요 국가 경제통들과 강력한 유대관계를 맺고 국제사회의 요구를 잘 이행한 점 역시 간과해서는 안

되겠지만 말이다.

그가 어느 정도로 정책적 의지가 강했느냐 하면 다음 일화를 보면 잘 알수 있다.

개혁이 한참 진행될 때 바웬사 대통령의 정치적 지지기반인 노조가 반대해 나섰다. 자칫 대통령의 한 마디로 개혁은 물거품이 될 수 있었다. 대통령이 방송 연설을 앞두고 있었는데, 발체로비치는 대통령을 찾아가 개혁 추진이 흔들려서는 안되며 지금이 아주 중요한 시기라는 사실을 상기시켰다. 이때 발체로비치는 아르헨티나 알폰소 대통령의 개혁 실패 사례를 들려주면서 대통령을 설득했다.

"예전 아르헨티나의 알폰소 대통령은 국민의 인기를 한 몸에 안고 집권했지만, 경제개혁 수성에 실패하면서 모든 것을 잃었습니다."

바웬사는 국민의 지지를 받고 집권한 대통령이라 대중적 인기에 영합할 가능성이 없지 않았지만, 경제에 관한 한 자신보다 더 잘 아는 발체로비치의 충고에 귀를 기울였다. 그리고는 방송에서 경제 악순환의 고리를 끊기 위해 노조가 요구한 물가-임금 인상 연동제를 단호하게 거절하는 라디오 연설을 했다. 이와 같이 하여 폴란드는 경제위기의 주된 원인이었던 초인플레이션을 제압할 수 있었다.

발체로비치는 경제개혁을 마치고 정치의 길로 나아갔다. 그렇지만 성공하지 못했다. 서독의 에르하르트가 라인강의 기적을 일구어낸 뒤 수상까지 지냈지만, 대체로 정치인 에르하르트는 실패작이었다. 그런데 발체로비치도 에르하르트처럼 재무부장관을 퇴임하고 정치인이 되어 활동했지만, 성공하지 못한 것이다. 폴란드 사람들은 발체로비치가 정치에서 성공할 수 없었던 이유에 대해 경제학자로서 경제에 대해 잘 알지만 나라 전반에 대해 잘 모르며, 국민 한사람 한사람의 생활이나 어려움에 대해서는 잘 몰랐기 때문이라고 말한다.

경제학과 연구소의 동료들에게 제2차 세계대전 후 서독은 경제부흥을 하고 폴란드는 그러지 못했는데 그 차이의 원인이 무엇인지 물어봤다. 그들의 대답은 간단했다. 서독은 마샬 플랜의 경제부흥 프로그램으로 돈을 지원받았지만 폴란드는 그러한 지원이 없었다고 말했다. 1994년에 외교부 발행「폴란드 개황」을 봐도, 폴란드 국민들이 미국 대신 소련의 영향권 아래 남은 것을 얼마나 불행하게 생각했는지 잘 설명해주고 있다.

제2차 세계대전 이후 공산주의 체제를 강요당하고 서유럽문화권으로부터 격리되는 등 소련의 위성국으로 전락하여 정치·경제적으로 여타 인접 서유럽국가에 비해 크게 낙후됨에 따라 국민들의 소련에 대한 원성 및 공산주의 사상에 대한 혐오감이 극심했다.

폴란드가 낳은 인물

연구소의 폴란드 친구들에게 자기나라 역사 인물 중 누구를 가장 좋아하느냐고 물었더니 다양한 의견들이 나왔다.

한 친구는 첫 손에 마리 퀴리를 꼽았다. 그 다음으로 요한 바오로 2세 교황을 들면서 비교적 논란의 소지가 적다는 말로 선정 이유를 밝혔다.

또 다른 친구는 이들 대신 오스트리아 빈에서 투르크군을 몰아낸 소비에스키왕을 대면서 그가 폴란드의 순수 혈통이라는 사실을 강조했다.

집주인 우흐만 씨가 요한 바오로 2세^{John Paul II} 교황과 피우수츠키 원수를 대더라고 하니, 폴란드 친구들은 공감하면서도 다만 피우수츠키는 논란이 있다고 말했다. 그리고 카리스마가 있었으나 권위적이었다고 말했다.

캐롤리나의 부모에게도 같은 질문을 했다. 폴란드 사람 중에 누굴 제일 좋아하느냐고? 어느 정도 예상은 했지만, 첫 번째로 든 사람은 교황 요한 바오로 2세였다. 두번째로는 러시아를 굴복시킨 독립의 아버지 피우수츠키였다. 교황은 희망이 없던 공산주의 시절을 끝내고 자유와 희망을 가져온 사람으로 높게 평가했다. 교황이 있었기에 정치체제 전환이 가능했고 바웬사도 어려울 때마다 교황의 도움을 많이 받았음을 강조했다.

이런 질문을 통해 폴란드 사람이 좋아하는 인물이 누군지 대강 알 수 있었다. 폴란드 사람들은 논란 있는 인물보다 그런 흠집이나 약점이 없는 사람을 좋아했다. 아마도 폴란드라는 나라의 전통적인 가치와 국민이 원하는 '서유럽 지향'에 어긋나지 않는 인물이라야 공감했다. 그리고 순수 폴란드인 혈통을 좋아했다.

그런 의미에서 공식적으로 외부에 내세우는 위인과 내심 좋아하는 사람 간에는 다소 차이가 있었다. 순수 폴란드인인 교황 요한 바오로 2세나 소비에스키왕, 마리 스쿼도프스카 퀴리가 가장 인기 있었다. 그에 비해 프랑스인 아버지와 폴란드인 어머니 사이에 태어난 쇼팽과 독일어를 하고 폴란드어를 몰랐던 코페르니쿠스, 그룬발트에서 독일 기사단에 통쾌한 승리를 했지만 리투아니아인이었던 야기에워 왕의 인기는 그에 미치지 못했다. 스웨덴 왕과 폴란드인 어머니 사이에 태어난 지그문트 3세도 마찬가지다.

누구나 공감하는 인물은 논란이 거의 없는 요한 바오로 2세 교황이다. 그 다음으로 마리 퀴리도 있고 소비에스키 왕도 있지만, 두 번째 위치는 피우수츠키 원수에게 주어야 한다. 특히 대중들에게 인기가 좋았다. 왜야하면 구적 仇敵이라 할 러시아를 보기 좋게 설욕했기 때문이다.

폴란드 사람들은 망국기간에 자기 나라의 민족적 정체성, 조국애, 나라의 독립에 대한 메시아적인 희망을 심어주었던 애국자들을 높게 평가한다. 시인 아담 미츠키예비츠와 무장독립투쟁의 기수 피우수츠키, 러시아와 프로이센에 대항한 코시치우슈코 장군 등 무장봉기 지도자들, 나폴레옹의 연인 등이 그에 속한다.

폴란드는 이렇게 훌륭한 인물들을 거리나 광장 이름으로 명명하는 경우가 많다. 예를 들면, 무명용사묘 앞의 피우수츠키 광장, 바르샤바의 국제공항의 공식 이름인 프레데릭 쇼팽 공항을 들 수 있다. 그 외에도 10, 20, 50, 100, 200 즈워티 지폐에 각각 미에슈코 1세, 용맹왕 볼레스와브, 카지미에르스 3세 왕, 야기에워 2세 왕, 지그문트 1세 왕이 들어 있다.

바웬사 전 대통령은 폴란드 역사상 두드러진 인물을 다음과 같이 선정했다.

먼저 용맹왕 볼레스와브다. 그는 폴란드의 첫 왕으로서 폴란드의 주권을 하나로 통합하고 유럽과의 접촉을 처음으로 개시했다. 두번째는 소비에스키 왕이다. 그는 가장 출중한 폴란드왕 중의 한 사람으로서 위대한 지도자이자 걸출한 정치인이었다. 1683년 기독교 구원군대를 총지휘해 빈을 포위한 투르크군에 대승을 거둠으로써 이슬람의 팽창을 막고 유럽의 기독교를 지켜냈다. 그의 상승常勝 왕의 신화는 국가 분할의 시련 속에서도 폴란드 정신을 유지할 수 있도록 해주었다. 세번째 마리아 스쿼도프스카-퀴리이다. 그녀는 뛰어난 폴란드 과학자로서 1903년과 1911년, 두번에 걸쳐 노벨상을 탔다. 폴란드 여성이자 세계 시민이다. 네번째 유제프 피우수츠키 원수이다. 그는 뛰어난 정치가로서 수세대에 걸쳐 폴란드 사람들을 고무시켰다. 1795년 이래 유럽지도에서 사라졌던 폴란드가 반드시 독립한다고 믿었던 몇 안되는 정치인 중의 한 사람이다. 1920년 그가 지휘한 군대는 폴란드를 삼킨 뒤 유럽 전역으로 공산혁명을 전파하겠다고 호언한 러시아 볼셰비키 군대를 패배

시켰다. 그 결과 유럽은 러시아 혁명의 확산으로부터 보호되었다. 다섯번째
카롤 보이티와-요한 바오로 2세 교황이다. 그는 교황 자리에 오른 최초의
슬라브인으로, 종교적 자유와 인권의 수호자이다. 그야말로 세상에 내놓은
폴란드의 가장 귀중한 선물이다.

위에 든 여러 견해를 수용해 전 세계에 널리 알려진 폴란드의 위대한 인
물을 다음과 같이 소개한다.

교황 요한 바오로 2세

원래 이름은 카롤 보이티와Karol Wojtyła이다. 1920년에 폴란드의 자그마한
도시 바도비체Wadowice에서 태어난 그는 제2차 세계대전이 진행되는 동안 독
일군 치하에서 화학공장의 노동자로, 채석장의 인부로 일했다. 암흑시절이
었지만 희망을 갖고 일하면서 학업을 계속했다.

1941년 부친이 세상을 떠나자 사제가 되기로 결심하고 1946년 11월 1일
사제로 서품 되었다. 크라쿠프 관구의 사제로 있다가 1952년부터 1958년까
지 크라쿠프 신학교에서 사회 윤리를 가르쳤고 1956년 루블린 대학교의 교
수가 되었다.

1958년 7월 4일 교황 피우스 12세가 그를 크라쿠프의 부주교로 임명했
는데, 그때 그의 나이는 서른 여덟 살에 불과했다. 1960년 그를 유명하게 만
든 저서 『사랑과 책임』을 발간했다. 교황 바오로 6세는 그가 결혼에 대한 가
톨릭의 전통적인 가르침을 잘 해명했다며 크게 기뻐했다. 1963년 12월 30일
교황 바오르 6세는 그를 크라쿠프의 대주교로 임명하고 1967년 6월 다시 그

자신의 조국 폴란드를 방문한 교황 요한 바오로 2세

를 추기경으로 임명했다. 1976년 교황 바오로 6세는 그를 바티칸으로 초청했으며, 1978년 10월 16일 세계를 놀라게 하며 제 264대 교황이 되었다. 그는 아드리안 6세 교황 이래 455년 만에 최초로 비이탈리아인으로서 그리고 슬라브 계통의 사람으로서 교황에 선출되었다.

그는 개혁을 계속하겠다는 의지를 강조하기 위해 전임자인 '요한 바오로'의 이름을 계속 사용했다. 교황청을 근대화하는 가운데 모국 폴란드를 공산 치하에서 1차(1979. 6. 2~10), 2차(1983. 6. 16~23), 3차(1987. 6. 8~14) 방문했고 체제전환 후에 네차례 더 왔다. 요한 바오로 2세 교황은 자기를 받아주는 나라라면 어디든 방문함으로써 전 세계 가톨릭 신자들의 집회에 가장 많이 참석하는 진기록을 세웠다. 우리나라에는 1984년과 1989년 두 차례 방문했다. 전 세계 대다수 나라들을 방문했으나 러시아는 초청하지 않아 유일하게 가지 못했다.

2005년 4월 2일 서거했는데 이때 바르샤바 시내 피우수츠키 광장에는 촛불 든 시민들이 대거 운집해 애도했다.

유제프 피우수츠키

폴란드의 혁명가이자 민족영웅, 정치인, 군대의 원수인 유제프 피우수츠키Józef Piłsudski는 전쟁성 장관이기도 하고 독립된 나라의 첫 국가수반이기도 했다. 지식인보다 일반 대중에게 더 인기 있는 사람이다. 나쁜 이웃을 둔 탓에 어려운 시기를 홀로 투쟁하며 나라를 지켜낸 외로운 지도자였다. 곳곳에 있는 그의 동상은 한결 같이 나라의 안보를 걱정하는 모습이다.

1918년 나라가 독립한 데 만족하고 군인으로 은퇴했으나, 조국이 다민족국가의 취약성을 드러내며 혼란을 거듭하자 1925년 무혈 쿠데타 끝에 정권을 잡았다. 그 후 9년간 공식적인 자리는 사양하고 사실상의 힘으로 권좌에 있으면서 국정을 이끌었다. 강한 카리스마의 인물로 이 나라뿐만 아니라 국제사회에도 그 명성이 널리 알려졌다. 해마 수염, 이유를 밝히지 않는 기이한 행동과 사람들이 붙인 다양한 별명으로 유명하다.

유제프 피우수츠키

1919년에는 스트롱 맨Strong man, 1920~1922년에는 민족의 영웅, 원수, 1926년 쿠데타 집권이후로는 독재자Dictator가 추가되었고 1935년 죽을 때까지 독재자, 괴짜, 허풍, 용감한, 무서운 사자 등 많은 수식어들이 따라다녔다.

1867년 현재의 리투아니아 땅인 빌느노에서 태어났으며 약학을 공부하던 중 1886년에 러시아 당국으로부터 정치범 혐의를 받고 학업을 중단했다. 그러다 근거 없는 황제암살 음모죄로 체포되어 5년 동안 시베리아에 유형 갔다. 1892년 폴란드 사회당에 들어갔고 1900년 러시아 당국에 투옥되었다가 1901년에 탈출했다. 1904년 러·일 전쟁이 터지자 당시 폴란드 사회당 지도자였던 피우수츠키는 일본을 방문, 러시아의 시베리아 철도 파괴 등 다양한

• 오스트리아의 거침없이 말하는 장군 플란처(Pflanzer)는 폴란드 사람에 대해 1/3은 까치고, 1/3은 토끼, 나머지 1/3은 사자라고 말했다.

대러 공작을 제의하면서 폴란드 혁명운동에 대한 원조를 요구했다. 일본은 이에 호응하지 않았지만 러일전쟁에서 포로가 된 폴란드 군인에 대한 특별대우를 요청해 응락을 받아냈다. 그는 일본에서 러시아제국을 민족 단위로 분할해야 한다며 그 계획을 제시하기도 했다.

그는 유럽의 현 상태를 변화시킬 전쟁을 갈망했고, 장래 폴란드가 독립할 때 군대가 필요하리란 선견지명을 갖고 1908년에 비밀군사조직을 결성했다. 필요한 돈은 자기 나라를 착취해간 러시아로부터 귀중품을 뺐으면 된다는 생각을 했고 그의 구상대로 우편열차를 기습하여 자금을 마련했다. 2년 후 그는 오스트리아 당국의 지원으로 군사를 훈련시킬 수 있었다.

1914년 파리에서 자신의 독립투쟁 방향과 미래 전망을 밝히는 자리에서 전쟁에서 폴란드가 독립을 쟁취하기 위해서는 중부유럽의 오스트리아-헝가리 및 독일이 러시아를 패배시켜야 하고 그 다음에 중앙유럽세력을 프랑스 영국, 미국이 패배 시켜야 한다고 밝혔다.

1916년에 그는 폴란드 부대의 러시아 전선 투입을 기대하면서 폴란드의 독립을 선언했다. 그러나 독일이 선뜻 응하지 않고 독일 및 오스트리아 황제에 대한 충성 맹세부터 요구하자 이를 거부하고 투옥되었다.

1918년 11월 전쟁이 끝나자 독일은 레닌을 석방하면서 동시에 피우수츠키도 풀어주었다. 그 해 11월 11일 피우수츠키는 국민들의 대대적인 환영을 받으며 귀국했다. 그리고 새로 탄생한 폴란드 공화국의 최고사령관이 되었다. 그는 발트해에서 흑해까지라는 과거 영광을 재현하려는 구상을 가졌고 리투아니아와 벨라루스, 우크라이나 지역으로 세력을 뻗쳤다. 피우수츠키는

피우수츠키의 장례행렬

러시아가 혼란에 빠졌을 때 땅을 조금이라도 더 차지해야 한다며 세력을 확대시켰다.

이는 불가피하게 러시아 볼셰비키 정권을 자극했고 1919~1920년의 전쟁으로 이어졌다. 처음 피우수츠키는 파죽지세 공격을 이끌어 키에프를 점령했으나, 적이 대규모로 반격하자 서둘러 바르샤바까지 후퇴했다. 많은 사람들이 동요했지만, 피우수츠키는 적의 파상공세를 막아내는 한편 예비대로 적의 측면을 공격함으로써 아무도 예상치 못한 깜짝 승리를 일구어냈다. 1921년 레닌의 소련과 리가Riga조약을 맺고 국경선을 동쪽으로 더 확장했다.

1921년 3월 의회가 대통령의 권한을 극도로 제한하는 헌법을 통과시키자 실망한 나머지 가장 유력한 주자임에도 대통령에 출마하지 않았다. 대신 가브리엘 나루투비츠^{Gabriel Narutowicz}가 대통령으로 선출되었으나, 취임 이틀 만에 암살되고 말았다. 피우수츠키는 이를 계기로 1926년 쿠데타를 일으켜 정권을 잡았다. 이후 1935년 죽을 때까지 그는 강력한 카리스마로 나라를 이끌었다. 그리고 마지막 시기 그의 지지자들은 대통령에게 강력한 권한을 부여하는 헌법을 통과시켰다. 우리나라 헌법책에도 소개된 소위 '신新대통령제'다.

피우수츠키는 국제무대에서 폴란드의 독립을 유지하는데 노력했다. 1933년 히틀러가 권력을 잡고 군비를 강화하자 프랑스에게 독일에 대한 공동 군사조치를 제의하기도 했다. 프랑스가 거부하자 그는 1934년 독일과 불가침조약을 맺었다. 실은 소련과도 1932년에 이미 불가침조약을 체결해 두었다. 물론 이들 나라를 전혀 믿지 않은 그로서는 불가침조약의 취약성을 잘 알고 있었지만 그 외 방법이 없었기에 맺은 것이었다.

히틀러는 반복해서 소련을 적으로 하는 독일-폴란드 동맹관계를 제의했지만 그는 무시했다. 소련의 스탈린과 독일의 히틀러가 새로운 강대국이 되어갈 무렵인 1935년에 병으로 죽었다.

마리 수쿼드프스카 퀴리

마리 퀴리는 역시 폴란드 사람에게 잊을 수 없는 애국자, 강인한 심성과 천재성을 겸비한 과학자로 기억되고 있다. 인류를 위해 공헌했다는 점에서 폴란드가 낳은 세계적인 인물 중의 한 사람이다. 동정심이 많았지만, 용기 있는 여성 과학자로서 단호한 성품을 가졌다.

1867년 바르샤바에서 태어났으며, 원래 이름은 마냐 스쿼도프스카Manya Skłodowska이다. 이 나라 사람들은 그녀를 폴란드 이름으로 기억해주길 바란다. 그렇지만 정확히 말하면 그녀는 프랑스의 물리학자다.

마리 퀴리

어릴 때부터 수재로 두각을 나타내 고등학교 졸업 때 금메달을 받았으나, 조국의 수도가 러시아의 변방이 되어버린 그 시절 해외로 유학길을 떠났다. 25세 때인 1891년에 프랑스 파리로 갔고 소르본 대학에서 물리학과 수학을 공부했다. 거기서 프랑스의 물리학자 피에르 퀴리를 만나 1895년에 결혼했다. 1898년 7월에 폴로늄과 라듐을 발견하였는데, 폴로늄은 자신의 조국 '폴란드'의 이름을 따서 붙였다고 한다. 1903년에 퀴리 부인은 '방사성 물질에 대한 연구'라는 주제로 물리학 박사 학위를 받았고, 같은 해 방사성을 발견한 공로로 남편 피에르 퀴리, 헨리 베크렐과 함께 노벨 물리학상을 받았다.

1906년 남편이 교통사고로 죽은 뒤 공석으로 있던 소르본 대학교 물리학과 교수에 임명되었다. 이로써 그녀는 여성 최초의 소르본 대학교 교수가 되었으며, 1911년 또 다시 순수 라듐을 분리해낸 공로로 노벨 화학상을 받았다. 라듐연구소를 세워 물리 화학부를 지도했고 제1차 세계대전 기간에는 이동방사선 사진 기구를 만들어 환자 치료 및 조작법을 가르쳤다. 1934년 7월

4일 방사능 물질의 과 노출로 인한 악성빈혈로 사망했다.

1995년 남편 피에르 퀴리와 함께 여성으로는 처음으로 역대 위인들이 안장되어 있는 파리 팡테옹 신전으로 이장되었다. 위인전으로 전 세계 어린이들에게 잘 알려져 있으며 바르샤바 올드 타운 성 밖에 그녀의 생가가 있다.

니콜라우스 코페르니쿠스

현대 천문학의 창시자로, 폴란드 이름은 미코와이 코페르닉^{Mikołaj Kopernik}이다.

1473년 2월 19일 폴란드 토룬에서 부유한 상인의 아들로 태어났다. 10세 때 아버지를 잃고 외삼촌인 루카스 바첸로데 신부 밑에서 자랐다. 외삼촌이 가정을 돌보아주었고 학업을 계속할 수 있도록 도와주었다. 당시 그의 외삼촌은 가톨릭 교구 운영위원으로서 교회에서 영향력을 높여가던 야심찬 인물이었고 후에 바르미아^{Warmia}의 대주교가 되었다. 코페르니쿠스^{Nicolaus Copernicus}는 외삼촌의 도움으로 1491년에 크라쿠프 대학에 입학해 예술 과정을 공부했다. 강의는 공용어인 라틴어였으며, 아리스토텔레스가 쓴 책들을 읽으며 공부했다. 기하학과 북유럽 최고 수준의 천문학도 함께 배웠다. 4년간의 공부를 마치고 1495년 졸업해서는 외삼촌이 대주교로 있는 바르미아의 프롬보르크로 갔다. 거기서 외삼촌의 도움으로 스물 두 살의 나이로 마르미아 가톨릭 대교구 참사회 위원이 되었다.

1496년에 역시 외삼촌의 도움으로 이탈리아에 유학했는데, 볼로냐^{Bologna} 대학에서 참사회 위원으로서 필요한 교회법을 공부하는 한편 그리스어와 그

리스 철학 및 천문학을 공부했다. 그가 천문학
을 공부할 수 있었던 것은 행운이었다. 그의 하
숙집 주인이 볼로냐 대학의 천문학 교수였기 때
문이다. 여기서 교수의 천문관측을 도우며 천문
학에 대한 지식을 넓혀갔다. 1500년 여름에 볼
로냐 대학에서 4년제 법률과정 공부를 마쳤다.
코페르니쿠스는 그해 그리스도 탄생 1500주년
을 성대하게 기념하는 로마로 가서 한동안 체류
했다. 그곳에서 전문가 등을 앞에 두고 수학을

코페르니쿠스

강의하기도 했다고 한다. 1501년 의사가 필요
한 교구 사정상 파도바Padua 대학의 의학과정에
등록해 2년간 공부했고, 학위가 필요해 1503년 볼로냐에서 가까운 페라라
대학에서 교회법 박사 학위를 받았다. 그리고 귀국했다.

　1503년 서른 살의 코페르니쿠스는 참사회 위원으로서 교회재산을 관리
하는 일을 했다. 외삼촌 바첸로데는 대주교로서 폴란드 왕조에 속한 그 지역
의 사실상의 통치자였기 때문에 직간접적인 그의 배려를 많이 받았다. 거기

---

* 바르미아는 오늘날의 바르민스코-마주르스키에(warmińsko-
mazurskie)지역을 말한다. 폴란드의 최동북단에 있으며 러시아령
칼리닌그라드와 이웃한다. 주요 도시로는 코페르니쿠스가 활약한
올슈틴, 엘블롱, 프롬보르크가 있다.
** 야기엘론스키 대학으로 부르며 폴란드에서 역사가 가장 깊다.

서 외삼촌의 비서가 되어 일했는데, 또 한편 성직자들의 주치의로서 의술활동을 하기도 했다. 코페르니쿠스는 1503년부터 1510년까지 비서로서 외삼촌이 거주하는 리츠바르크 성에서 근무했다.

코페르니쿠스가 있던 이곳 바르미아 지역은 당시 독일 기사단의 영토에 둘러싸여 있어 기사단의 침략이 잦았다. 이 때문에 그의 아버지는 토룬의 다른 상인과 연합해 기사단에 대항한 바 있고, 외삼촌과 그도 폴란드 국왕에게 충성하면서 기사단의 침략과 약탈행위에 맞서 싸웠다.

1510년 코페르니쿠스는 세속적인 출세를 그만두고 프롬보르크Frombork(독일식 이름은 프라우엔부르크)로 돌아와 가톨릭 참사회 위원으로 일하며 좀 더 천문학 연구에 매진했다. 방어용 성벽의 한 탑에 머물렀고 별을 관측할 수 있는 망성대望星臺를 만들었다. 이후로 야간에는 옥상의 망성대에 올라가 스스로 만든 측각기로 천체관측을 하였고 자신이 발견한 것을 토대로 태양을 중심으로 하는 행성계의 개념을 구축해 나갔다. 당시 지구촌의 상식은 지구가 우주의 중심에 있다는 프톨레마이오스의 천체관이 지배적이었다. 그는 이 믿음이 잘못된 것임을 깨닫고 프톨레마이오스의 『알마게스트』를 다시 쓰리라고 마음먹었다. 이러한 의지를 밝힌 것이 바로『짧은 해설서』다. 여기서

• 프톨레마이오스는 "2세기에 알렉산드리아에서 활약한 천문학자. 당시의 천문학 지식을 집대성해 13권으로 구성된 『알마게스트』를 썼다. 그는 이 책에서 지구가 우주의 중심에 있고 달, 태양, 행성들이 지구의 둘레를 회전한다는 천동설을 주장했다. 『알마게스트』는 행성들의 위치를 정확하게 계산하는 방법을 알려주었기 때문에 코페르니쿠스가 등장할 때까지 절대 진리로 인정받았다."(오언 깅그리치 등, 『지동설과 코페르니쿠스, 바다출판사, 2006년, 13페이지』)

그는 프톨레마이오스의 이론은 불충분해 보이며 행성들이 태양을 중심으로 회전하고 있다는 가설을 전개했고, 1510년 무렵 필사본으로 발표됐다.

1529년부터 코페르니쿠스는 프톨레마이오스의 천문학을 뒤 짚고 태양이 우주의 중심이고 지구는 매일 한 바퀴씩 자전함을 과학적으로 밝히는 저술 활동을 했다. 한동안 원고가 잠자고 있을 때인 1539년에 오스트리아의 게오르그 호아킴 레티쿠스라는 25살의 젊은 수학자가 찾아왔다. 그는 코페르니쿠스의 발견을 배우고 싶다며 그의 제자가 되었다. 2년 이상 머무르며 코페르니쿠스가 저술한 것을 요약해 『최초의 보고서』란 이름으로 발표했다. 이로써 코페르니쿠스의 이론이 학자들의 세계에 처음으로 공표되었다. 이어 제자의 도움으로 원고를 완성하게 되자 1543년 3월 뉘렌베르크에서 『천체의 회전에 관하여』라는 이름으로 책을 출판했다. 같은 해 5월 24일 세상을 놀라게 할 자신의 첫 간행된 책을 받았지만 그날 안타깝게도 코페르니쿠스는 운명했다.

그의 신 개념은 100여 년이 지난 1687년 뉴튼의 중력법칙이 나와서야 입증되었다. 그만큼 선구적이었다.

그의 등장으로 서양은 프톨레마이오스와 아리스토텔레스의 이론에 사로잡혔던 1500년의 오류에서 벗어날 수 있었다. 코페르니쿠스는 아무도 깨뜨리지 못했던 전통적인 우주관을 넘어 지구가 하나의 행성임을 밝혀낸 위대한 과학자이다.[9]

---

9   오언 깅그리치 등, 『지동설과 코페르니쿠스』, 바다출판사, 2006, 195.

토룬에 생가가 있고 지동설을 설명하는 그의 동상이 토룬과 바르샤바대학교 앞 삼거리에 있다.

쇼팽

19세기 폴란드의 국민적 작곡가 프레데릭 쇼팽Frédéric Chopin은 1810년 바르샤바 인근 젤라조바 볼라Żelazowa Wola에서 태어났다. 선생이던 프랑스인 아버지와 폴란드 어머니 사이에서 태어나 프랑스 성을 가졌지만, 콧날 선 그의 모습은 전형적인 폴란드 사람의 얼굴이라고 한다.

10세 때 이미 재능을 보여 그의 피아노 선생은 더 이상 가르칠 게 없다고 말했다. 19살 때인 1829년 오스트리아 빈으로 가서 주목을 받았고 음악가의 길로 나아갔다. 어른이 된 후 생활 전부를 주로 프랑스 파리에서 보냈다. 20세 때 폴란드를 떠났는데, 다시는 조국에 돌아오지 못했다. 러시아에 대항하는 11월 봉기가 터지자 국외에서 유명한 작품 C-minor에서 '혁명Etude'을 작곡했다.

1838년부터 1847년까지 발라드, 소나타, 왈츠, 마주르카, 폴로네즈 걸작을 작곡했다. 이런 곡들은 쇼팽에게 시적인 작곡가란 명성을 안겼는데, 실은 애국주의적이고 민족적인 특색도 많이 담겨 있다. 그래서 그의 친한 친구 슈만Schumann은 쇼팽의 음악을 '장미 아래 숨긴 대포大砲'라고 불렀다. 쇼팽은 1849년에 죽어 파리에 묻혔는데, 심장은 바르샤바대학교 앞 성 십자가 성당의 석조 기둥에 안치되었다.

쇼팽의 음악은 프랑스 파리에서 활약하는 우리나라 피아니스트 백건우가

즐겨 연주한다. 백건우는 매년 바르샤바를 방문해
독주회를 열고 있으며 이 나라 사람들로부터 섬세
한 쇼팽의 음악세계를 잘 재현한다는 평가를 받고
있다. 쇼팽 콩쿠르에 우리나라 피아니스트들이 많이
응시하여 좋은 성적을 낸 바 있고 바르샤바대학교
에 계명대 음대생들이 교환학생으로 와 있어 이래
저래 우리나라와 관계가 깊다.

쇼팽

젤라조바 볼라에 생가가 있고 와지엥키 공원에
동상과 쇼팽곡 연주를 위한 야외공연장이 있다.
세계로 통하는 바르샤바 국제공항이 현재 그의 이
름을 따 프레데릭 쇼팽공항으로 불린다.

얀 소비에스키

폴란드에서 가장 유명한 왕이면서 동시에 출
중한 군사지휘관이었다. 군사령관이었던 할아버
지와 아버지에 이어 1668년에 총사령관이 된 뒤,
1674년 폴란드-리투아니아 연합왕국의 왕이 되
었다. 재능 있는 장군이자 예술을 사랑한 사람으
로 프랑스 부루봉가로부터 아내를 맞았다.

그가 왕으로 선출된 배경에는 외국계 왕들의
실정失政이 있었다. 1688년 새 왕을 선출하기 위해

얀 소비에스키 3세

모인 폴란드 귀족대표들은 지금까지 외국인 왕들의 음모에 신물이 났다고 하면서 이번에는 반드시 자국인을 왕으로 뽑을 때라고 입을 모았다. 마침 젊은 사령관 얀 소비에스키Jan III Sobieski가 호침Chocim에서 투르크군을 대파해 명성이 자자할 때였다. 그 전투 직후인 1674년 의회는 소비에스키를 왕으로 선출했다. 이로써 그는 순수 폴란드인으로서 왕이 된 두번째 인물이 되었다. 즉 왕이 된 배경에 민족적 지지가 있었던 것이다.

그렇지만 조금 늦은 감이 있었다. 당시 폴란드는 20년에 걸친 스웨덴, 러시아, 코삭크와의 전쟁으로 나라가 피폐해질 대로 피폐해져서 간신히 국경선만 지키고 있었기 때문이었다.

소비에스키왕을 일약 유명하게 만든 것은 포위된 빈의 구원이다. 1683년 10만 명이 넘는 투르크군이 오스트리아 수도 빈을 포위하자 다급해진 교황과 합스부르크 황제 레오폴드 II세는 소비에스키에게 군대를 요청했다. 이에 소비에스키는 3만 명의 군대를 거느리고 오스트리아로 나아갔다. 빈 근처에서 폴란드 독일 황제 연합군의 최고 사령관이된 그는 9월 12일 투르크군을 격파했다. 이 승리로 소비에스키는 국제적인 명성과 인기를 얻었다.

그러나 빈에서의 승리는 국제정치에 있어 반드시 축복만은 아니었다. 폴란드는 주변국들의 극심한 견제를 받고 약해진 끝에 점차 군사강국의 면모를 잃게 되었다. 또 소비에스키의 군사적 재능으로 투르크와의 전쟁에서 연이은 승리를 거뒀지만, 전투에서 이기고 전쟁에서 진다는 식으로 결국 양보하고 말았다. 소비에스키는 또 이웃의 야심 찬 국가들—스웨덴과 러시아, 브란덴부르크의 프로이센—을 다루는 데 적정한 노력을 하지 않았고 프랑스 일변도 외교는 실패했다. 그의 사후 폴란드는 분열됐고 지리멸렬해졌다.

소비에스키는 프랑스 부르봉가의 마리 카시미레와 결혼했는데, 그가 사랑스럽게 불렀던 '나의 왕비' 마리지엔카에게 보낸 편지가 17세기 말 문학어의 걸작으로 남아 전한다. 프랑스인 아내를 위해 만든 별궁 '빌라누프'가 바르샤바 남쪽에 있고 그의 이름을 딴 소비에스키 호텔이 바르샤바역 서쪽에 있다.

타데우시 코쉬치우슈코

타데우시 코쉬치우슈코^{Tadeusz Kościuszko}(1746년생)는 축성, 요새, 진지 건축에 뛰어난 재능을 발휘한 장군으로서 미국의 독립전쟁에서 활약한 인물이다. 그는 창의적인 군사기술의 혁신자이자 국제 정치무대의 현실주의자로서 폴란드 민족이 외세에 이용되지 않도록 하는데 노력했다. 동시에 계몽적인 지식과 미국 내 자신의 노예를 풀어줄 만큼 따뜻한 마음을 가졌고 조국을 위한 거병시에는 당대의 왕으로부터 귀족, 평민, 농민 모두로부터 지지받았다.

미국독립전쟁(1775~1783)때 엔지니어로서 상당한 기술을 가지고 참전해 수많은 요새와 방어진지를 설계했다. 미국이 독립을 쟁취하자 1784년 자신의 조국 폴란드에 돌아왔다. 이후 1817년 죽을 때까지 봉건적 압제 세력인 러시아와 싸웠다. 코쉬치우슈코 장군이 거병한 계기는 러시아, 오스트리아, 프로이센이 자신의 조국을 2차 분할했을 때였다. 그는 1794년 3월 24일 유서 깊은 크라쿠프 시청 광장에서 침략한 군대를 쫓아내겠다고 서약했다. 그런 다음 조국을 배신한 반역자를 처벌한 뒤 농민군을 훈련시켜 군대를 만들

코시치우슈코

었다. 또 공병 장성 출신답게 바르샤바를 포함한 각 도시에 성을 쌓아 난공불락의 방어시스템을 구축했다.

크라쿠프 인근 라추와비체^{Racławice}에서 농민군으로 러시아군에 승리했다. 이어 바르샤바에 가서 자신의 방식대로 방어망을 형성해 러시아와 프로이센군의 포위 공격을 이겨냈다. 토루^{±룬}를 건설해 2개월 동안 수도를 지켜낸 것은 그의 뛰어난 군사적 업적이라고 할 수 있다.

그러나 러시아 대군을 맞받아치러 나갔다가 부상을 입고 포로되면서 그 모든 것은 수포가 되고 말았다. 그는 2년간 러시아에 감금되어 있었으나 정치적 변화에 따라 석방됐다. 그리고는 프랑스에서 16년 이상 정착해 살았다. 나폴레옹을 불신했으며 나폴레옹이 망명 군인들로 만든 폴란드 군단을 지휘해 줄 것을 요청했지만 수락하지 않았다. 나폴레옹의 패배 이후 유럽의 지도를 다시 그리는 빈 회의에 초대되었고, 여기서 황제들이 다시 한 번 더 그를 유혹했지만, 그는 폴란드를 실질적으로 독립시키지 않으려는 계획을 단호히 거부했다. 그는 마지막 나날들을 스위스에서 보냈으며 1817년 10월 15일 72세의 나이로 죽었다. 그의 유해는 크라쿠프 바벨성의 폴란드 왕들 사이에 안치되었다.

참고로 크라쿠프에는 코시치우슈코 언덕이 있으며, 브로추와프에 라추와비체 전투의 승리를 그린 파노라마가 있다. 또 미국에서는 독립전쟁에 참전한 그의 공로를 기려 워싱턴 라파예트 광장, 보스턴 공원, 웨스트포인트에 그의 동상이 서 있다. 호주에서 가장 높은 산인 뉴사우스웨일즈주의 산 코지어스코Kosciuszko가 그의 이름을 따서 지어졌다. 1840년 폴란드 탐험가 파울 스트젤레츠키Paul Strzelecki가 크라쿠프에 있는 코시치우슈코 마운드와 산세가 비슷한 것에 착안해 타데우시 코시치우슈코에게 경의를 표하기 위해 그의 이름을 붙였다고 한다.

아담 미츠키에비치

아담 미츠키에비치Adam Miczkiewicz(1798년생)는 낭만주의 민족 시인으로 빼앗긴 조국을 떠나 프랑스에서 문학 활동을 했다.

그는 '폴란드 민족과 순례의 서'에서 폴란드 민족의 고통을 예수의 고난에 비유하며 메시아 사상을 고취시켰다. 연극을 통해 예수의 수난과 비슷한 고통을 겪고 있는 조국에 대해 미래 비전을 제시했으며 수많은 작품을 통해 민족적 시인으로 이름을 떨쳤다. 불멸의 정신을 소유한 자로서 폴란드인의 우상이자 신념이 된 인물이다. 곳곳에 그의 동상이 있을 정도로 국민적 지지가 높다.

'발라드와 로맨스Ballady I romanse', 조상들Dziady, 판 타데우슈 장군Pan Tadeusz 등이 대표작이다. '판 타데우슈'는 안제이 바이다 감독이 1999년에 영화화하여 폴란드 국민 절반이 볼 정도로 인기가 있

아담 미츠키에비치

었다고 한다. 그를 기려 포즈난에 아담 미츠비예키츠 대학이 있다.

헨릭 솅키예비치

헨릭 솅키예비치Henryk Sienkiewicz(1846년생)는 바르샤바 인근 푸드리아 지방의 명문 집안 출신이다. 그러나 가산이 기울어져 일찍부터 홀로서기를 배웠다. 바르샤바에서 폴란드 문학을 배운 뒤 폴란드『가제타Gazeta』지의 기자로서 2년간 미국에서 근무했다. 귀국한 뒤 모 잡지의 편집자가 되고 처음으로 역사소설을 쓰기 시작했다.

17세기 폴란드의 운명을 다룬 3부작이 베스트셀러가 되면서 작가로서 두각을 나타냈다. 1부작은 '불과 검을 가지고', 2부작은 소위 대홍수Deluge로 불린 1650년 스웨덴의 침공과 약탈을 조명했고 3부작은 '작은 기사'로 명명되었다. 1896년에 나온『쿼바디스Quo Vadis』가 가장 유명하며 여러나라에서 번역되는 대성공을 거뒀다. 수년 뒤에 나온 십자군이란 작품은 폴란드 역사에 관한 것으로 1900년에 나와 몇 차례 영화화 되었다.

1905년 폴란드 사람으로서 처음 노벨 문학상을 받았고 1906년 죽은 뒤 키엘체Kielce 북서쪽 오브렝고렉Oblęgorek 저택에 솅키예비치 박물관이 세워졌다. 현실주의적 입장에서 역사소설을 썼고, 민족적, 종교적 정열로서 국민에게 큰 영향을 미쳤다. 와지엥키 공원에 동상이 세워져 있다.

헨릭 솅키예비치

용맹왕 볼레스와프

볼레스와프Boleslaus the Brave는 967년에 미에슈코 1세Mieszko I와 보헤미안 공주 도브라야Dobrava 사이에 난 첫 아들이다. 아버지가 죽은 후 계모와 배다른 형제들을 쫓아낸 후 나라를 하나로 합쳤다. 그리고는 왕위계승을 하기 위해 교황 및 신성로마제국과의 관계를 강화했다. 그러한 노력의 결과 프로이센에 복음을 전도하다가 살해당한 아달베르트Adalbert 주교를 성인으로 추앙받도록 했고 첫번째 폴란드 도시 그니에즈노Gniezno를 건설하여 1000년에 나라의 수도로 삼았다. 같은 해 정치적으로 상당히 중요한 사건인 신성로마제국 황제 오토 2세를 그니에즈노에서 맞이했다.

자유노조 지도자 레흐 바웬사

레흐 바웬사Lech Walesa는 그단스크 조선소에서 출발한 자유노조의 지도자로서 폴란드가 공산주의로부터 벗어나는 데 기여했다. 유럽에서 공산주의와 냉전을 끝내게 한 점에서 소련의 고르바초프, 교황 요한 바오로 2세와 어깨를 나란히 한다.

목수의 아들로 태어나 초등학교와 직업학교(중학교) 교육만 받고, 1967년부터 그단스크의 레닌 조선소에서 전기공으로 일했다. 1976년에 레닌 조선

• 성인 보이치에흐(Wojciech)는 997년 이교도들인 구(舊) 프로이센 사람들을 전도하려다 도끼로 살해당했다. 폴란드의 첫 순교인데, 피아스트 시대 예술 작품의 주요 소재가 되었다. 현재 그니에즈노 성당 문에는 세례하는 모습과 죽는 모습을 표현한 부조가 남아 있다.

바웬사의 투쟁

소 파업을 주도했고, 1980년 8월 4일 식료품 가격 인상과 노조 활동가들의 해고로 촉발된 레닌 조선소에서의 항의를 이끌며 파업위원장이 되었다. 파업위원장으로서 정부 측으로부터 임금 인상과 더 많은 정치적·종교적 표현의 자유와 노동자들에게 자유롭고 독립적인 조직 결성권리를 허용하는 양보를 얻어냈다. 이후 공장연합파업위원회는 '연대SOLIDARNOSC'로 바뀌었다.

1981년 12월 13일 야루젤스키 장군이 계엄령을 선포하고, '연대'를 불법화할 때, 바웬사도 다른 노조 지도자들과 함께 체포·구금 됐다. 바웬사는 이

때 거의 1년 동안 구금되었지만 서방의 지지를 받아 1983년 12월에 노벨 평화상을 받았다.

폴란드 최초의 자유연대노조의 의장이 되어 1988~1989년 대對정부 협상에서 '연대' 등 노조의 법적 지위 회복, 새로 부활된 폴란드 의회 구성을 위한 자유로운 의원선거, 대통령직의 설치, 일정한 경제적 변화조치의 발표 등을 얻어냈다. 1989년에 마조비에츠키가 총리가 되는 데 협력했으나 1990년 대선에서 그를 물리치고 초대 대통령이 되었다.

1987년에 '희망의 길'이라는 자서전을 펴냈다. 유머가 풍부하고 달변가 내지 다변가로서, 이따금 폴란드인들조차 무슨 말인지 알아듣지 못할 만큼 난해한 언어구사를 하는 것으로 유명하다. 유능하다기보다는 한 시대의 상징적 인물로서 대중들의 우상이 된 적이 있는 인물에 속한다.

알수록 재미있는 나라, 폴란드

내가 해외유학을 가게 되었다고 말했을 때 아내는 뛸 듯이 기뻐했다. 아이를 안고 몹시 기뻐하는 데, 초등학생 막내아이가 찬물을 끼얹었다.

"엄마는 좋겠다. 학교에 안 가서"

그 말 속에 어른이 생각지도 않았던 아이의 걱정과 불안이 담겨 있었다.

아이가 외국에 나가면 어쨌든 외국 아이들과 어울려 조금이라도 영어를 더 잘하게 되리라고 기대하지만, 자녀들은 낯선 곳, 낯선 나라에 가는 것을 두려워한다.

친절한 집주인 우흐만 씨

지금은 살아있는지 알 수 없는 우흐만Uchman 할아버지, 그 분이 그립다. 2년간 내 가족에게 집을 빌려주고 늘 만족해하던 인자한 할아버지! 남의 집에 세 들어 살면서 집주인과 좋은 관계를 형성하기 쉽지 않은데, 내 가족은 운 좋게도 집주인과 2년 내내 좋은 관계를 유지했다. 약속을 지키고 인정 있게 대했더니 집주인도 나의 가족을 친척처럼 돌봐주었다.

바르샤바에 도착한지 4일 만에 2년간 지낼 아파트를 구했다. 방 셋에 거실과 화장실, 욕실, 거기다 차고까지 있었다. 시설물을 확인한 뒤 서명하고 보증금에 5개월 치 선불, 중개료를 지불하니 끝이었다. 한 달에 2,200즈워티, 우리 돈 66만 원인데, 현지에 사는 우리나라 사람들은 좋은 주택단지에 싸게 잘 들어갔다고 말해주었다.

집에는 더블베드 하나에 소파가 있었는데, 소파는 일인용과 긴 소파로 구성되어 있었다. 그런데 알고 보니 이들 소파는 멋진 도구였다. 일인용 소파는 앉았다 하면 그냥 잠들게 하는 마력이 있어 종종 애용했다. 집으로 돌아와 TV 본다고 앉아 있으면 나도 모르게 꿈나라로 갔다. 긴 소파도 알고 보니 폴란드 사람이 즐겨 이용하는 컨버터벌Convertible이었다. 앉아 있다가 피곤해 몸을 펴면 의자가 빠져나와 침대가 되는 일종의 풀 아웃Pull-out 베드였다. 이게 폴란드 가정에서는 없어서는 안 될 필수품이라고 하니, 나의 집도 꽤나 폴란드화 된 셈이었다. 폴란드 사람은 이 소파 겸용 침대가 없는 집이 없고 거의 매일이다시피 이 베드에서 잠잔다고 한다. 이 소파를 반드시 사용해보기를 권한다.

아이들 침대와 TV가 없었는데 입주 5일 만에 주인 할아버지가 설치해주었다. 이때 처음으로 신사적으로 생긴 우흐만 씨를 봤다. 나이가 76세이나 참 곱게 늙었다는 인상이 들었다. 신부神父인 그의 아들과 함께 땀 흘리며 어린이 침대와 TV를 설치해주었다. 여느 사람과 달리 진지하고 화통하게 친밀감을 표시했으며 정성을 느낄 수 있었다.

우흐만 씨는 독일어를 조금 할 줄 알지만 영어는 하지 못했다. 그렇지만, 직접 전화하면 불편해하지 않고 자신의 대리인격인 사람을 바꿔주었다. 그런 식으로 통화해서 상의하고 문제를 해결했다. 아무래도 다른 사람을 통하는 것보다 직접 전화하면 집주인은 조금은 무겁게 받아들이고 그래서 일이 촉진되는 느낌이 들었다. 임차인의 목소리를 무시할 수 없기 때문이리라.

우흐만 씨는 내가 요청한 인터넷을 연결해주었고, 이어 비자신청에 필요한 거주확인서 발급도 동사무소를 두 번이나 오가면서 해결해주었다. 고맙다는 답례로 인삼차와 사탕을 선물로 주었다. 나중에 선물받은 답례로 우흐만 씨가 커다란 케익을 선물로 가져왔다.

10월이 되자 월동에 대비해 창문교체 공사를 해주었다. 나무로 된 창문을 제거하고 세련되고 견고한 플라스틱 이중창을 다는 작업이었다. 창문교체 공사를 아침에 와서 밤 9시까지 강행해 단 하루 만에 끝내버렸다. 식사를 달라는 말도 없었고 쉬는 모습도 없었으며 주말을 마다않고 공사가 끝날 때까지 멈추지 않았다. 어려워보이던 창문교체작업, 창틀을 제거하면서 시멘트까지 바르는 작업을 하루 만에 끝내다니 놀라웠다. 그렇지만 일하는 기본은 매우 충실했다. 공사할 때 가재도구나 가구 등을 비닐로 덮어서 먼지가 앉지 않게 했고 깨끗하게 일했다. 마감도 신경을 써주었다. 공사하느라 더러워진 아파트 계단을 닦고 실내 뒷정리까지 마치고 돌아갔다.

독일제 이중창은 유리 사이 틈이 넓고 진공으로 되어 있어 방음·방한 효과가 탁월했다. 우리나라 창문과는 비교가 되지 않을 만큼 우수했다. 위풍이 심한 우리나라 사무실이나 주택도 이와 같은 단단한 이중창으로 바꾸면 좋겠다는 생각이 들었다.

우흐만 씨는 늘 전화를 미리 주고 집에 찾아와 렌트비와 공과금을 받아갔다. 장난기 어린 표정에 항상 즐거워했다. 나이가 많았지만 동안童顔이고 인자했는데, 특히 아내와 아이들에게 친밀감을 표시했다. 폴란드에 온 지 약 3개월이 되었을 무렵인데 집을 방문한 우흐만 씨가 한글로 '믿음 소망 사랑'이라고 쓰인 한복 노리개를 내놓았다. 어떻게 우리나라 물건을 가지게 되었는지 말이 안 통해 물어볼 수 없었지만, 어쨌든 정성이 고마워 답례품으로 영국차를 선물했다.

집주인 우흐만 씨는 내가 엔틱을 모은다고 하자, 자신도 엔틱 수집이 취미라고 하면서 호감을 표시했다. 그의 말에 의하면 얼마 전까지 엔틱이 아주

싸고 물건이 많았는데 지금은 너무 비싸졌다고 말했다. 그러면서 이제는 싫증이 났다며 집에 엔틱 물건이 쌓여 있으니 언제든 놀러오라고 했다. 아내가 감사의 표시로 김치를 맛보라며 조금 담아 주었다. 그리고 손수 만든 케익을 대접했는데 우흐만 씨는 정식으로 우리가족을 초청했다.

아내와 함께 우흐만 할아버지의 집을 방문했다. 그의 집은 공산시절 지었을법한 조그만 아파트에 있었다. 문을 열고 들어가니 혼자 사는 거실과 방은 온통 엔틱으로 가득 차 있었다. 싱싱한 포도를 사 가지고 갔는데, 우흐만 씨는 차와 커피를 내놓았다. 그는 그때까지 살아온 자기 이야기를 해주었다. 가족사진과 미남이었던 젊었을 때 사진을 보여주면서 자신의 가족을 소개 했다. 그의 아버지와 어머니 사진은 침실의 잘 보이는 벽에 걸려 있었다. 그는 자신의 아들 우흐만 II세를 칭찬했다. 퍽 효자고 아버지를 잘 따른다고 했다. 아들은 15년 전 그의 어머니가 신부되길 원해 변호사 일을 하면서 신부가 되었다고 한다. 예배를 주관하는 한편으로 변호사 일을 한다고 했다.

우흐만 씨의 집을 방문한 답례로 그를 식사에 초대했다. 그는 화려하고 멋지게 치장한 신사가 되어 내 집을 방문했다. 그리고 내게는 스페인 포도주를, 아내와 아이들에겐 초코렛을 선물로 나눠주었다. 정말 자상하고 따뜻한 사람이었다. 선물에 대한 답례로 인삼차를 주었다. 잡채와 불고기, 빈대떡을 부치고 군만두에 미역국까지 내놓았다. 우흐만 씨는 맛있게 한국음식을 먹었다. 군만두가 폴란드의 피에로기와 비슷하게 생겼지만 맛이 색다르다며 아주 좋다고 평했다. 잡채 역시 먹을 만하다며 손이 자주 갔다. 김치는 맵다하고 흰밥은 싱거운지 간장에 비벼 먹었다.

폴란드에서 살던 아파트와 주변 경치

한 해가 끝나는 12월에 우흐만 씨가 입원했다는 소식을 듣고 아내와 함께 병문안을 갔다. 힘없이 앉아 있던 그는 우리 부부를 보고 매우 기뻐했다. 단순 박테리아일 뿐이라며 도리어 우리 부부를 안심시켰다. 국가에서 치료해 준다고 했다. 김밥 조금하고 인삼사탕, 귤을 주고 왔다.

귀국하는 날이 되어 우흐만 씨 부자와 헤어졌다. 뺨을 갖다 대는 인사로 작별을 고했다. 세 번 뺨 대기, 이런 식의 인사를 처음 경험했다.

시골집과 마을 구경

가족이나 다름없던 캐롤리나의 시골집을 방문했다.

1박 2일의 가정방문은 좀처럼 얻기 어려운 기회였는데 서로 가족 같이 대한 것이 계기가 되어 성사되었고 이를 통해 좀 더 폴란드 사람들과 가까워지게 되었다.

그녀의 집은 폴란드의 동부지방, 즉 우크라이나와 국경선을 접한 작은 도시 헤움에 있었다.

4월의 봄 토요일 아침 우리 가족은 부산하게 움직였다. 그렇지만 늘 그랬듯 이날도 늦어져 8시 출발이 9시 30분이 되어서야 나서게 되었다. 아내가 캐롤리나의 부모님에게 줄 선물이라며 김밥을 준비했기 때문이었다. 아내는 남의 집에 초대받아 1박 2일 동안 지내고 오는 데 대해 약간 부담스러워했다. 그래서인지 아침부터 이것저것 준비하는데 신경을 많이 썼다.

헤움으로 가는 길은 온통 시골 풍경이었다. 바르샤바에서 멀어질수록 시골을 넘어 변방 오지로 가는 기분이었다. 그동안 보지 못했던 말이 끄는 쟁기와 농부가 한 둘씩 보였다. 주변 농토도 그렇지만 도로에는 UA 스티커를

캐롤리나 가족과 분필광산에서

붙인 우크라이나 차들의 행렬이 이어졌다. 우크라이나 차들은 대체로 낡았고 짐을 가득 싣고 있었다. 폴란드가 우크라이나의 젖줄이라는 말을 실감할 수 있었다.

헤움 입구에서 캐롤리나와 그녀의 남동생을 반갑게 만나 집으로 안내되었다. 집은 도시의 한복판, 올드 타운이 있는 곳에 있었다. 그녀의 엄마가 맞이해주고 직장에서 돌아온 콧수염의 아빠가 합류했다.

점심을 먹지 않았기 때문에 두 가족이 모여 식사를 함께 했다. 먼저 마카로니가 들어간 뜨거운 닭고기 수프 로우수를 먹었다. 이어 돼지고기를 절편처럼 혹은 수육처럼 만든 요리, 브로콜리를 삶아 소스에 찍어먹게 한 요리, 감자를 고구마 맛탕처럼 프라이한 요리가 나왔고 아내는 때맞춰 김밥을 내놓았다. 캐롤리나에게 영어로 말하면 그녀는 엄마, 아빠에게 통역을 해주었다. 또 반대로 에너지가 넘치는 그녀의 아빠가 하는 이야기를 우리에게 통역해주었다.

식사 후 캐롤리나와 그녀 아빠의 안내로 올드 타운에 있는 오래된 분필광산Old chalk mine을 구경 했다. 그곳은 분필 암석에 판 지하 굴로서 13세기 타타르(몽골) 침략과 관련된 유령 이야기가 있었다. 옛날에는 이 분필광산이 집으로 연결되어 비상시 이 굴로 피신할 수 있었다고 한다. 실제로 굴속에 들어가 보니 지상과 같이 거리 명이 표시되어 있었다. 한편으로 분필을 채취해

캐롤리나 가족과 호수에서

팔고 전시에는 피난처가 되었다니 유용한 광산이라고 해야 하겠다.

그 다음은 해움에서 멀지 않은 호수 유원지로 향했다. 이번에는 그녀의 엄마가 합류했다. 지금은 이른 철이어서 사람이 거의 없었으나 여름에는 사람들로 붐빈다고 했다. 호수는 잔잔하다 못해 거의 죽은 듯이 멈추어 있었다. 고기가 없는지 물속엔 아무 것도 볼 수 없었다. 단지 악어가 출몰했다는 이야기가 있고 그 장소에 악어상 한 마리가 있을 뿐이었다. 조금 산책한 뒤 까페에 앉아서 폴란드 특유의 진한 커피를 마시고 돌아왔다.

집에 와서 폴란드가 자랑하는 푸짐한 저녁식사를 했다. 빵에 소시지 튀긴 것, 수루브카, 로우수를 먹고 맥주를 마시며 온 가족이 함께 모여 대화를 했다. 이야기를 하는 동안 조그만 개가 흥분해 날뛰곤 했는데, 입마개를 해놓아 한바탕 웃음을 터뜨렸던 기억이 난다. 우리나라에도 개에게 입마개를 착용시킨다면 사람들이 개에게 물리는 일은 없으리란 생각이 들었다.

캐롤리나의 아빠에 의하면 얼마 전까지 이곳에서 수도 바르샤바로 가려면 비자를 얻어야 한다고 했다. 또 그 당시에는 밤 11시가 되면 통행금지가 되고 등화관제를 했다고 말했다. 등화관제를 한다고 담요로 창을 가렸다는 말을 듣고 우리도 얼마 전까지 그런 시대가 있었다고 말해주었다.

다음날 아침식사는 샌드위치였다. 여러 종류의 차가운 햄과 치즈가 나오고 빵과 버터가 담긴 바구니가 놓였다. 비트 뿌리로 만든 바르슈츠 수프, 토마토 슬라이스, 샐러드, 계란이 나왔다.

식사 후 캐롤리나의 친할머니가 사는 집을 찾았다. 정원을 가진 연립주택인데 화단에 각종 꽃을 심어 찾는 이를 즐겁게 해주었다. 마침 주말을 맞아

캐롤리나 할머니와 친척들과 함께

멀리 친척들이 와 있었는데 색다른 손님인 내 가족을 만나 서로 인사를 나누었다.

폴란드 사람의 친인척간 유대는 매우 각별하다. 친인척끼리 회합과 유대를 매우 중요하게 생각해 계기가 있을 때마다 서로 만나 화합하고 단합을 과시한다. 가족끼리 돕는 건 당연하고, 외부인이 그들 가족을 도우면 온 가족이 나서서 자신의 일처럼 감사해하고 애정을 표시한다. 가족 구성원간의 강한 유대와 네트워크는 현대사회에서 이례적이라 할 만큼 잘 되어 있다.

폴란드 사람은 멀리서 온 손님에게 헤르바타Herbata와 커피를 권하고 각종 다과와 음료를 낸다고 한다. 우리에게도 같은 대접을 해주었다. 캐롤리나의 할머니는 꼭 우리나라의 할머니처럼 자신이 먹기 위해 간직해놓은 과자를 꺼내 권했다. 그리고 이곳에서 생산하는 과일주와 쥬스를 내놓았다. 우크라이나, 벨라루스와 가까워서인지 러시아산, 벨라루스산, 우크라이나산 주류가 많았다.

집안 친척들의 제의로 인근 숲속 길을 걸었다. 땅은 평지였지만, 나무를 베지 않아 숲이 굉장히 울창하고 쭉쭉 뻗은 나무가 인상적이었다. 그런 가운데 땅에는 작은 꽃들이 바다를 이루고 있었다. 노란색, 자주색 꽃의 바다를 보니 아내는 탐나는지 꽃을 꺾어 가져왔다. 이런 식으로 대접받은 건 정말 굉장했다.

푸와비Puławy에서 온 주부 한 분은 여느 사람과 달리 영어를 쓰는 세련된 여성이었다. 이방인에 대해 전혀 주저하지 않고 말을 건네며 조크했다. 명함을 건네주면서 푸와비 지역으로 놀러올 계획이 있으면 언제든지 연락 주라고 하면서 잘 관광시켜주겠다고 약속하기까지 했다. 남편이 천연가스 운반선의 선장인데 한 번 출항하면 2개월에서 4개월이 지나야 돌아온다고 했다. 그런데 가끔은 남편이 나가주어 좋다고 말했다. 이것저것 치우라는 잔소리도 없고 자유를 만끽하니까 좋단다. 모두들 그녀의 말을 듣고 웃었다. 그 다음의 말도 재미있었다. 막내둥이가 첫째와 나이차가 12살 이상 나는데, 무슨 이유라도 있었느냐고 물었더니, 'Accident!' 였단다. 얼마나 우스운지 아내와 함께 배꼽을 잡았던 기억이 난다.

오후에는 캐롤리나의 외할머니가 홀로 사는 곳에 갔다. 나무가 별로 없는 넓은 경작지에 드문드문 있는 집 중의 하나였는데, 단층으로 외로운데다 다소 초라했다. 할머니에게는 개 한 마리 외에 아무 것도 없었다. 집 주위에는 의지할 산이나 언덕이 없어 겨울이 몹시 춥고 길게 느껴질 듯 했다. 케익을 내놓았지만 오래 머물 시간이 없어 커피를 조금 마시다 나왔다.

5년이 지난 지금 캐롤리나의 두 할머니는 유감스럽게도 모두 돌아가셨다. 몇 해 전 캐롤리나로부터 그 소식을 듣고 잠시 옛 생각에 젖었다. 두 분모두 우리 가족을 따뜻이 맞이해주었고 비교적 정정했는데 조금 일찍 돌아가셨다는 생각이 들었다.

점심은 캐롤리나 집에 가서 먹었다. 비트 뿌리로 만든 '바르슈츠' 수프에 아내가 가져간 김치를 곁들여 먹었다. 캐롤리나의 아버지는 나에게 우크라이나 술을, 아내에게는 향수, 딸에게는 머그컵과 팔찌, 아들에게는 축구공을 선사했다. 우리가족은 김밥과 김치, 세수 비누 두 개씩 가져갔는데, 김밥과 비누는 양가 할머니댁에도 갈라주었다. 캐롤리나 동생에게는 우리나라 돈을 종류별로 주었다.

캐롤리나의 안내 정도만 기대했던 우리에게 캐롤리나의 온 가족이 이틀을 써가며 환대했던 일을 잊을 수 없다. 가는 곳마다 다과와 커피를 내놓으며 우리를 환대해주었다. 폴란드 사람은 감동을 받으면 물질이 아니라 온 마음을 열고 맞이해주는구나 하는 생각이 들었다.

답례로 그녀의 부모를 초청했더니, 헤움에서 만난 지 2개월 만에 캐롤리나의 엄마, 아빠, 남동생을 내 집에서 볼 수 있었다. 그리스산 포도주 한 병과 집에서 만든 세르닉, 아이들에게 주기 위한 초코렛을 선물로 들고 왔다. 집안 이곳저곳을 소개했는데, 유난히 발코니에 큰 관심을 표시했다. 전에 온 미워시도 넓은 발코니가 부러웠던지 관심을 표시한 적이 있는 걸 보면 폴란드 사람은 발코니가 넓은 걸 좋아함을 알 수 있었다. 세르닉이 제 모양 덜 났다고 겸손해했지만, 먹어보니 아주 맛있었다. 아내가 한국음식으로 잡채, 돼지갈비, 불고기, 미역국, 두부조림, 김치, 밥을 내놓았다. 미역국을 아이 낳은 후 먹는 수프라고 소개했더니, 폴란드에서는 아이 낳은 후 차에 금방 짠 우유를 타서 마신다고 했다.

캐롤리나의 엄마는 우리나라 젓가락을 마음에 들어 했는데, 여분이 없어 주지 못했다. 그리고 음식은 김치가 가장 특별하고 잡채는 먹을 만하며 고기 종류는 이 나라 사람들도 많이 먹으니까 다소 평범하다는 반응을 보였다. 녹차를 주었더니 자기 나라에 있는 무슨 수프 맛이라고 했다. 중국차는 흔하고 한국과 일본의 차는 귀하다고 말했다. 떠날 때 선물세트를 캐롤리나 아빠에게 주고 인삼비누 세트를 그녀의 엄마에게 주었다. 아내는 캐롤리나 엄마와 헤어질 때 뺨을 부딪는 인사를 하며 떠나보냈다. 캐롤리나 아빠는 아내의 손에 입맞춤 하는 인사를 했다. 가을에 버섯 따러 와서 집에 한 번 더 놀다 가라고 초청했다.

폴란드 사람의 친절이 어느 정도인지는 '집에 온 손님은 신^{God}이나 마찬가지다.'라는 격언에서 잘 알 수 있다. 캐롤리나가 집에 온 손님에게 이렇게 대접하는 건 지극히 평범하다고 한 말이 틀리지 않음을 알 수 있었다.

연구소의 폴란드 친구

연구소의 동료들은 바르샤바대학교 경제학과 박사들이거나 미국, 영국에서 학위를 취득한 수재들이다. 이들과는 2년 동안 커피를 즐기고 점심식사를 같이 했다. 아침이면 진한 원두커피를 앞에 두고 한국에 관한 기사를 화제로 삼았고, 오후 1시면 식당에 모여 이야기꽃을 피웠다. 식당은 모두가 모이는 장소였다. 학술행사에 참석한 사람, 휴가를 다녀온 사람, 외국여행을 즐기고 온 사람이 모두 모이는 자리였다. 지낸 소식을 묻고 밖에서 체험한 이야기를 듣는 자리가 되어 폭소가 터지고 한마음이 되었다. 기분이 좋아질 때면 맥주를 시켜먹기도 했다. 자연히 사교하는 장소가 되어 이런저런 많은 이야기를 들을 수 있었다. 그러다가 1년에 한 차례 있는 챔피언스 리그 때는 함께 모여 맥주집에 가서 술을 마시며 축구경기를 즐겼다. 밤 11시가 되어 헤어지긴 이때뿐이었을 것이다. 그뿐 아니었다. 연말에는 서로 가족을 초대해 집안 음식을 대접하고 친교를 다졌다.

연구소의 폴란드 엘리트들은 확실히 좋은 사람들이었다. 사람을 차별하거나 저희들끼리 어울려 다닌다든지 하는 게 없었다. 누구에게나 같게 대해

주고 마음을 불편하게 하는 것이 전혀 없었다.

집에서 하는 가든파티

폴란드에 온지 5개월 정도 지난 9월초에 연구소의 낙천적인 친구 레섹이 가든파티를 열었다. 그는 동료들을 초청하면서 나에게도 아내와 아이들을 데려 오라고 했다. 아내와 난 흔쾌히 응하고, 남의 집을 방문하는 문화를 물어보았다. 포도주 한 병이나 꽃을 사 들고 가면 된다고 한다. 이후로 폴란드 친구의 집을 방문할 때마다 튤립꽃 아니면 포도주를 들고 갔다. 서로 한 번씩 오간 가정에는 한국음식을 선물로 가지고 갔다.

참고로 손님을 초청할 경우의 예법도 알아두자.

손님이 집에 오면 그 즉시 마실 것을 주어야 한다. 이것이 바로 폴란드식 손님접대라고 한다. 예전에 집주인이 동사무소를 두 번이나 오가면서 거주 확인서를 발급받아 건네주며 잠깐 쉬어 가고 싶다는 뜻을 나타낸 적이 있었는데 이때가 바로 안으로 들어오게 해서 마실 것을 주어야 할 때였다. 당시는 몰라서 못했지만, 폴란드 문화를 제대로 아는 사람이라면 음료를 내놓는 것을 기억해야 하겠다.

초대받은 날은 토요일이었다.

아내와 함께 찾아가니, 그의 집은 시 외곽의 밭에 둘러싸여 있었다. 동네 한 귀퉁이였지만, 한적하고 떨어진 곳에 있어 마치 별장 같았다. 빨간 지붕의 이층집에다 태양이 드는 쪽으로 넓은 정원과 잔디가 있었다. 우리 부부가 도착하자 동료들이 모두 나와 환영하고 집으로 안내했다. 외국인은 우리뿐이었다. 독일산 화이트와인을 선물하고 잠깐 거실을 구경했다. 집안을 둘러보니 소박하고 검소할 뿐 화려하거나 장식을 많이 하지 않았다. 집주인은 머그컵을 모으는 게 취미라며 그동안 모아놓은 컵을 보여주었다. 집주인 내외와 잠깐 인사 한 뒤 이내 잔디밭으로 나왔다.

그리고는 함께 어울려 가든파티 준비를 했다. 불을 피우고 고기와 소시지를 가져왔다. 거실에 있는 테이블과 의자도 꺼냈다. 그런데 오크로 된 테이블과 의자가 여간 무겁지 않았다. 이 나라 사람들은 튼튼하기만 하면 좀 무거워도 상관하지 않는다는 것을 알 수 있었다. 폴란드산 접시나 그릇도 역시 무겁고 튼튼했다.

숯불에 석쇠를 올려놓고 은박지로 싼 폴란드식 순대, 돼지갈비, 닭다리를 구웠다. 그러는 사이 레섹의 부인이 만든 올리브유와 비나르로 소스한 데친 가지 요리가 나왔다. 이어 샐러드와 치즈요리, 펜케이크, 빵이 나왔다. 음료수는 각자 좋아하는 것을 골라 먹으라고 했다. 쥬스와 물은 기본이고 와인에 종류별 맥주, 보드카가 각양각색으로 나왔다.

우리 부부는 처음에는 오렌지 쥬스만 홀짝 거렸는데, 고기가 익어가고 요리가 나오자 동료들과 어울려 점차 맥주와 포도주를 마시며 분위기에 젖어들었다. 목을 축이는 것에서 시작해 마지막으로 동물 모양 비스킷을 먹을 때까지 배가 불러서 더 못 먹을 만큼 음식을 즐겼다.

정원을 산책하는데, 연구소의 오토 교수가 아내에게 손 키스 인사를 했다. 오토 교수는 최후의 구세대답게 여성에게 매우 정중하고 깍듯했다.

여기는 국제화된 사람들의 모임이었다. 부인들이 한결 같이 영어를 능통

하게 구사하고 외국에서 살아본 경험이 있는 등 엘리트들이었다. 오로지 한 사람 연구소 책임교수의 부인만 영어를 못했다.

파티라는 것이 먹고 마시며 대화하는 것이 목적이어서 오후 4시부터 7시까지 3시간 동안 수다를 떨었다. 아이 낳는 풍습이라든지 남아선호 정도, 부모를 경제적으로 돕는 한국전통 등 서로 다른 문화 이야기가 주된 화제였다. 그러다가 중고 자동차를 구입할 때 조심하지 않으면 낭패를 본다는 이야기가 나왔다. 자동차 전문가에게 돈을 주고 체크해본 뒤 구입했다는 경험담, 자동차 전문가에게 의뢰해 몇 가지 차를 소개받은 뒤 선택했다는 이야기, 차를 먼저 고른 뒤 전문가의 체크를 받았다는 이야기 등이었다. 레섹은 내가 아이들을 데리고 오지 않았다며 나중에는 같이 오라고 권했다. 폴란드 사람들은 참으로 신사적이면서도 소박하고 정이 있었다.

레섹은 매년 이와 같은 가든파티를 열었다. 이듬해에도 연구소 동료들을 집 가든파티에 초청했다. 그때 역시 푸짐한 음식이 준비되어 있었다. 쌀요리, 빵케익, 소스가 나왔고, 우유와 돼지고기 보책(삼겹살) 절여놓은 것을 볶아서 감자 가루를 얹은 찜이 나왔다. 연어를 통째로 쪄서 만든 것도 나왔다.

나와 아내는 손수 만들어간 잡채를 내놓았다. 다들 잡채를 잘 먹었고 맛있단 반응이었다. 또 양념한 돼지불고기도 익혀서 내놓았다. 참석자들은 우리 돼지불고기가 매콤하다며 좋아했다. 특별히 고기살이 연하게 된 것을 신기하게 생각했다. 제법 양이 많다고 생각했는데, 거의 다 비웠다.

예전처럼 후식으로 세르닉을 직접 만들어 내놓았고 커피와 차가 나왔다. 아내도 작년과 달리 영어 대화하는 실력이 많이 늘었다. 부인들끼리 서로 친밀감을 표시하면서 묻고 대답하는 가운데 아내가 홀로 있지 않아 보기 좋았다. 서로 대화하는 동안에도 레섹의 부인은 요리를 내놓았다.

폴란드 친구들은 내가 워낙 폴란드 음식을 잘 먹자 한국에 돌아가서 폴란드 음식점을 해볼 생각이 없느냐고 물었다. 그러고 싶지만, 한국에서는 재료값이 비싸기 때문에 폴란드식이 만만치 않으리란 인상이 든다고 했다.

전통 식사로의 초대

연구소의 친한 동료 미워시의 초대로 그의 아파트를 방문했다. 식사시간으로는 조금 늦은 저녁 8시에 방문했는데, 문을 열자마자 까치발로 나와서는 아이들이 막 잠들었다고 했다. 그의 부인은 아이 재우러 방에 들어가 있었고 거실은 어두컴컴했다. 잠자는 집에 온듯한데 음식 냄새마저 나지 않으니 처음에는 좀 의아했다. 아무런 준비가 되지 않은 듯 보였기 때문이다.

그러다가 아이가 잠들었는지 미워시 부인이 나와서 수프를 내놓았다. '프라키'가 전통음식이라며 맨 먼저 선보였다. 아내는 호드닉^{Chłodnik}이라는 냉채 비슷한 수프를 먹었다. 샐러드를 내놓고 장난기 발동으로 사둔 듯한, 별난 맥주 'dog in the fog'를 마셨다. 빵은 잡곡으로 만든 딱딱한 것이 나왔고 비고스처럼 양배추로 만든 스튜와 만두 모양의 피에로기가 나왔다. 그리고 펜케익에 해당하는 나레시니끼, 감자전에 해당하는 플라츠키^{Placki}가 나왔다. 아내는 쥬스를 마시고 나는 그 친구와 함께 꿀술을 맛보고 이어 쥬부르 보드카를 칵테일로 만들어 마셨다. 그러면서 틈틈이 독일 순무로 알려진 것을 깎아 과일처럼 먹었는데 배가 불러왔다.

아무런 준비를 하지 않은 것처럼 보였던 부엌에서 이곳저곳을 뒤적여 꺼내니 먹거리가 끝없이 이어졌다. 기분이 좋아졌는지 미워시 부부는 방학이 끝날 때쯤 우리 가족을 자기 집 별장에 초대하고 싶다고 말했다. 그 별장이 있는 곳은 바르샤바 북동쪽에 있는 워후브^{Łochów}였다. 부그강의 지류 리비에츠^{Liwiec} 강이 흐르는 곳이었다. 미워시는 자신이 결혼하기 전에 미국에서 아르바이트 하며 찍었던 사진이며 결혼사진첩을 보여주고 양가 부모님 모습도 소개했다. 집 안의 방들과 다용도실, 세면장도 구경시켜주었다. 잘 사는 집이었다. 우리 가족으로서는 풀 대접을 받았다고 말할 수 있었다. 11시가 다 되어 나왔는데, 선물로 서울에서 가져온 반팔 티셔츠, 아이들에게는 코끼리 색연필을 주었다. 집을 나오면서 그들 부부의 폴란드식 환대에 따뜻한 인정을 느꼈다. 시간이 지날수록 더 또렷해지는 추억, 잘 먹고 나왔던 기억이 난다.

답례로 미워시 가족을 저녁식사에 초대했다. 저녁 6시쯤 들어왔는데, 딸은 수줍어서 고개를 들지 못하는 반면, 아들은 개구쟁이였다. 아내가 불고기, 만두, 잡채, 김밥, 김치, 미역국을 내놓자 미워시가 우선 김밥, 잡채, 만두를 먹었다. 미워시 부인은 동양인 집이 처음인지 낯선 것에 대한 두려움으로 음식을 조금씩 맛봤다. 폴란드 음식을 들고 왔는데, 피에로기와 줄케익이었다. 직접 만든 것은 아니고 인스턴트였다. 소화기처럼 생긴 보드카도 난생처음 보는 것인데 선물로 가져왔다.

술을 곁들인 식사를 마치고 이야기를 들어보니 그 집도 맞벌이 부부였다. 말을 종합하면 맞벌이 직장생활 하는 우리나라 젊은 부부와 다를 게 없었다.

"아이를 돌보며 직장을 다니는 것이 너무 힘들다."

"돈이 없어 어디 여행할 형편이 못 된다."

"집을 소유하고 있지만 대출받아 산 것이다."

미워시는 나중에 약속한대로 나와 연구소 동료들을 자신의 별장에 초대했다. 부모님이 바르샤바에 살면서 여름에만 가서 쉰다는 일종의 별장식 주택이었다.

아내와 함께 바비큐 파티 장소를 찾아갔는데, 이미 연구소의 동료 부부들, 미워시의 친구며 가족들이 와 있었다. 그때가 7월 30일, 바르샤바가 덥다고 빠져나왔지만 그곳도 덥기는 매한가지였다. 연못과 강변에 목욕하는 사람을 많이 볼 수 있었고 도로가에는 농부들이 열매와 버섯을 따다 팔았다. 시골 동네에 들어오니 집들이 모두 번듯하고 공간이 꽤 넓은데 젊은이 혹은 아저씨들이 곳곳에 모여 있었다. 뭔가 할 일을 못 찾는 사람들이란 인상을 주는 등 바르샤바와는 영 딴판이었다.

맥주에 닭구이, 소시지, 쇠고기 구이를 해서 먹고는 갈증난다고 물을 마셔댔다. 그날따라 덥고 땀나는데 배까지 꺼지지 않아 정원을 계속 걸었던 기억이 난다. 시골이라고 하지만 큰 부지에 집을 빼고도 공간이 넓은 정원이 있어 관리하기 쉽지 않겠다는 생각이 들었다. 그렇지만 잘 가꾸어 놓아 여러 가지 화초와 아이들이 놀 수 있는 놀이터, 물놀이 튜브 수영장까지 갖추고 있었다.

파티를 끝내고 나올 때 드라이브로 인근에 있는 트레블링카^{Treblinka} 수용소 터를 찾아봤다. 소비보르에서와 별반 다르지 않게 으슥한 길에 기분도 찜찜해 차를 돌려 바르샤바로 돌아오고 말았다. 초저녁에 쓰러지는 잠버릇으로 인해 졸며 깨며 비몽사몽 운전하며 돌아왔던 기억이 난다.

이런 폴란드식 접대를 보고 느낀 점은 손님을 극진이 맞이하는 전통이 살아 있다는 점이다. 예부터 이 나라 사람들은 손님이 집에 있다는 건 하나님의 축복이라고 말했다.

"집 안에 손님이 있다는 것은 하나님이 집에 와 있는 것과 같다."

폴란드 사람은 손님에게 집안의 모든 것을 권해야 하며, 손님을 편안하게 해줄 수 있는 것이면 뭐든 다 해야 한다고 한다. 손님이 따분해 하지 않도록 계속해서 자리를 돌보고 음식과 음료를 권해 오래 머무르도록 해야 한다. 초대 받은 사람은 식성이 왕성하기만 하면 된다니 한번 도전해볼만 하다.

미국식 식사 초대

연구소의 보이테크 부부가 봄이 한창인 4월의 어느 토요일 내 가족을 초대했다.

선물로 싱그러운 튤립 꽃다발을 가져갔다.

보이테크는 요리하는 것을 좋아했다. 그는 직접 미국식 갈비를 굽고 소스를 가져오는 등 주방 일을 도맡아 했다. 음식은 폴란드의 전통적 방법 대신 현대인의 생활방식에 맞는 미국식 스타일로 했다. 그날도 맞벌이 부부답게 아주 간편하게 굽고 소스를 발라서 먹는 방식으로 식사를 진행했다. 테이블에 올려진 요리는 미국식 갈비구이로서 소스, 오이, 샐러드, 감자 삶은 것이 나왔다. 아이들이 갈비를 잘 먹자 보이테크는 조금 더 구워주기도 했다. 포도주를 마시고 디저트로 세르닉, 폴란드식 초코파이를 먹고 차와 커피를 마셨다.

그가 사는 곳은 바르샤바 동쪽의 가난한 동네 프라가였지만, 집은 새로 지어 럭셔리한 아파트였다. 폴란드에도 아파트 붐이 일었는데, 그때 샀다고 한다. 집안을 둘러보니 의외로 공간이 커서 참 잘 산다는 생각이 들었다. 장인어른은 사할린, 하바로프스크에 살았던 분으로 극동지방에서 김치를 먹어본 적이 있다며 우리나라 김치를 잘 먹었다. 2시간 동안 대화하며 있다가 집주인이 하품 하는 걸 보고 돌아왔다. 폴란드 사람치고는 아주 간소한 손님접대, 현대 사회에 맞춘 식사응대라는 인상이 들었다.

답례로 두 달 지난 6월의 어느 토요일에 보이테크 가족을 초대했다. 보이테크는 어른을 위한 선물로 포도주를, 아이들을 위해서는 초코렛을 사들고 왔다. 아내는 준비해 둔 김밥, 불고기, 잡채, 미역국, 김치, 두부조림, 밥을 내놓았다. 보이테크와 부인은 서투르지만 미역국에 밥을 말아 먹기도 하면서 반찬을 하나씩 맛보았다. 한국 대중 술인 소주를 맛보이고 녹차도 마셔보게 했다.

베트남 가족과의 교류

아들이 다니는 국제학교의 베트남계 학부모의 초대로 그의 집에 놀러갔다. 어른들이 자녀들끼리 놀다 가게 하는 경우는 있어도 온 가족을 초대하기는 이때가 처음이었다.

국제학교에서 동양인 아이와 친하게 지내도록 하는 사람은 대개 아시아계인데 이번에 초청한 사람은 베트남계였다. 아버지는 베트남 사람, 어머니는 폴란드 사람이었다. 호치민(사이공)에서 왔다는 아버지는 부동산업을 해서 한몫 잡은 듯했다.

넓은 땅의 입구에 있는 베트남 사람의 집은 조금 더 손질을 필요로 했지만 크기만큼은 거대했다. 덩치가 작은 신체상의 열등감 때문인지 집은 안에서 보나 밖에서 보나 거의 신전 같았다. 집이 너무 커서 아이들의 정서에 도움이 안되겠다는 생각이 들었다.

실내 방은 여느 폴란드 사람의 집과 다름없이 어두웠지만 천장이 높고 공간이 넓었다. 아이들끼리 놀게 하고 어른들은 커피와 케익을 놓고 담소를 나누었다.

음식은 맨 나중에 나왔다. 칠면조 요리에 밤, 완두콩 깍지 등이었다. 베트남 사람들은 주로 중국 투자를 끌어들이고 중국어를 배워서 중국회사에 취직한다고 했다. 그는 20년 가까이 이곳에 살면서 우리 가족이 처음으로 알게 된 한국 사람이었다고 하니 의외였다.

1박 2일의 방문에 대한 답례로 베트남 친구 가족을 초청했다. 우리나라 사람의 집에 처음 와 본다는 베트남 아빠와 폴란드 엄마였다. 아내가 준비한 음식을 내놓았는데, 예상 외로 잘 먹었다. 김치를 모두 비웠고 특히 잡채를 좋아했다. 아내가 특별히 만든 샐러드와 소스도 좋아했다. 김치와 샐러드 소스 만드는 방법을 적어갔다. 선물로 포도주와 목도리를 가져왔다.

앉았다 하면 문화 이야기를 나누는 게 나의 버릇인데 이때도 마찬가지였다. 쇠 젓가락이 신기하다는 말, 음식을 진열해놓고 먹는 이야기, 잔디를 잘 가꾸지 않는 아시아 문화, 꽃은 꽃일 뿐이라는 아시아인의 인식……, 그러다가 우리나라의 통일문제도 나왔다. 우리 한국이 통일을 어떻게 하면 좋겠느냐고 물었더니, 베트남식 통일인식이라고 해야 하나? 다음과 같이 말했다.

"사라Buy it.!"

산다는 개념으로 북한에 투자하란다. 그러면서 정치적인 문제가 부각되면 어려워진다고 조언해주었다. 그럴 듯했다. 동감을 표시했다.

자녀 학교 보내기

내가 해외유학을 가게 되었다고 말했을 때 아내는 뛸 듯이 기뻐했다. 아이를 껴안고 뽀뽀하며 기뻐하는데, 초등학생 막내아이가 찬물을 끼얹었다.

"엄마는 좋겠다. 학교에 안 가서"

그 말 속에 어른이 생각지도 않았던 아이의 걱정과 불안이 담겨 있었다. 아이가 외국에 나가면 어쨌든 외국 아이들과 어울려 조금이라도 영어를 더 잘하게 되리라고 기대하지만, 자녀들은 낯선 곳, 낯선 나라에 가는 것을 두려워한다.

이곳에 와서 학교를 알아보니 바르샤바에는 국제학교가 둘 있었다. 하나는 아메리칸 스쿨이고 다른 하나는 브리티시 스쿨이었다. 이 학교들은 외교관이나 상사주재원 같이 학비 보조를 받는 아이들이 주로 다닌다. 한 아이의 1년 학비가 거의 2000만 원 수준이니 어지간한 부잣집이 아니고는 보내기 어렵다.

그래도 폴란드에 유학 와서 다행스러웠던 점은 부자학교 틈바구니에 저렴한 국제학교가 하나 있었다는 점이다. 인도인 교장이 운영하는 학교였는데, 아메리칸 영어를 사용했으므로 그럭저럭 괜찮았다. 가보니 조그만 2층집에 족구장만한 운동 공간이 있었다. 이미 한국에 있을 때 인터넷 홈페이지를 통해 봤던 IAS^{International American School}였다. 소박하게 느껴지고 놀이방 같은 모습이었으나, 큰 아이, 작은 아이, 백인과 유색인종이 섞여 활발했다. 아내가 실망하고 아이들도 시큰둥하나 달리 선택의 여지가 없었다. 학교를 소개하는 사람은 다소간 엄격해 보이는 선생이었는데 아이들의 학년을 2nd Grade 와 5th Grade로 부여해주었다. 교육비는 자녀 둘 합쳐서 연간 1500만 원이었다.

학교에 갈 날이 가까워지자 큰 딸은 자신을 소개하는 인사를 익히고 걱정하는 모습인데, 막내 아이는 제 엄마에게 영어를 외우지 않겠다고 잘라 말하는 등 뿔난 모습이었다. 학교에 아이들을 등록시키니 부교장이 나와 아이들이 영어수업을 따라가는데 스트레스와 어려움을 겪을 것이라고 말했다. 딸은 감정 표현을 하지 않았지만 긴장한 모습이었고 막내 아이는 달래는 제 엄마에게 여전히 새 학교에 가길 싫어했다.

"엄마가 내 입장이라면 어떨지 한번 생각해봐."

아이들이 교실에 들어가는 것을 보고 잠시 학교 시설을 둘러봤다. 시설과 운영시스템이 잘 갖춰진 아메리칸 스쿨이 생각났다. 상담원의 부드러운 미국식 영어와 따뜻한 커피 등 마치 쇼핑센터에 온 듯 했던 그곳에 비해 이곳은 딱딱하기 그지없었다. 상담원은 없고 대신 부교장이 응대해주는데 말을 알아듣기조차 어려웠다.

첫 수업을 한 아이들이 돌아왔다. 큰딸은 만족한 표정이었다. 국내서 배운 피아노 실력으로 '엘리제를 위하여'를 쳐서 인기를 끌었다고 한다. 또 한국에서 가져간 물건을 보여줘 다들 예쁘다고 몰려드는 등 그들의 환심을 샀다. 그에 반해 막내 녀석은 시큰둥하고 뚱한 표정이었다.

아이들이 학교에 간지 10일째가 되는 날 무심코 막내아이의 베개를 보니 머리카락이 많이 떨어져 있었다. 아이가 스트레스를 받고 있었다.

아이들이 학교에 다닌 지 한 달 조금 넘었을 때 막내 아이가 옆자리 친구를 불편해하는 말을 했다. 얼굴에 손대는 것을 싫어하는 막내 아이에게 옆자리 친구가 장난을 그치지 않는 듯 했다. 다음날 학교에 가서 담임선생님을 만났다.

"처음에 영어 기초 없이 이곳에 오면 아이가 좌절과 의욕상실을 겪을 수 있습니다."

다행히 아들이 잘 적응하고 말을 알아듣는 때가 많더라며 칭찬해주었다. 내가 아들의 옆자리 친구 문제를 제기하지 않을 수 없어 정색을 하고 그 말을 하니, 선생은 깜짝 놀라며 즉시 자리를 옮겨주었다.

그렇게 해결하고 왔는데, 어느 날 차를 타고 가던 아들이 내게 '바더링'이 뭐냐고 물었다. 학교에서 많이 듣는 말임을 짐작할 수 있었다. 'bothering' 즉 '귀찮게 한다'는 뜻인데, 아들이 급우들과 그런 관계에 있음을 알게 해주었다.

아이들은 나날이 학교에 적응해갔다. 딸은 벌써 인도인 짝의 초대로 그 애의 집에 놀고 오기도 했다.

딸의 생일에 반 친구들을 초청했다. 우리와 달리 이곳에서는 초청된 학생들은 거의 다 오는 듯 했다. 예상보다 많이 와서 자리가 부족할 정도였다. 폴란드 아이도 있고 인도계통 아이, 한국인, 남자와 여자 모두 골고루 왔다. 선물도 푸짐했다. 꽃다발과 꽃화분, 동물인형과 지갑 등 다양했다. 딸도 생일을 위해 준비를 많이 했다. 일일이 초청장 문안을 만들어 전달했고 아이들에게 답례로 줄 선물도 일일이 신경 써서 만들었다. 아내는 피자를 주문하고 치킨을 굽고 스파게티를 만들었다. 나는 과일과 케익을 사오고 아이들 픽업하는 일을 도와주었다. 아이들은 어울려서 나가 놀기도 하고 다시 들어와서 수다를 떠는 등 즐거운 한때를 보냈다.

딸의 영어 스피킹 실력이 늘었다. 친구들과 어울리면서 문장을 구사하는 게 제법 유창해졌다. 소극적이고 다소곳이 기죽어 보여 처음에는 걱정을 많이 했는데, 의외로 외국 아이들과 마찰 없이 잘 지내고 성격도 활달해졌다.

그러나 막내는 적응하는 데 시간이 걸렸다. 예민해서 트러블이 많았고 어울리는데 시간이 많이 걸렸다. 방학을 마치고 9월 중순이 되었는데도 여전히 학교가기 싫다며 울먹였다.

아들이 이번에는 백인 여자아이와 충돌했다. 여자라고 하지만 이곳 아이들은 잘 먹어서 덩치가 크고 뚱뚱하므로 만만히 볼 상대가 아니었다. 한번은 심술쟁이처럼 아들의 얼굴에 손을 스치듯이 대거나 혹은 쓰다듬듯이 터치해 기분 나쁘게 만들었다. 때리는 건 아니지만, 이 때문에 아들이 불쾌해했다. 그러다 이번에는 예의 그 여자 아이가 발로 아들을 건드리고 지나갔는데, 화가 난 아들이 아프게 발차기를 해버렸다. 그러자 그 아이는 아들의 테니스라켓과 필통을 쳐들며 도발했고 또 약간의 타격을 주고받았다고 한다.

이 일이 있은 후 여자아이와 친구들은 그들 위주로 선생에게 호소하였다. 아들은 사건이 일어난 상황을 만화로 설명하는 숙제를 받아왔다. 들고 온 종이에는 화난 얼굴, 웃는 얼굴, 슬픈 얼굴 등 종류별 견본이 첨부돼 있었다. 아들의 말을 듣고 다툼의 인과관계, 아들의 감정이 드러난 그림을 그렸다. 아들에게 격려와 더불어 물러서지 않도록 등을 두드려주었다.

"건드리면 제대로 한 번 차버려. 한국 사람은 서양 사람보다 발을 잘 쓰고 파워가 있으니까."

그랬더니 아들의 얼굴이 다소 밝아지고 힘을 내는 모습이었다. 아들이 감성적이고 마음이 여려 우려되었지만, 그렇다고 학교를 피해서 어디로 가겠는가?

어느 날은 아들이 영어 선생이 자꾸 질문해 짜증난다고 말했다.

"내가 왜 돈 내고 짜증나야 하는 거야?"

"돈 내고 배우고 돈 주고 귀찮게 해서라도 가르쳐 주세요 하는 게 학교야."

돈 받고 직장에서 피곤하게 일하는 건 당연하지만, 돈 내고 짜증나게 하는 건 이해되지 않는 모양이다. 아들은 영어가 짧은데다 친구가 적어서 더 재미없어 했다.

자녀들은 그냥 내버려두면 스스로 적응해간다고 하지만, 꼭 그렇지만도 않았다. 아들은 여전히 학교 갈 때마다 얼굴이 어둡고 때론 울먹여 적응하기 쉽지 않음을 내비쳤다. 그런데 밤에 보니 학교에 잘 적응했다고 믿었던 딸 역시 잠꼬대를 엄청 해대며 몸부림을 치는 것이 아닌가! 신음하고 분노하며 거부하는 소리를 해대며 뒤척였다. 딸도 깨어 있을 때 표현하지 않았을 뿐 스트레스에 시달리고 있었던 것이다.

1년이 다 되어가는 시기에 쓴 딸의 「가고 싶은 한국」을 보면 잘 알 수 있다.

여기 폴란드에 있는 아이들이 싫어.

정말 이 학교는 말이야. 별로다.

한국은 아주 좋지만

그곳에는 친한 친구들도 많고

하지만 여기는 아니야. 진짜.

좋아했던 사람도 지금은 다 짜증난다!!!

왠지는 모르지만 아주 폭탄이 되고 싶어!!!

터져라 하면 터지고

그런 폭탄이 되보고 싶다.

다행히 아이들이 같은 동네에 사는 폴란드 어린이들과는 잘 어울렸다. 영어를 하는 아이가 있어 함께 사귀고 아파트 중앙 정원의 놀이터에 들어가 모래를 만지며 놀았다. 어떤 때는 폴란드 어린이 여럿이 함께 모여 와서 두 아이를 불러내곤 했다. 아들은 이 동네 친구들이 다른 폴란드 어린이들보다 훨씬 더 착하다고 말했다. 아이들이 서로 꺼려하지 않고 사귀게 된 데는 아내가 '피터'의 엄마와 사귀고 가족이 모두 동네 사람들과 인사하며 지낸 게 도

국제학교 학생들

움이 된 듯 했다.

아이들의 학교 가는 일이 어느 정도 안정을 찾아갔다. 그러자 새로운 일과가 생기기 시작했다. 아이들의 숙제였다. 처음으로 딸아이가 글을 읽고 질문에 답하는 숙제를 가져오고 막내 아이도 구구단, 곱하기, 나누기 연습하는 과제를 가지고 왔다. 아직 영어가 안 되니 대신해 줄 수밖에 없었다. 아들은 외우고 복습하길 좋아하지 않았으나, 제 엄마가 영어를 못 따라가면 1년 더 같은 학년에 있어야 한다고 하니, 태도가 바뀌어 학년을 올라가겠다는 의지를 보였다.

아이들 숙제는 나날이 어려워갔다. 부모로서 당연히 도와주어야지만, 술 마시고 밤늦게 들어왔을 때는 여간 성가신 일이 아니다. 술기운이 퍼져 소파에 앉아 쉬고 싶은데, 숙제를 건네받는다. 알코올로 인해 열이 오르고 폴란드 특유의 저기압에 피곤이 겹쳐 눈이 감기는데 딸이 가져온 숙제를 보니 여간 빡빡한 게 아니었다.

이렇게 매일 밤 집에 돌아오면 아이들 영어 숙제 돕는 게 가장 큰 일과였다. 저녁에 약속할 때도 아이들 숙제가 있는지 먼저 확인한 뒤에 했다.

국제학교에 등록한지 약 10개월이 될 무렵 남매끼리 영어 옹알이를 했다. 자동차 뒷좌석에서 저희들끼리 영어로 말하고 답하고 감탄하며 이의제기를 했다. 집에 와서도 저희들끼리 혹은 제 엄마에게 영어로 말하고 또 독백했다. 이런 날이 오기까지 아이들이 저절로 된 것이 아님은 물론이다. 학교 친구들과 어울리도록 적응시켜야 하고 영어 기초를 부모가 가르치고 과외시키고 숙제를 해주어야 하는 것이다. 그 사이에 아이들이 제 나름의 길에 눈뜨고 적응해가는 것이다.

아이들과 놀아주기

겨울철 폭설이 내리면 울시누프의 신흥 아파트단지 곁에 있는 '텔레토비 동산'은 눈썰매장이 된다.

여름에는 시원한 바람을 선사하고 겨울에는 집에서 가까운 눈썰매장이 되니 이만큼 훌륭한 놀이시설도 없는 셈이다. 한국에서는 에버랜드나 드림랜드 같은 놀이시설을 찾아야만 썰매를 탈 수 있지만, 이곳에는 눈이 자주 오는데다 언덕이 바로 가까이에 있어 썰매를 마음대로 탈 수 있다.

어느 날은 온 가족이 함께 언덕에 올랐다. 아이들은 신이 났고 나와 아내는 이런 아이들의 모습을 놓칠까 사진을 찍어주기 여념이 없었다. 그렇게 놀고 온 날은 아이들이 지친 나머지 일찌감치 잠자리에 들었다. 긴 겨울밤을 생각하면 몸을 지치게 하고 푹 자는 것도 한 방법이란 생각이 들었다.

바르샤바 시내에 스키장이 있다고 하면 놀라겠지만, 리프트 시설이 되어 있는 조그만 스키장이 한 군데 있다. 스키장 이름은 에네르고폴Energopol, 드라프스카Drawska 거리 22번지에 있다. 이웃 한국인 가족과 함께 처음 그곳에 갔을 때 공원 입구에 많은 차들이 서 있었고 슬로프에는 스키를 타는 사람들로 붐볐다.

스키장은 자연의 산이나 언덕이 아니라 좀 높게 인공적으로 쌓아올린 산이었다. 사람들이 사는 곳 가까이에 이런 스키장이 있다는 게 신기했다. 규모가 크지 않아 친밀감을 느꼈고 사람이 몰리지 않아 쾌적한 느낌을 주었다. 빈손으로 왔지만, 가족 모두 스키 장비를 렌탈해서 입장했다. 리프트가 우리나라에서 타던 것과 달라서 생소했다. 앉는 의자가 아니라 두 다리 사이에 끼고 타고 가는 것이어서 떨어지거나 어설프게 매달려 갔던 기억이 난다. 슬로프 정상에 올라보니, 밑에서 볼 때와 달리 꽤 무서웠다. 사람들이 사는 집 위에 우뚝 솟아 있어 더 무섭게 느껴졌던 듯하다. 어른보다 아이들이 더 잘 탔다. 어른은 미끄러지기 일쑤였지만, 딸은 외투를 휘날리며 잘도 내려왔다. 그러면서도 넘어지지 않기에 딸에게 '도포 자락 휘날리며'라는 별명을 지어주었다.

2시간 동안 타다 왔는데, 아이들이 너무 좋다며 '짱'이라고 엄지손가락을 치켜세웠다.

겨울철은 눈 아니면 얼음이다. 마침 아이들이 스케이트 타기를 좋아해 시내의 탈만한 장소를 찾아봤다. 먼저 토르바르Torwar 스포츠센터를 소개받고 아이들과 함께 찾아갔다. 비스와강 서쪽의 순환도로와 다리가 만나는 곳에 있는데, 마침 '가는 날이 장날'인지 스포츠센터가 쉬는 날이었다. 대신 바르샤바 한 복판에 있는 문화과학궁전의 노천 스케이트장을 찾았다. 아이들은 밖에서 스케이트를 빌려 타고 어른은 문화과학궁전 전시설 카페에서 몸을 녹이고 차를 마셨다.

외국에 사는 교민들은 항상 자녀들을 걱정한다. 자녀가 혼자 집에 틀어박

1 텔레토비 동산
2 텔레토비 동산 꼭대기에서 눈썰매 타는 아이들

혀 있으면 안 된다고 생각하기 때문이다. 폴란드의 경우 별다른 놀이시설이 없는 곳이다 보니 걱정이 더 됐다. 특히 학교가 쉬는 주말은 한국 아이끼리 어울리도록 해주는 것이 자녀를 즐겁게 하는 한 방법이 되었다. 주중에 외국인 학생과 있어야 하는 아이에게 한국인 친구 집에 놀러가는 것은 아주 즐거운 일이었다. 일주일 만에 한국 아이들끼리 만나니 서로 못한 이야기며 저희들끼리 신나게 TV 만화영화 보기와 컴퓨터 게임하기, 인터넷 만화 보기 등 즐길 거리가 많았다.

이와 같은 사정이 있어 주말이 다가오면 자녀를 가진 우리나라 사람은 다른 집 자녀의 스케줄을 묻기에 여념이 없다. 주말을 기대하는 아이들에게 함께 놀아 줄 친구를 구해주어야 하기 때문이다. 누구는 집에 와서 놀도록 권하고 어떤 집에서는 자기 아들과 함께 수영장에 가라고 권한다. 심지어는 자녀를 보내달라고 차까지 보내주는 상황이 연출되기도 한다. 딸은 딸대로 아들은 아들대로 주말에 각자의 친구들과 시간을 보내니 나와 아내는 해방되는 날이기도 했다.

외국생활의 어려움을 겪는 자녀들을 생각하면 충분히 이해됐다. 오죽했으면 한국에서 같은 학년의 아이가 새로 오면 크게 환영을 할까. 낯선 아이들 속에서 적응하려고 힘들어 하는데 말이 통하고 같이 놀아줄 또래 친구가 오니 얼마나 좋은가. 한국에서처럼 장난도 치고 불 꺼놓고 술래잡기도 하면서 어울려 놀면 시간가는 줄 모른다. 부모 역시 자녀와 친구가 재미있게 노는 걸 보면 안심이 된다. 그렇게 친구 사이가 되면 수영장에도 함께 가고 교회, 한인학교에 가서 어울리게도 된다. 자녀가 주말에 초대받지 못하거나 친구와 연결되지 못하면 몹시 신경쓰인다. 아이가 시무룩해하고 일주일의 스트레스를 풀 길이 없어 전전긍긍해 한다. 엄마, 아빠가 놀아준다 해도 친구만한 상대가 될 수 없어 부모는 다음 주말은 반드시 아이 친구를 잡아야 한다는 숙제를 안게 된다.

놀이터가 있는 곳으로는 와지엥키 공원과 카바티 전철역 인근 폽신^{Powsin} 공원을 꼽을 수 있다. 와지엥키 공원의 어린이 놀이터는 자녀들을 놀게 해놓고 어른은 벤치에 앉아서 책 읽기에 그만이다. 놀이터 바닥에 푹신푹신한 것이 깔려 있어 아이들이 다치지 않는다. 어린 자녀를 데리고 오는 사람이 많아 자연히 어린 아이들끼리 어울려 놀 수 있는 것도 장점이다. 더구나 주위는 공원으로서 나무 그늘이 있고 화초가 자라는 등 환경이 좋다.

폽신 공원은 과거에 숲이었으나 지금은 산책로가 된 곳이다. 샘물이 나올 만큼 청정한 곳이어서 지금도 물을 뜨러 오는 사람이 많다. 자전거를 타는 사람, 조깅이나 트래킹을 즐기는 사람, 바에서 맥주를 마시는 사람 등 각양각색의 사람이 이곳을 찾는다. 젊은이들이 많이 모여드는 장소이지만, 아이들을 위한 점핑기구, 놀이기구도 있어 아이를 위한 장소이기도 하다. 이곳에서 생수를 받을 겸 산책할 겸 세 번 정도 찾은 적이 있다. 아이들이 사회주의 시절 만들었을 법한 이동식 놀이기구를 타기도 하고 줄에 매달려 놀거나 도약대를 통통 튀어 오르는 기구를 타기도 했다.

그 외에도 폽신공원의 장점은 불을 피워도 된다는 점이다. 여름철은 숲속 평지에 자리를 잡고 불을 피워 돼지고기나 햄, 소시지를 구워먹을 수 있다. 아이들이 들판에 나가 불 피울 생각으로 이곳에 가기를 가장 좋아했다.

좌충우돌 에피소드

바르샤바 생활을 어느 정도 해서 정착할 무렵 가족과 함께 여러 개의 영화가 동시에 상영되는 복합영화관을 찾았다. 상영되는 영화가 많다 보니 가족 간에 의견이 갈렸다. 아이들과 나는 만화영화를 고집하고, 아내는 코미디영화를 선택했다. 영화가 상영되기 전이어서 우리 가족은 만화영화가 상영되는 극장 안에 모여 팝콘을 나눠먹으며 기다렸다. 그러다가 영화 상영 시간이 임박하자 아이들은 앞자리로, 나는 저 멀리 뒷자리로 갔고 아내는 쉬고 싶다며 휴게소로 나갔다. 그러고는 아이들을 앞에 두고 영화를 보는데, 무슨 소리가 희미하게 들려왔다. 우리나라 말 같은데, 돌비 스트레오에 묻혀 꿈을 꾸듯 몽롱하게 한편으론 애절하게 들려왔다.

그 소리가 아내의 목소리인 줄 어떻게 알았으랴!

앞자리에 있던 딸아이가 제일 먼저 듣고 한 발자국 한 발자국 앞으로 나아갔고, 나도 호기심 어린 눈으로 딸 아이 움직임을 지켜봤다. 확실히 아내는 제 딸 아이 이름을 부르고 있었고, 결국 목소리의 주인공이 있는 위치를 찾아냈다. 스크린에 가까운 문 밖이었는데, 여러 가지 폐품이나 청소도구 등을 모아둔 극장 안의 으슥한 곳이었다. 출입구로 되돌아 나간다는 것이 그만 그곳으로 나가버렸는데, 막상 나가서 보니 안에서 문을 열 수가 없는 곳이었다.

손잡이도 벨도 없는 그 곳에 연락할 길 없이 갇혀버렸으니 얼마나 놀랐겠는가? 그래서 딸 아이 이름을 애타게 불렀던 것이다.

영화 보다 말고 경비원 불러 문 따고 아내를 구출했는데, 굳은 그 표정이 어찌나 측은하던지…… 아이들이 다투어 제 엄마를 위로하는 모습이 인상적이었다.

다른 하나는 당황했던 영국여행에서의 에피소드다.

여름방학을 맞아 영국으로 자동차 여행을 떠났다. 네덜란드 로테르담 인근 항구에서 배에 자동차를 싣는 수속을 밟고 막 출발하려는데, 웬일인가, 시동이 걸리지 않는다.

"이상하다. 왜 이럴까?"

뒤에서는 시동 걸린 차들이 열 지어 서서 우리를 쳐다보고 있는데 시동은 죽어라고 켜지지 않았다. 환장하겠다는 심정이 이때를 두고 하는 소리 같았다. 서유럽 선진국 마당에서 저 멀리 낯설은 폴란드 간판을 단 국산차가 고장을 일으켰으니 더욱 더 낯이 뜨거워 옴을 느꼈다. 막 렉카차를 불러 견인하려는데 그제야 원인을 알았다.

초등학교 다니는 아들이 앞에 앉아 있다가 무심코 자동차 키에 붙어 있는 알람을 작동시켰고 그 때문에 엔진은 켜자마자 꺼졌던 것이었다.

위기일발, 진땀 끝에 문제를 해결하고 배에 차를 싣는데, 이번에는 배전으로 향하는 높은 경사로 차를 끌고 가는데 차가 왜 이리도 낑낑거리며 잘 나가지 않는지……? 당황한 가운데 올라와 보니, 이번에는 사이드브레이크를 풀지 않았구나!

영국에 도착해 무사히 배를 내려온 뒤 자동차로 항구를 나왔다. 미리 "이곳은 자동차가 좌측통행이다!"를 상기하면서 체크포인트에 도착했다.

입국 및 통관 수속을 하는데 체크포인트의 관리가 여행목적 등 전형적인 질문을 했다. 관광 왔고 2주간 머물 예정이라 했더니, 2주 후에는 돌아갈 거냐고 묻는 것 같아 망설이지 않고 "당연히 돌아가지." 하면서 "Yes." "Yes." 했다.

그랬더니 아내와 아이들이 웃으며 질문이 "How long?"이란다.

"얼마동안?"이라는 질문에 "Yes." "Yes." 했으니, 지금도 가족들은 날 보고 놀려대곤 한다.

여행 필수품, 자동차

자동차 정비

폭스바겐 자동차를 이용하다보니 고장이 있거나 정기점검을 위해 지정 정비소에 들르는 일이 많았다. 여러 번 다녀오고 차를 고치면서 이들의 정비가 대체로 믿을 만하다는 생각이 들었다. 다만, 이런 저런 문제와 약간의 농간, 메이커 있는 차라서 부속품 가격이 비싼 게 문제였다.

자동차 수리의뢰를 영어로 하나 정비 리스트가 포함된 청구서는 항상 폴란드어였다. 이게 문제였다. 무슨 말인지 모르니 적정한 수리였는지 판단할 수 없었다. 한 번은 정기점검을 끝내고 수리 받은 정비 리스트를 하나씩 담당 직원에게 확인했다. 이게 영어로 뭐냐고 물으면, 담당 매니저가 영어로 대답해주는 식이었다. 이렇게 검토한 결과 폴란드어로 쓰인 정비 리스트에 브레이크 페달, 압소바, 엔진오일, 휠터, 워셔액이 쓰여 있었다. 워셔액 부분에서 넣은 지 얼마 안 되었다고 했더니, 매니저는 바로 그 항목을 지우고 정비소 안으로 들어가 큰 소리로 정비사를 부르는 소리가 들렸다. 그 후 차가 나왔는데, 덤으로 청소까지 해주어 새 차 같이 해서 돌려주었다. 이 경우 외에도 의구심이 들 때가 있었고 어쩔 수 없이 돈을 지불하면서도 속 쓰려 한 적이 한두 번이 아니었지만, 속인 걸 적발하긴 이때가 처음이었다. 미미한 돈이라 미안하다는 소리를 듣고 더 이상 문제 삼지 않았다.

귀국을 앞두고 연구소 동료들과 점심 식사하면서 자동차 정비 이야기를 꺼냈다. 워낙 자동차 정비에 돈이 많이 들어가서 그간 쓴 비용을 조사해봤다. 조사 결과 2년간 자동차 정비에 210만 원 가량 들었다.

"이게 정상인가?"

폴란드 친구에게 물었더니 눈이 휘둥그레지며 말했다.

"너무 많이 들었다. 비정상이다."

"난 폴란드 사람들을 신뢰하지만, 정비소는 아닌 듯하다."고 했더니 폴란드 친구들의 얼굴 표정이 어두워졌다.

"외국인이 이 나라에서 사는 것에 따른 대가인가?"

폴란드 친구가 고개를 끄덕였다. 그렇지만 연구원들은 이러한 정비소의 눈속임에 대해 같이 흥분하거나 상의해보려는 움직임 따위는 없었다. 말을 듣고도 우물쭈물 하며 하나 둘 흩어져갔다.

이에 대해 현지에 오래 산 우리나라 사람은 본인 사례를 들어 불이익을 당하지 않기 위한 스스로의 노력을 강조했다. 그에 의하면, 언젠가 세금처리가 중복되었다는 의심이 들어 영수증을 찾아보니 과연 납부했던 고지서였다고 한다. 그래서 즉시 납부한 영수증을 들고 가 따졌더니 관청에서는 두 말 없이 세금 고지를 철회해 주더라고 하면서 증거를 가지고 있어야 한다고 강조했다.

자동차 정비에 관해서도 웬만한 정도는 자기 스스로 알아야 한다며 폴란드 사람들은 자동차를 직접 만지며 무조건 카센터에 맡기는 일이 없다고 말했다. 그리고 덧붙이기를, 차를 고치고 관리할 목적이라면 굳이 지정 정비소에 달려갈 일은 아니라고 말했다. 자신도 한때는 자동차에 무슨 문제가 있으면 지정 정비소에 달려가곤 했는데, 무척 비쌌다고 말했다. 그래서 정비한 품목을 자세히 열람하니, 대부분 오일 아니면 연료 필터, 에어 필터, 에어크리너였다며, 그 이후부터는 동네 정비소에 가니 문제없이 소모품 가져다가 갈았단다. 비용도 적게 들고 시간을 아낄 수 있었다고 했다. 그러면서 내게도 동네 단골을 만들어 이용하라고 권했다.

자동차 사고와 보험

이 나라에 와서 자동차 보험 계약이 손님 중심으로 이루어지는 게 아니란 걸 처음으로 알았다. 1년 계약이 끝날 때쯤이면 계약 만기 안내 엽서가 날아드는 우리나라와 너무 달랐다. 이 나라에서는 그렇게 친절하게 알려주는 보험사가 없었다. 회사가 아닌 피보험자가 보험 유효기간이 만료되는 날짜를 잘 적어두었다가 제때 재계약하고 돈을 내야 한다.

나의 경우, 수요자 중심으로 생각해 보험사로부터 통지가 오기만 기다리고 있다가 재계약할 시기를 놓쳤다. 계약기간 경과 후에 보험사를 찾아가니 담당직원의 태도가 반가워하는 눈치가 아니었다. 여기도 공급자 중심 사고가 지배하고 있었다. 우리식으로 보험사가 찾아오겠지 하고 있다가는 무보상, 무보험의 위험에 빠지기 십상이다. 그러면 사고가 나도 보상받을 수 없고 책임보험 미가입에 따른 예기치 않은 불이익을 입을 수 있다.

아까운 시간도 허비했다. 새로 계약을 체결하는데 통역을 대동하고도 시간이 거의 4시간 30분이나 걸렸다. 그렇게 많이 걸린 것이 의아해 폴란드 동료에게 물어보니 이구동성 정상적으로 걸린 시간이라고 말했다.

폴란드에 살면서 자동차 사고를 낸 적은 없으나, 여러 경우를 보면서 이 나라의 사고처리 방식과 보상 방법을 엿볼 기회가 있었다.

한 번은 외출 다녀온 아내가 나쁜 소식을 가져왔다고 해서 놀랐는데, 알고 보니 접촉 사고였다. 사연인즉, 어느 한국사람 집 부근에서 차를 빼다가 그만 주차해놓은 남의 차 펜더벤더를 받았다는 것이다. 현장에 있던 피해자가 보험사에 신고해 직원이 현장의 사건 개요를 적고 사고 상황을 그린 뒤 서명을 받아갔다.

걱정이 되어 유사한 사고를 낸 적이 있는 우리나라 주부에게 물어보니, 현지인 직원이 처리해 내용을 모른단다. 이처럼 우리나라 회사에 근무하는 직원 가족은 이곳에 오래 살아도 현지 실정을 모른다.

다른 사람에게 알아보니 내 차에 피해가 없는 한 별도의 신고를 할 필요가 없고 보험사가 알아서 처리한다고 한다. 피해자 측에서 보험사에 신청하면 보험사는 현금보상이나 수리 중 택일하고 그에 따라 수리를 원하면 지정 정비소로 보내게 된다고 한다.

한번은 내가 직접 사고를 당했다. 부로추와프 시내로 들어가는 삼거리에서 신호를 기다리는데, 사고차가 미끄러지면서 앞에 가는 차를 받고 이어 내 차의 옆구리를 받았다. 충격은 거의 없었고 단지 왼쪽 펜더벤더를 찌그러뜨렸다. 상대 측 잘못이어서 다툴 것이 전혀 없었다. 사고 낸 사람이 경찰을 불렀고 약 30분 지나서 경찰이 도착했다. 경찰은 자동차 등록증, 운전면허증, 체류증을 받아가더니 자동차 안에서 확인서를 만들어 교부해주고 확인·서명하게 했다. 사고 낸 사람이 경찰을 불렀으므로 경찰은 그 사람에게 100즈워티를 청구했다.

당시 교통사고를 낸 사람은 내 차를 포함해 두 대의 차를 들이받고는 거의 사색이 되어 어쩔 줄을 몰라 했다. 그러면서도 영어를 잘 했는데, 사고 낸 걸 아내가 알면 자기를 가만두지 않을 거라며 울상이었다. 자기가 타고 온 차가 아내의 새 차였기 때문이었다.

내차는 펜더벤더가 찌그러졌지만, 운행에 지장이 없어 예정했던 여행을 계속 했다. 그런 다음 바르샤바로 돌아와 캐롤리나와 약속하고 보험사에 신고하러 갔다. 보상수리를 접수하는 곳이었다. 공항 가까이에 있었는데 접수대에서 캐롤리나가 묻고 내가 영어로 알려주는 방식으로 신청서를 모두 메웠다. 의외로 채우는 게 많아 시간이 많이 걸렸다. 경찰이 그려준 사건 개요대로 일시, 장소, 가해자와 피해자, 피해 부분, 자동차 등록번호, 소유자 여부, 사고 전 사고 후 모습 그리기 등 원하는 정보를 모두 다 기입했다. 접수하면서 미진하거나 불확실한 부분은 나의 체류증을 보고 해결했다. 서류 접수가 되니 그 다음에는 카메라로 필요한 부분의 사진을 찍고 자동차의 손상받은 부분, 현재의 장애를 기술했다. 접수 확인서와 손상 기록서 2장을 발급해주었다. 현금보상과 수리 중 선택하도록 했다. 경험이 많은 우리나라 사람의 조언에 따라 수리를 택했다. 다음은 내가 원하는 정비소인데, 피아세츠노 정비소를 택했더니 서류 2장을 들고 가 맡기면 된단다.

자동차를 정비소에 맡기고 4일 후에 수리된 차를 찾았다. 웬만한 것은 모두 새 것으로 교체되었다. 범퍼, 팬더벤더, 타이어 위 커버가 모두 반질반질 깨끗했다. 키와 자동차 등록증을 받아가면 되고 비용 통지는 정비소에서 보험사에 한다. 이렇게 깨끗하게 보상받기도 했지만, 다른 한 번은 보험사가 도움이 안 될 때도 있었다. 운전 부주의로 자동차를 고장 내고 혼자 보험처리하려 종일 애를 썼으나 끝내 헛수고가 된 경우였다.

그날따라 일진이 무척 안 좋았던지 자동차가 도로 밖으로 나가는 턱에 부딪히면서 오일이 새고 파워핸들이 말을 듣지 않았다. 부딪힌 곳에서 오일이 흠뻑 흘렀고 주차하는 데까지 오일 방울이 이어졌다. 자동차 밑바닥이 탈나고 기름이 새는데다 핸들이 말을 듣지 않으니 다른 건 아무 것도 생각나지 않았다. 차는 반드시 있어야 하겠기에 고장 난 차를 끌고 곧장 폭스바겐 정비소로 향했다. 핸들이 잘 돌지 않아도 운행에는 지장이 없어 조심조심 직진해 정비소에 들어갔다.

이때 보니 보험사가 든든하기만 한 건 아니었다. 보험사가 있어도 의사소통이 안 되니 그림의 떡이었다. 아는 사람에게 연락해도 보험사에 연락해주고 보험사 직원을 오게 하는 능력이 안되는 듯 했다. 친하다고 생각해도 급할 때 연락해보면 냉담한 반응이 느껴져 실제 도움이 되지 않았다. 보험사의 영어되는 담당자에게 신고를 부탁했더니, 밑도 끝도 없이 휴대폰 연락이 올 거라는 말 뿐이었다.

아침 9시 조금 지나 와서 이미 오후가 되어 가는데도 답답하기만 할 뿐 보험 처리될 가능성이 보이지 않았다. 의사소통이 안되니 묻는 것도 장애이고 관행을 모르니 언제까지 어떻게 되는지 그림이 그려지지 않았다. 정비소 창구의 직원에게 보험사 연락을 부탁하니 소극적인 반응을 보이면서 도리어 내 돈으로 결제하여 빨리 수리하는 쪽이 나을 거라는 반응이었다. 캐롤라나에게 의뢰할 생각도 했으나, 역시 자동차등록증 등과 같은 서류 없이 보험사와 통화하는 것이 무리라는 생각이 들어 그만두었다. 번역사 자격증 있는 아가씨와 통화하려 했으나 이번에는 연락처를 적어두지 않아 도움을 받을 수 없었다.

마지막으로 비교적 친한 우리나라 사업자에게 통화를 부탁했더니, 정비소측이 보험사가 언제 올지 모른다며 하루 이상 걸릴지도 모른다는 말을 한다고 전해주었다. 덧붙여 정비소의 차량 보관료가 비싸므로 잘 판단해야 한다며 그냥 자비로 부담하는 게 낫다고 말했다. 보험처리시 내년에 보험료가 할증된다는 말을 덧붙였다. 오후 2시가 넘어가는데도 보험사의 처리 상황은 묘연하고 차 없이 지낼 일은 끔찍하다보니 결론은 내 돈이라도 내고 어서 빨리 고쳐 나가고 싶었다.

자동차 수리 주문을 내고도 거의 4시간을 더 기다린 밤에서야 차를 인수했다. 868즈워티(26만 원)가 나왔다. 파워핸들을 유지하는 펌프와 관이 부서져 교체했는데 처음부터 견적이 800즈워티 된다고 말했으니 할 말이 없었다. 식사도 하지 못하고 하루 종일 무료하게 오가거나 졸면서 기다렸다가 돌아왔다.

이 나라에 와서 의사소통의 불편함을 이처럼 크게 겪은 적은 이때가 처음이었다. 보험은 다른 자동차와 사고가 있거나 사람을 친 경우에 유용하지 자차自車에는 소용이 없었다. 신고해도 서비스가 늦고 신고하기도 쉽지 않았다. 보험으로 수리하는데 시일이 많이 걸리고 그 기간 자동차를 사용하지 못하는 데 따른 불편함도 크다. 그럴 바엔 아예 자차는 들지 않는 게 낫다. 그리고 도움이 필요할 때 도움을 줄 수 있는 사람, 특히 의사소통을 도와줄 사람 명단을 잘 정리해 파악해 두어야 하겠다는 생각이 들었다. 또 하나는 도로 밖으로 연결되는 턱이 너무 높아 차 바닥이 부딪혀 사고가 난 만큼 매끈한 도로, 하드웨어의 중요성을 절실히 느낀 하루이기도 했다.

자동차 매각

귀국하기 전에 캐롤리나에게 차 파는 일을 부탁했다. 그녀는 인터넷 옥션 같은 곳에 내놓으면 빨리 팔린다며 자동차 사진과 사양 등을 보내달라고 했다. 자동차 사진을 보내고 얼마 후에 인터넷에 올렸다는 문자를 받았다. 과연 옥션 홈페이지(www.allegro.pl)에 들어가 보니, 리스트에 올라 있었다.

인터넷에 올린지 9일째 되는 날 캐롤리나로부터 전화가 왔다. 폴란드 남쪽에 사는 사람이 내 차에 관심이 있다는 소식을 전해왔다. 그 사람은 내 차가 독일에서 수입한 차가 아니라는 사실에 주목했다. 당시 폴란드에는 유럽연합에 가입하면서 독일로부터 중고차들이 쏟아져 들어오고 있었고 그 속에는 사고 경력이 있는 차들도 있었기 때문이다.

자동차를 직접 보고 싶다는 연락을 받고 엔진 소음을 줄이려 정비소를 찾았다. 타임벨트 네 개와 벨트를 받쳐주는 휠 네 개를 교체했다. 920즈워티,

약 30만 원이 들어갔다. 자동차를 시집보낸다고 생각하니 그냥 들고 갈 수 없었다. 세차장에 가서 차를 씻고 뒤 트렁크의 부스러기를 긁어냈다. 차를 청소해놓고 보니 차의 모습이 무결점이었다. 필요한 카드와 예비키를 준비했다.

만나기로 한 날 오후 1시 30분 마침내 캐롤리나와 그녀의 친구 한 명과 함께 구매자와 기술자를 만났다. 구매자는 매우 선하게 생겼고 지적이며 인상이 좋았다. 기술자는 다소 덜렁덜렁 했다. 먼저 외관부터 체크했다. 함께 온 기술자는 자동차를 보더니 뒤쪽 문이 원래의 것이 아니란 말을 한 외에 스크레치 된 부분만 지적했다. 뒤쪽 문이 문제된 적이 없었기 때문에 그냥 듣기만 했다. 그러나 워낙 깨끗해 더 이상 외관에 대해서는 거론하지 않았다.

본네트를 열고 엔진이 있는 곳을 보고 엔진을 켜서 보고 또 소리를 들었다. 역시 이상 없다는 반응이었다. 뒤 트렁크의 바닥을 열고 예비 타이어와 장비가 있는지 보았다. 모두 고스란히 있었다.

기술자는 직접 운전해봤다. 회전하고 속도를 내는 등 테스트 하더니 역시 괜찮다고 말했다.

"이 차의 주인은 좋은 사람들이 되나 보다."

캐롤리나가 웃으며 말했다. 실제로 차를 소유한 사람들은 이 차에 공을 많이 들였다. 나 역시 3개월 전에 정기적인 정비를 했고, 자동차 팔기 하루 전날까지 타임 벨트와 벨트 축을 갈아 끼웠으니까. 누구라도 흠을 발견하기 어려울 수밖에 없었다. 그들은 정비일지를 꺼내서 정비기록을 확인하고는 안심하는 모습이었다. 자동차를 산 이후 그때까지 매년 정비한 기록들이 나와 있는 걸 보고 만족해했다.

어디서도 책잡을 만한 부분이 없자 구매자는 환한 얼굴로 27,000즈워티에 사고 싶다는 제안을 했다. 내가 그의 얼굴을 보고 또 어제 수리한 비용을 감안해 27,500즈워티(약 900만 원)에 팔고 싶다는 제안을 하니 좋다고 했다. 구매자는 폭스바겐 골프에 흠뻑 빠진 표정이었다. 얼마나 마음에 쏙 들었던지 기뻐하는 표정을 감추지 못했다. 워낙 결함이나 문제될 것이 없었으니 만족하지 않는다면 도리어 이상하게 느껴야 할 만큼이었으니까.

여름용 타이어 4개가 차고에 있는데 가져오지 않아 난 집으로 가서 타이어를 가져오고 그들은 은행에 가서 현금을 찾아오기로 했다. 한 시간 만에 다녀와 계약서를 쓰고 사인했다. 구매자는 돈을 가지고 조심해야 한다며 아파트 앞까지 내가 운전해 타고 가라고 권했다. 구매자를 태우고 차의 성능을 과시하듯 달렸는데, 뒷 차가 따라오지 못했다. 마지막 인계 때까지 기술자는 땅바닥에 엎드려 차 밑바닥을 살펴보고 확인했다. 차를 사는 입장에서 꼼꼼히 체크하고 구석구석을 살펴본다고 흠 될 것이 없었다. 돈과 자동차 카드 및 키를 교환하면 거래는 끝나고 물릴 수 없다. 불평하거나 되돌리고 싶어도 되돌릴 수 없다. 이 때문에 거래가 이루어지기 전에 철저히 살펴보고 후회를 남기지 않으려는 것이다.

구매자는 흡족해 했다. 캐롤리나는 연신 내가 운 좋다고 말했다. 첫 손님, 첫 반응자가 곧 구매자가 되고 일사천리로 자동차 문제가 해결되었다고 기뻐했다. 캐롤리나가 애를 많이 썼다. 이 모두의 연락을 도맡았고 타이어를 가지러 갈 때 따라왔고 거주증 복사를 도와주면서 집에 올 때도 같이 왔다.

자동차를 사거나 팔 때 자동차의 외관, 사고 여부, 정비기록 유지 여부, 엔진 성능, 본네트 열었을 때 정비된 상황과 타임벨트 등의 소음 정도, 여름·겨울용 타이어 구비 여부, 운전 시승 및 운전 테스트, 자동차 사양 이런 게 중고자동차 구매시 체크할 사항이다. 체크할 것이 많다 보니 구매자는 휠캡에 대해서 일언반구 말이 없었다. 당시 내 차는 원래 있던 폭스바겐 마크가 새겨진 휠캡을 분실하고 모양만 그럴 듯한 값싼 캡을 씌워놓고 있었다.

연구소에 가서 자동차를 팔았다고 하니, "가격을 잘 받았다.", "벌써 팔다니 빠르다." 이런 반응을 나타냈다. 차를 잘 관리한 것도 있고 캐롤리나가 도와준 것도 있어 가능했다.

한인학교 교장을 하다

바르샤바시 남쪽에 한인학교가 있다. 건물이 별도로 있는 게 아니라 브리티시 스쿨British School을 빌려서 사용한다. 수업은 매주 토요일 오전에 있다.

한인학교가 이곳에 오기까지 브리티시 스쿨 교장이 많은 도움을 주었다. 그는 의욕적인 인물로 학교 홍보를 위해 과감하게 학교 시설을 내놓았다. 그 당시 한인학교 교장은 아이들이 마음껏 뛰놀기 위해서는 약간 허름한 곳이 좋지 않을까 해서 먼저 폴란드학교부터 알아보았다고 한다. 그러나 아무데서도 긍정적인 답변이 없자 이곳을 선택했다고 한다.

2004년에 학생 78명, 선생 11명이 있었다. 유치원생 부터 중학생까지 받아 가르치는데, 국어와 수학을 정규과목으로 하고 논술, 태권도를 선택과목으로 가르쳤다.

하반기는 9월 4일 수업을 시작해서 다음해 2월 26일 졸업식을 한다. 교사는 바르샤바 대학교 음대 교환학생들이 많았고 일부 과목은 학부모나 주재원 부인들이 책임졌다. 정부에서 매년 운영비 일부와 교과서를 지원해준다. 부족한 경비는 수업료로 충당하는데, 그때는 학생 일인당 월 100즈워티(약 3

만 원)를 받았다.

토요일은 한국인 또래 아이가 일주일간 헤어졌다가 만나는 날이다. 주중에는 각자 아메리칸 스쿨이나 브리티시 스쿨, 혹은 폴란드 학교에 다니다가 주말이면 이곳 한인학교에 모여든다. 한국에 가서 대입시험을 치기 위해서는 국어와 수학을 공부해야 하기 때문이다. 아이들 입장에서는 우리나라 아이들끼리 노는 목적이 더 컸다. 딸이 처음 한인학교에 들어가자 교회에서 만난 제 동기가 환영했고, 아들이 2학년 반에 들어가자 역시 제 또래가 있어 "재원 왔다."고 소리치며 기뻐했다.

토요일이면 자녀를 태워 한인학교에 간다. 그러면 언제나처럼 교문 앞에는 우리 교민이 직접 재배해서 가지고 온 농산물을 판매한다. 겨울에는 콩나물, 여름엔 꽈리고추와 채소가 나온다. 웬만한 우리나라 주부들이 모두 나타나는 한인학교 앞길이므로 채소팔기에 유리하다. 콩나물을 많이 사먹었던 기억이 난다.

유학기간을 절반 넘긴 2005년 8월에 다른 한 분과 함께 학부모 대표로서 교장 대행이 되었다. 정식으로 교장이 선출되어야 하는데, KOTRA 관장이나 대기업 지사장 등 될 만한 사람들이 모두 사양해 공석으로 있었다. 대사관에서는 여전히 교장을 선출해야 한다는 입장이었지만, 물망에 오른 사람들은 명예직에 불과하면서도 책임이 큰 그런 자리를 선뜻 맡으려 하지 않았다. 그렇다고 학교를 방치할 수도 없는 노릇이었다. 우리 두 학부모 대표가 교장대행으로서 사실상 업무를 할 수밖에 없었다. 나중에 대사관에서도 정식으로 교장대행 체제를 인정했다.

첫 번째 할 일은 학교 시설을 빌려준 브리티시 스쿨 측과 협의 채널을 구축하는 일이었다. 그동안 이런 협의채널이 분명치 않아 브리티시 스쿨 측이 어려움을 겪었던 모양이다. 나와 다른 학부모 대표가 브리티시 스쿨 교장과 상견례 겸 면담을 가졌다. 양측은 의사소통이 중요하다는데 생각을 같이 하고 서로 서면을 갖추어 의사소통하기로 했다. 메일을 통해 활발히 접촉하고 두세 번 약속해 차질이 없도록 했다. 주문한 내용을 서면으로 작성하고 송부한 근거를 남겨놓는 방식으로 상호 근거로 삼았다.

그 다음으로 할 일은 일부 교사가 귀국하면서 생긴 빈자리를 채우는 일이었다. 그때까지는 귀국하는 사람이 후임자를 소개하는 일이 많아서 교사 자리도 대물림 하는 인상이 들었다. 그래선 안 된다. 교사 뽑는 일을 공개경쟁하여 선발하기로 방침을 정했다. 적임자를 뽑기 위해 교사 지망자를 불러 면접을 실시하고 점수를 매겨 선발했다. 이런 것이 교장 대행이 존재하면서 생긴 작은 변화의 시작이었다.

교장으로 첫 시험대가 된 행사는 운동회였다.

조회 때 내가 함께 힘을 합쳐 나가자고 말했더니, 교사들은 프로그램을 주면 일을 분담하겠다며 적극적으로 나왔다. 학생과 학부모가 모처럼 좋은 시간을 가질 수 있도록 행사 프로그램을 잘 준비하고 대사님을 포함한 내외 귀빈을 맞이하는 식순도 챙겼다. 그리고 운동회를 바르샤바에 체류하는 우리나라 사람 모두에게 홍보했다. 그렇지만 토요일이어서 골프 치러 간다는 사람이 많았다. 그렇지만 그럴수록 행사를 더 멋지게 해볼 의욕이 생겼다.

노보텔에 음식 케터링Catering을 주문하고 학생들에게 줄 경품으로 각종 선물을 준비했다. 교정에 파라솔과 탁자, 의자를 별여 놓고 그릴에는 돼지고기, 닭고기, 소세지를 구워내고, 식탁 위에는 샐러드와 음료수를 내놓았다. 호텔에서 냉장고 서비스까지 나와 시원한 음료수를 제공했다. 한국식을 좋아할 사람을 고려해 교민 한 분에게 김밥 도시락과 떡을 준비시켰다. 후원 및 협찬을 챙기고 모자라는 물품을 샀다. 체육행사 하루 전에 브리티시 스쿨 측에서 운동장을 사용할 수 없다는 통보를 했지만 운동장 사용 프로그램을 번역해 보내는 등 정성껏 설득한 결과 다시 허락을 얻어냈다.

2005년 9월 24일 토요일 운동회를 열었다. 대사님과 공사, 정무담당 서기관과 영사가 참석했다. 기업체에서는 삼성 법인장이 왔고 일부 교민과 학부모들이 왔다. 날씨가 너무 좋아 누구나 기뻐했는데, 대사님은 이처럼 좋은 날에 운동회를 하게 되었다고 감탄했다. 대사님은 행사 준비가 잘 되었다고 칭찬하면서 나를 '윤 프로'라고 불렀다.

식전행사를 10시까지 건물 안에서 치르고 운동회를 10시부터 잔디구장에 나와서 가졌다. 운동장의 시합이나 놀이는 선생들의 몫이었고 무난히 잘 진행했다. 본부석의 의자에는 학부모들, 특히 주부들이 앉아서 아이들이 노는 것을 보며 한낮의 시간을 즐겼다. 브리티시 스쿨의 교장선생이 대사님을 영접했고 행사가 끝날 때까지 남아 경품추첨을 직접하고 또 대사님을 영송했다.

외국에 나와서 아이들이 즐거워하는 걸 보니 너무 좋았다. 달리고 시합하고 보물 찾고 경품 추첨, 줄다리기, 먹거리 등 참으로 스트레스를 풀 수 있는 날이었다. 행사는 우리업체들이 도와준 덕으로 성공적으로 치러졌다. 이 모든 것은 대사관에서 한인학교에 관심을 갖고 챙겨주었던 게 컸다. 지상사협의회도 마찬가지였다.

학교 행사가 끝나고 다시 일상으로 돌아왔다.

브리티시 스쿨 측과 협의해 그동안 숙원사업이었던 선생을 위한 휴게소를 열었다. 브레이크 타임 때 쉴 수 있어 선생들이 아주 자주 이용하는 등 좋아했다. 복사기 등 시설과 장비를 이용하는 것과 비용지불에 대해서도 스쿨 측과 합의했다.

브리티시 스쿨 측은 협의 상대가 있고 대화가 잘 이루어지는 것에 만족해하면서 학교 홈피 스페이스를 사용해도 좋다는 호의를 나타냈다.

한 학기를 보내고 이듬해 2월 25일 졸업식을 열었다. 학부모와 내외빈을 모시고 학생들에게 일일이 상장을 주었다. 마지막 순서로 나와 파트너 교장 대행이 각각 한인회로부터 감사장과 부상을 받았다. 학부모들은 학부모 대표이자 교장인 우리 두 사람에게 수고했다며 꽃다발을 안겨주었다. 이로써 약 9개월에 걸친 나의 교장 소임을 모두 마쳤으며 귀국 길에 올랐다.

이제 폴란드로 간다

다른 나라에 가서 생활하려면 그 나라 현지 사정과 체류 정보를 알아야 한다. 그래야 빠른
정착을 할 수 있고 시간과 비용, 노력을 줄일 수 있다.
이러한 동기로 폴란드 정착에 필요한 사항을 요약, 정리하여 싣는다.

폴란드 입국

　　폴란드는 우리나라와 비자면제협정을 체결해 90일간 무비자 체류가 가능하다. 또한 쉥겐협정에 가입해 대부분의 유럽연합 국가들과 국경선을 텄기 때문에 대한민국 국민은 자유로이 유럽연합 국가를 여행할 수 있다.

　　다만, 쉥겐국경법에 따라 우리 국민은 최초 쉥겐지역 입국일로부터 180일 기간중 최장 90일만 있을 수 있으나(단기비자), 폴란드의 경우는 다른 유럽연합 국가 체류일수와 상관없이 90일간 있을 수 있다. 90일이 넘어갈 경우는 다른 유럽연합 국가를 다녀왔다는 체류 사실을 증명하는 증거(출입국 도장이나 숙박, 신용카드 영수증 등)를 갖추고 있어야 한다. 이것은 단기 체류자에 해당하며 장기 체류시에는 별도의 장기비자를 받아야 하고 90일 단위로 출·입국을 반복하는 행위는 불법체류로 의심받을 수 있다.

* 쉥겐(Schengen)협정은 1985년 유럽 역내 이동이 자유롭게 국경검문소 철폐를 골자로 룩셈부르크 쉥겐에서 체결되었으며 2006년부터 본격적으로 시행되어 현재 독일, 프랑스 등 25개국이 국경을 개방해놓고 있다. 폴란드는 2007년 쉥겐협정에 가입했다. 비쉥겐국 국민은 쉥겐국 최초 입국일로부터 180일 기간 중 최장 90일간 무비자 체류를 허용한다.
** 쉥겐국경법(Schengen border code)은 쉥겐협정 이행협약으로, 쉥겐 역내의 국경간 인적이동에 관한 통합규범이다.

3개월 이상 폴란드에 체재할 경우 거주증을 발급받아야 한다. 이 거주증이 비자 역할을 한다. 해당 주(바르샤바의 경우 마조비에츠키) 정부가 거주증을 발행한다. 자세한 절차나 내용은 일 년 장기비자 파트에서 설명한다.

입국시 소지할 수 있는 외화 한도는 5,000유로 상당이다. 통상 외환 소지를 신고하지 않으나, 이 나라에서 은행계좌를 개설하려면 외화 반입 근거가 필요하다. 그 목적으로 외화 신고를 하면 3개월간 유효한 증서를 발행해준다. 휴대물품과 관련하여 통관 시 신고물품이 없으면 검사를 하지 않는다. 출입국 심사는 유럽연합 가입 이후 대폭 완화되어 까다롭지 않다.

화폐와 환전

화폐 이름은 즈워티^Zloty, 영어로 '즐로티', 약칭 'PLN', 'Zt'라고 쓴다. 지폐는 10, 20, 50, 100, 200즈워티, 동전은 1, 2, 5즈워티가 있다. 1즈워티는 100그로쉬^Groszy이다. 1달러는 3.5즈워티, 1유로는 4즈워티, 1즈워티는 350원 가량 한다. 환전은 시내 곳곳에 산재한 칸토르^Kantor에서 한다. 칸토르는 영어로 'Exchange', 한국말로 환전소이다.

최근에 칸토르 간에 경쟁이 치열해졌으므로 가장 유리한 곳에 가서 환전한다. 공항과 호텔의 환율이 나쁘고 은행의 공식환율 역시 별반 메리트가 없다. 바르샤바 중앙역, 첸트룸, 대학가, 쇼핑센터 등의 칸토르가 환전에 유리하다. 폴란드는 밤에 도착되는 비행기가 많으므로 입국 전에 폴란드 돈을 휴대하는 게 편하다. 택시가 달러나 유로를 받기도 하지만, 물건을 사거나 공중

전화, 버스, 매트로 등을 이용하려면 현지 화폐가 있어야 하기 때문이다.

어디서 자나

　　이코노미 호텔로는 Ul. Mangalia 3a에 있는 Portos, Atos, Aramis 호텔을 추천할 수 있다. 가까이 매트로가 없으나, 버스가 와젱키공원, 센트룸, 올드 타운을 연결한다. 호텔 폴로니아^{Polonia}, 오르비스^{Orbis} 호텔 체인과 같이 최소한 별 두 개 이상의 호텔도 괜찮다. 유럽에서 유명하고 프로모션이 많은 Ibis, Mercure, Novotel, Holiday Inn 호텔체인도 괜찮다. 특히 첸트룸의 노보텔은 시내 한복판에 있어 저렴하면서도 위치가 최적이다. 그 외 시내의 호텔은 특급으로 비싸다. 기타 숙소에 관한 정보는 폴란드 관광 안내소의 인터넷 홈페이지 www.warsawtour.pl/을 참고한다.

Portos Hotel; Ul. Mangalia 3a 소재, Tel; 48-22-320-2000, e-mail; portos@felix.com.pl
Atos hotel; Tel/Fax; +48-22 8414395, 8411043, e-mail; atos@felix.com.pl
Aramis hotel; Tel; +48-22 842 09 74, +48-22 642 96 35, e-mail; aramis@felix.com.pl

호텔예약 사이트
　www.discover-poland.pl
　기타 www.polhotels.com, www.hotelspoland.com, www.polhotel.pl
　　　www.hotelsinpoland.com, www.warsawshotel.com
　오르비스 호텔그룹 www.orbis.pl
　역사적인 건물 숙박 www.leisure-heritage.com
　농촌 B&B 숙박 www.agritourism.pl
　유스호스텔 www.hostelling.com.pl
　캠핑 www.pfcc.info

바르샤바에도 유스호스텔이 있고 기차 중앙역에서 멀지 않다. 그러나 폴란드의 경우 도미토리 요금이 매우 싸나, 시설이 미흡하고 주위 환경이 서유럽 기준에 미치지 못한다. 크라쿠프는 우범지대에 있는 듯해 권하고 싶지 않다.

한국인이 운영하는 민박집이 있다. 과거 바르샤바에는 '바르샤바 코리아하우스'(바르샤바 남쪽 외곽, ul. Zolny 27A)가 있었다. 민박집은 멀리 있어도 주인이 픽업 나가기 때문에 초행길에 도움이 된다. 다만, 영국의 한인 민박집에서와 같이 자칫 온 가족이 '칼잠'을 잘 수도 있으므로 사전에 잘 체크하고 들어가기 바란다. 그 외 우리나라 사람이 많이 일하는 브로추와프와 유학생들이 있는 포즈난에도 민박집이 있다.

월세주택 렌트

부동산을 전문으로 하는 교민이 있다. 그의 도움을 받거나 현지 부동산 중개인을 통해야 한다. 주택 형태는 아파트, 라인line하우스, 단독주택 세 종류다. 아파트가 생활하는 데 편리하지만, 이웃과의 관계를 잘 유지해야 한다. 이웃이었던 폴란드 사람과 마찰이 생겨 이사간 사례가 있다. 라인하우스와 단독주택은 정원이 있는 게 장점이고 아파트와 라인하우스는 경비원이 24시간 지키고 있어 안전하다. 렌트 계약은 보통 2년으로 하며, 부동산 중계 수수료는 월세의 절반이다. 보증금은 한 달 혹은 두 달 월세에 해당하는 돈을 맡긴다.

렌트는 가구가 있는 집과 없는 집 두 종류인데, 가구 있는 집을 렌트할 경우 부족한 집기를 요청할 수 있다. 예를 들면 어린이 침대 추가, 낡은 TV 교체, 세탁기 수리, 청소기 제공 등이다. 렌트비에 모든 공과금을 포함시키는 방안과 단순 렌트비만 약정하고 매월 공과금을 지불하는 방법이 있다. 렌트비만 약정하면, 매월 전기, 가스, 수도(냉온 각각), 전화, 인터넷·CATV 요금을 추가로 내야 한다. 렌트비 지불 화폐는 쌍방이 합의하여 외화(유로, 달러)로 혹은 현지 화폐로 정할 수 있다. 나중에 환율변동에 따라 유리해질 수도 불리해질 수도 있으므로 계약시 고려해야 한다. TV나 인터넷을 이용하려면 집주인을 통해 가맹 설치해야 하며 설치는 집주인 부담이다.

국제학교와 한인학교

국제학교International School는 미국식 혹은 영국식 교육과정에 영어를 모국어로 해서 가르치는 학교다. 유아부Pre-kindergarten, 유치부kindergarten, 학생부(1~12th Grade)로 나뉜다. 서양은 만滿 나이기 때문에 우리나라의 3학년 학생은 4th Grade에 들어간다. 수업은 월요일부터 금요일까지 8시 30분부터 오후 3시 또는 3시 30분까지다.

바르샤바에는 국제학교가 바르샤바 미국학교The American School of Warsaw와 영국학교The British School, 국제미국학교The International American School의 세 군데가 있다.

미국학교는 소위 비영리 사립학교로 시 남쪽의 넓은 터(콘스탄친, Konstancin-Jeziorna)에 위치한다. 매우 훌륭한 시설을 갖추었으며 웬만한 고등학교만큼 넓다. 인기가 좋고 학생들이 선호하여 최근에는 자리를 찾기 어렵다. 이곳의 웹 주소는 www.asw.waw.pl이다. 1년 학비는 학년(유아/유치/학생부)에 따라 차등이 있으며 학생의 경우 약 15,000~20,000달러가 든다. 그 외에도 스쿨버스비, 시험료, 졸업비, 졸업앨범, 여행비 등이 든다. 학기는 8월 26일 개학하여 다음해 6월 9일 종료한다. 50여 개국 785명의 학생들과 100여 명의 선생 및 담당 전문가들이 있다. 주요 과목은 수학, 어학, 과학, 사회학이며 기타 미술과 음악, 연극, 제2외국어, 체육 등을 배운다. 영어 초보자를 위한 EL 프로그램과 각종 과외 활동이 있다.

영국학교는 와젱키 공원과 빌라누프를 잇는 도로 중간 쯤에 있으며, 사디바Sadyba 몰 뒤쪽이다. 시내와 가까우며 버스로 연결된다. 기존의 학교를 리모델링 하였고 최신식은 아니지만 시설이 비교적 잘 갖춰져 있다. 웹 주소는 www.thebritishschool.pl이며, 선생과 교직원이 74명, 학생이 430명 된다. 1년 학비는 1학년부터 13학년 학생은 약 8,000 파운드 정도 된다. 이 외에 등록비를 별도로 납부해야 하며, ELS 과외수업이 일주일에 3시간 있다. 학기는 가을학기, 봄 학기, 여름학기로 나뉜다. 교육과정은 영국의 교과과정을 따르며, 수업시간은 미국학교와 비슷하다. 보수적인 영국 교육과정을 적용하기 때문에 공부를 많이 시킨다고 알려져 있다. 주로 대우 일레트로닉스 직원 가족이 많이 다닌다.

소개한 이 두 학교는 매우 비싸기 때문에 정부나 회사에서 지원하는 경우가 아니면 보내기 어렵다. 실제로 이곳 한국 학생들은 대다수 대사관 직원이나 상사주재원의 자녀들이다.

국제미국학교는 앞의 두 학교에 비하면 시설이 무척 영세하다. 학원 같은 조그만 시설을 가지고 있으며, 인도인 학교로 불린다. 위치는 바르샤바 남쪽의 매트로 종점 카바티^{Kabaty}에서 걸어서 5분 거리다. 웹 주소는 www.ias. edu.pl이며, 유치부부터 학생부 12th Grade까지 있다. 학생수는 150여 명이며 21명의 선생과 직원이 있다. 학급당 학생수가 적고 폴란드인 학생 비율이 다소 높다. 주요 과목은 역시 영어(일주일에 5시간), 수학(5시간), 과학(4시간), 사회학(4시간), 기타 컴퓨터, 음악/미술, 물리교육, 폴란드어, 종교, 수영, 테니스가 있다. 1년 학비는 6,000달러 정도 된다. 폴란드 학생이 많아 폴란드어 5시간, 종교 2시간, 역사 2시간을 폴란드 학생 대상으로 가르친다.

폴란드 한인학교는 바르샤바에 거주하는 우리나라 어린이들을 위한 학교다. 1995년 2월 설립되었고 현재 브리티시 학교의 일부공간을 유상 임차하여 쓰고 있다. 아직 교민이 많지 않아 상설 학교는 아니나, 학생들의 참가 열의는 매우 높다. 학부형들의 기대도 매우 높다. 학생들은 2005년 9월 현재 유치부, 초등부, 중등부, 고등부를 포함해 약 90명에 이른다. 공부 과목은 국어, 수학으로 우리나라 정규 교과서를 사용한다. 학기는 3~6월 1학기, 7~8월 방학, 9~2월 2학기이다. 수업시간은 일주일에 한 번 토요일 오전 9시부터 오후 12시 30분까지다. 소정의 월별 수업료가 있다. 학생들에게 인기가 좋다.

기타 브로추와프와 포즈난에 한글학교가 있어 유치부와 초등반을 운영하고 있다.

일년 장기비자

　　폴란드에 3개월 이상 체재하려면 비자를 받아야 하는데 1년 비자를 주므로 매년 비자를 받아야 한다. 비자 신청 기한(비자 만료 2개월 전)이 있으므로 폴란드에 도착하면 신청서를 작성하여 이민국(출입국관리사무소에 해당하는 기관)에 비자연장신청을 해야 한다. 이 번거로운 절차를 변호사나 브로커가 대행해주는 비용이 한사람 당 1,000즈워티(32만 원)라고 한다. 1년 취업비자를 중단 없이 다섯 번 계속 연장해 5년을 거주하면 영주권을 신청할 자격이 주어진다. 지역사회고용에 기여한 사람에게 특별히 평생비자를 준 사례도 있다.

　　비자 신청 준비에 첨부서류가 많으며, 그 중 일부는 우리나라 대사관에서 발급 받는다. 무범죄 증명, 출생증명, 납세증명, 가족증명서를 대사관에서 발급 신청하려면 호적등본과 원천과세징수 확인원을 제출해야 한다. 미리 한국에서 나올 때 준비한다. 신청서는 한사람당 4매씩인데, 폴란드어로 기입해서 복사하면 된다. 거주증명서는 집주인에게 부탁하여 발급 받아 첨부한다. 초청장과 여권 복사본도 준비한다.

　　비자 사무소 명칭은 바르샤바의 경우 마조비에츠키 우르종드 보예부즈키Mazowiecki Urzad Wojewodzki로 주소는 두우가 5번지(ul. Dluga 5) 올드 타운의 미오도바 거리 끝에 있다.

　　빌딩 안에 들어가면, 프로세스별로 사무실이 각기 나뉘어져 있으며 접수

표를 받아 해당 문 앞에서 기다린다. 2층 입구의 번호표 뽑는 곳에 가면 민원 성격에 따라 번호표가 나뉘어져 있다. 민원인이 많은 오전에는 번호표가 나오지 않을 수 있다. 기다리는 사람이 줄면 다시 번호표 발급이 재개된다. 자신의 번호가 나오면 해당 사무실로 들어가 서류를 접수한다. 폴란드어-한국어 통역 혹은 폴란드어-영어 통역을 데리고 가면 접수가 원활하다. 접수 공무원은 신청서의 잘못 쓴 부분을 그 자리에서 고치도록 하고 부족한 서류는 기한을 주어 나중에 보완하도록 요구한다.

경찰이 집을 방문해 실제 거주 여부를 확인한다. 비자발급이 임박하면 수수료fee 납부를 요구한다. 체류카드발급 비용 등에 충당하기 위해 일인당 총 350즈워티(약 11만 원)가 부과 된다. 비자사무실 1층에 은행 지점이 있으므로 수입인지 구입, 은행납부를 할 수 있다. 납부 영수증을 비자 사무실의 결정Decision 부서에 제출하면, 확인 접수하고 체류허가 결정서와 함께 체류카드 발급일자를 통보한다. 비자사무실의 체류 결정서를 가지고 집주인과 함께 관청에 가 새 거주확인서를 발급 받는다. 비자사무실의 체류카드 발급부서Handing document out로 가 여권과 체류허가 결정서, 새 거주확인서 Zameldowania를 제출하면 체류카드를 발급해준다. 가족 신청 시 어른들은 반드시 직접 가야 한다. 절차가 다 끝나면 1년 기간의 체류카드Karta Pobytu가 발급된다. 첫 해에는 5개월, 둘째 해는 3개월이 걸렸다.

자동차 구입 및 등록

폴란드는 전반적으로 자동차 값이 한국보다 비싸다. 다만 유럽연합 가입(2004) 이후 독일 등 서유럽 선진국으로부터 중고차 약 200만 대 가량이 수입되면서 중고차 값이 싸졌다. 한국산 신차는 한국 사람들이 흔히 이용하지만, 본국민이라고 특별히 우대하는 것은 없다. 중고차 시장에서 독일제가 내구성이 있고 시세 하락 폭이 적어 인기 있다. 10만 km 이상 탄 차들을 아무 이상 없이 거래할 만큼 중고차 거래가 활성화되어 있다. 다만 중고차는 수리비용이 많이 든다고 해서 잔 고장 없는 신차를 사서 타다가 팔고 오려는 사람도 있다.

자동차 등록은 구입한 사람이 자동차 매매계약서, 자동차 등록증, 번호판을 들고 등록사무소를 찾아가 번호판을 신청한다. 신청서를 쓰고 주민등록등본에 해당하는 거주확인서Zameldowania 사본과 여권 복사본을 제출하면 현장에서 새 번호판을 발급해준다. 등록세, 은행수수료, 수입인지 비용이 들며, 등록 후 인근에 있는 세무서에 세금을 내야 한다. 자동차 등록사무소Urzad miasta Stolecznego Warszawy는 메리어트 호텔에서 서쪽으로 한 블록 더 가서 만나는 삼거리 모퉁이에 있다.

자동차보험

반드시 가입해야 하는 책임보험(오체, OC)과 선택적으로 가입하는 자차(아체, AC)보험이 있다. 책임보험에 가입하면 사고를 냈을 때 타인에게 준 피해를 보험사가 전액 보상 처리해준다. 다만 과실로 인한 차의 손상은 자비로 수리해야 한다. 자차自車보험을 포함한 종합보험에 들면 모든 교통사고 및 자동차 손상, 분실을 보상 받을 수 있다. 운전부주의, 과실에 의한 차 손상도 보상된다.

일반적으로 많은 사람들이 비싼 보험비용에 비해 낮은 서비스라는 현실을 고려해서 실익이 있는 책임보험에만 든다. 그렇게 해도 보험처리에 문제가 없다는 판단에서다. 그러나 회사에서 비용을 부담하는 상사 주재원들은 대체로 종합보험에 가입한다.

교통사고가 났을 때, 특히 다른 자동차와 문제가 생겼을 때 경찰에 먼저 알려야 한다. 실수에 의한 전복이나 추락과 같은 사고도 마찬가지다. 경찰이 확인해주어야 보험사가 인정한다. 다만, 운전 초보자가 실수로 자동차에 경미한 손상을 가했을 때는 48시간 이내 보험사에 신고를 해야 한다. 보상을 받기 위해서는 초기 상황 관리를 잘 해야 한다. 먼저 수리한 뒤 보험사를 찾거나 늦게 신고하면 보상 받지 못한다.

보험계약은 통상 1년인데 돈은 분할해서 내는데 주의할 것은 분할 나머지 지급액을 제때에 내야 한다. 그러지 않으면 내지 않은 날부터 보험계약은 효력을 잃는다. 보험사에서 우편으로 주지하지 않는 만큼 돈 내는 날을 잘 기억해두어야 한다. 책임보험은 법으로 강제되므로 보험계약을 공백 없이 유지해야 한다. 보험사 변경에 따른 책임보험 해지시 반드시 해당 보험사에 통보해야 한다.

또 하나 주의할 사항은 자동차 등록증을 운전자가 휴대하고 자동차 키를 항상 두 개 가지고 있어야 하는 일이다. 즉 자동차에서 내릴 때 운전자는 항시 자동차 등록증을 휴대해야 한다. 자동차를 분실했을 경우 보험사가 자동차 등록증과 키 두 개를 필수적으로 요구하기 때문이다. 열쇠가 하나밖에 없다면 운전자에게도 과실 책임이 부가된다.

운전면허증 교부

　　　　한국은 1998년 11월 폴란드와 운전면허 상호협정 및 교환협정을 체결하였다. 따라서 우리나라 사람은 한국 면허증을 폴란드어 공증公證 번역하여 사진과 함께 관서Gmina(동사무소와 구청을 겸한 성격)에 제출하면 폴란드 운전면허증을 교부 받을 수 있다. 폴란드 입국 후 1년 이상 거주 시 발급받을 수 있으며, 발급기간은 한국면허증의 적성검사기간 이전까지로 신청한 뒤 약 2주가 소요된다. 신청서 작성 시 서명을 창구 공무원이 보는 앞에서 직접 해야 하므로 미리 사인하지 않도록 한다.

　신청서 작성 외에 구비서류는 여권과 한국 운전면허증, 거주확인서 Zameldowania, 사진, 폴란드어 공증 번역 서류이다. 거주등록증은 원본이어야 하며, 사진은 언제나 왼쪽 귀가 나오게 찍어야 한다. 면허증의 폴란드어 번역은 한국어 번역 공증자격을 가지고 있는 사람에게 의뢰하거나, 정확하게 번역해서 대사관의 공증을 받아 오면 된다. 요금 수납처Kasa에서 낸 수수료 영수증과 수입인지를 구입해 함께 제출한다. 2주 후에 면허증이 나오며, 본인이 직접 와서 한국 면허증을 맡기고 수령한다. 적성검사 기간이 만료되어 폴란드 운전면허증을 연장할 경우에는 이 나라 면허증 연장과 동일한 절차를 밟는다. 지정 병원에서 신체검사를 받은 후, 검사결과를 동봉하여 신청서류(거주등록증, 사진, 여권 지참)와 함께 접수시킨다. 2주 후에 면허증이 나오는데, 본인이 직접 가야하며 한국 면허증을 맡기고 폴란드(EU) 면허증을 받는다.

한국에서 발급 받은 국제운전면허증은 유효기간이 1년이다. 그렇지만 폴란드 법은 입국 날로부터 6개월 이내에 폴란드 면허증을 발급받도록 규정하고 있다. 이 폴란드 면허증을 가지고 다시 국제운전면허증을 발급 받을 수 있다. 관할 관청에 가서 신청서를 작성하고 수입인지와 수수료를 지불하고 면허증 복사 1장, 사진 1장이 필요하다. 신청 후 3일 뒤 발급된다.

운전 수칙

운전할 때는 언제나 면허증과 ID카드(여권 혹은 체류증)를 소지해야 한다. 더 정확히 말하면 자동차 등록증과 보험증서도 있어야 한다. 속도제한은 시내 50km/h, 도시 밖의 지역 90km/h, 편도 2차선 110km/h, 자동차 전용도로 130km/h이다. 자동차에는 반드시 고장을 알리는 적색 삼각대와 예비전구, 국가인식 스티커가 있어야 한다. 10월부터 2월까지 빨리 어두워지므로 반드시 전조등을 켜야 한다. 그리고 눈이 오는 겨울에는 스노우타이어를 달아야 한다.

10월부터 다음연도 2월까지 전조등을 켜지 않았거나 차선 등 교통신호를 위반했을 때 벌금이 부과된다. 또 차가 보행자 인도를 가로막고 주차하거나 유료주차티켓 없이 주차하면 과징금(보통 50즈워티=16,000원을 부과한다.)이 부과된다. 아기를 태울 경우 아기 의자가 장착되어 있어야 한다.

이 나라는 강력한 음주단속법을 가지고 있다. 혈중 알콜 농도가 0.2퍼센트 이상이면 음주운전으로 간주된다. 맥주 한 잔도 안 된다. 길을 차단하고 음주운전단속하는 모습을 본 적은 없지만, 한 번 걸리면 굉장한 곤욕을 치른다.

자동차 사고와 경찰

폴란드는 자동차 사고가 났을 경우 언제나 잘못한 쪽이 100% 과실이다. 주차하다가 다른 차를 경미하게 받았더라도 바로 연락해서 조치를 취해야 한다. 그냥 돌아왔다가 미안한 마음에 이틀 지나 메모를 남겼더니 고발되고 재판에 회부되기까지 한 예가 있다. 귀찮더라도 사고는 그 즉시 피해자와 보험사에 알려서 해결해야 한다. 그리고 경미한 사고라 해도 즉시 보험사에 알려서 보상받을 수 있도록 해야 한다.

다른 차가 과실로 사고를 내면 대개 가해 운전자가 경찰을 부른다. 경찰은 출동해서 경위를 들은 뒤 가해 및 피해자의 신분증, 운전면허증, 자동차등록증으로 현장에서 확인서를 작성, 발급한다. 피해자는 이 확인서를 들고 가해자 보험사에 가서 청구하며, 보험사는 자체 진단에 의해 보상액 혹은 수리비를 정한다. 정비소는 피해자가 선택하는데, 보험사의 오더를 받아 수리한다.

작은 보험사의 경우 정비가격 산정 차이로 정비소와 협의나 협상을 거쳐 수리범위를 확정하기도 한다. 경찰은 출동 대가로 가해자에게 100즈워티를 청구한다.

또 하나 교통경찰의 정지 지시를 반드시 따라야 한다. 지시를 위반하고 도주하면 체포되어 재판에 회부된다. 공무집행에 협조하지 않는 건 위험하다. 대우 FSO가 있던 시기 경찰의 정지 지시를 무시하고 달렸다가 목덜미에 서늘한 총구멍을 경험했다는 이야기가 있다.

불법 주·정차, 유료 주차 위반 시에도 과태료가 부과된다. 스티커를 면하려고 돈을 건네는 경우가 있다. 그러나 이 나라 사람들의 행태와 극명하게 비교되기 때문에 바람직하지 않다. 더구나 이 나라는 부패문제로 몸살을 앓고 있으며, 국민들은 그에 대해 공분公憤을 가지고 있다는 사실을 알아야 한다. 좀 더 세심한 자동차 운전문화에 익숙해질 필요가 있다. 가능하면 합법적 주·정차, 노상 주·정차 회피, 보행자에 대한 양보, 빨간색 정지신호 엄수, 황색신호 받고 교차로 들어서지 말 것, 속도제한 유의, 겨울철 24시간 전조등 켜고 운행, 버스회전 거리 유지 등이 요구된다.

폴란드에는 대형버스, 특히 버스 두 대가 연결된 낡은 버스가 상당히 많다. 그래서 이런 버스가 좌우회전 할 때는 반대차선을 포함해 충분한 공간이 확보되어야 한다. 버스는 법적으로 좌우 1.2m를 요구한다. 그 경우에 대비해 버스가 나타나면 미리 앞서 정차하여 위험 상황을 조성하지 않는 지혜가 필요하다.

전화걸기

한국의 국가번호는 82, 폴란드 국가번호는 48, 바르샤바의 지역번호는 22이다. 폴란드에서 서울로 국제전화를 하려면 국제를 의미하는 00을 먼저 누르고 국가번호 82, 지역번호 서울 2 순(00-82-2)으로 한다. 서울에서 폴란드로 전화하려면 48(국가번호)-22(바르샤바)-전화번호순으로 한다. 시내전화는 전화번호만 누르면 되고, 시외전화는 앞에 0+지역번호를 눌러야 한다. 휴대폰끼리는 0 없이 7자리 번호만, 휴대폰 → 일반전화는 앞에 22를 누르고 전화번호, 일반전화 → 휴대폰은 0을 누르고 휴대폰 번호를 누른다. 공중전화는 거의가 카드전화이므로 쿄스크나 신문잡지 파는 릴레이Relay, 우체국 등에서 카드를 구입해 쓴다. 15, 30, 50 즈워티 카드가 적당하다.

폴란드에서 한국에 전화할 경우, 일반전화는 비싸므로 사람들은 다른 저렴한 방법을 이용한다. 외부의 일반전화나 공중전화를 이용할 경우, 우체국에서 판매하는 'Telerabat'가 좋다. 부여된 번호와 코드번호를 순서대로 누르면 메시지가 흘러나오며, 0082-지역-전화번호 순으로 누른다. 50 즈워티 카드 등 여러 금액의 카드가 있다. 컴퓨터가 있는 환경에서는 메신저나 인터넷 전화를 이용하면 유리하다. 요금이 인터넷 사용료에 포함되거나 부과되더라도 국내와 같이 퍽 저렴하다. 폴란드 양대 전화 회사는 에라ERA와 이데아IDEA이다. Era의 경우 카드 휴대폰 이름이 딱딱('Tak Tak') 폰이다. 휴대폰은 ERA 지점에서 구입 가능하며, 카드는 지하철 등 상점에서 구입해 코드번호를 입력하면 된다. 국제전화 서비스 및 휴대폰 임대를 하는 우리나라 회사가 있다. 매월 일정 금액을 내고 휴대폰을 임대해 쓸 수도 있다.

은행 이용과 카드 사용

주중은 오전 8시부터 오후 6시까지 토요일은 오전 8시부터 오후 2시까지 영업한다. 은행 계좌의 종류는 즈워티 계좌, 달러 계좌, 유로 계좌가 있다. 예치는 최고 10,000$ 이내로 제한되며, 텔레뱅킹, 인터넷 뱅킹 모두 가능하다. 계좌 간 이체나 외화를 즈워티로 환전할 수 있으나, 칸토르 환율보다 불리하다. 외화(유로 혹은 달러)의 계좌 이체는 폴란드 국내 계좌간이라도 국제적인 거래로 간주하며 높은 수수료를 부가한다.

즈워티 계좌에 잔고가 있을 경우 현금지급기ATM에서 현금을 인출할 수 있다. 그러나 외화는 은행 창구에서 직접 인출해야 한다. 현지 은행에 계좌를 개설하면 마에스트로 카드(직불카드)를 발급받을 수 있다. 폴란드 화폐(즈워티) 계좌에 잔고가 있는 범위 내에서 유럽 내 어느 곳에서나 현금 인출이 가능하다. 즉 폴란드에서는 즈워티, 유럽 각국에서는 유로를 인출할 수 있다. 우리나라와 달리 조그만 상점에서도 직불카드를 받아주기 때문에 이 카드의 사용범위는 아주 넓다.

비자카드가 가장 많이 사용된다. 곳곳에 ATM기가 있어 유럽 어느 나라 못지않게 현금인출 하기가 쉽다. 다만, 마에스트로 카드와 같은 직불 카드는 웬만한 곳에서 거의 통용되나, 신용카드는 받지 않는 곳이 있다. 특히 지방을 갈 때는 그 점을 고려해 현금을 소지해야 한다.

* 인터넷 전화: elthe(웹 사이트: www.elthe.co.kr)
** 휴대폰 임대 회사: 빌라누프 호박가게 2층, 자세한 사용조건 문의 48-509-312-865

우체국

한국에 편지나 소포를 보내려면 겉면에 우체국 직원이 알아볼 수 있게 영어로 주소를 쓰고, 영어 주소 밑에 한글 주소를 쓴다. 영수증을 발급해야 하는데, 한글로만 쓰면 이 나라 사람들이 받아 적을 수 없기 때문이다. 등기$^{\text{Lisd Bolecony}}$는 작은 신청 용지에 수신인 및 발신인 주소를 써 내면, 우체국 직원이 편지에 'priority'라는 파란 스티커를 붙여주고 영수증을 발급해준다.

우편배달부는 집에 사람이 없거나 방문해서 찾아가야 할 소포가 있으면 메시지를 남겨 놓고 간다. 우리나라와 달리 소포나 등기를 반복해서 배달하지 않는다. 우체국에 소포나 등기를 찾으러 가보면 아침마다 긴 줄이 이어진다. 메시지를 보여주면 우체국 직원은 신분을 확인하고 서명 받은 뒤 소포를 내준다. 그러므로 우체국에 갈 때는 반드시 여권이나 거주증을 가지고 가야 한다. 소포나 등기를 정해진 기간 내에 찾아가지 않으면 아예 발신인에게 반송조치 한다.

소포를 처음부터 배달하지 않고 찾으러 오라는 메시지만 놓고 가는 경우도 있었다. 검역 문제나 관세 부과의 대상이 될 물건으로 판정하는 국제우편물 취급소가 그곳이다. 찾아가려면 수제브^{Służew}에서 피아세츠노 방향 푸와프스카^{Puławska} 도로로 가다가 경마장을 지나자마자 바로 우회전, 약 500여 m 안으로 진입하면 있다. 왕치니^{Łączyny} 거리로 불리는 한적한 곳이다. 우체국(p.p.u.p. POCZTA POLSKA)인데, 그 안에는 세관복장을 한 직원이 근무한다. 이곳에서는 영어가 잘 통하지 않으며, 창구에 폴란드어로 문서를 쓰라는 공지가 붙어 있다. 이 때문에 우리나라 식품을 번역한 적이 있었다. 고추장은 Pasta czerwonej papryki, 된장은 Pasta sojowa, 김은 Suszony wodorost, 멸치는 Suszony male rybki로 번역했다. 항공편 소포라도 절차가 간단치 않으며, 제품의 견본을 반입할 때 관세가 부과된다.

병원 이용

보험에 가입한 사람은 누구나 공립병원에서 무상으로 진료 및 치료를 받을 수 있다. 그러나 서비스를 받기까지 시간이 많이 걸리고 서비스의 질이 낮다. 젊은 사람들은 이러한 의료보험에 가입하지 않으려 하며, 가입자라도 더 양질의 서비스를 받기 위해 사립병원을 선택한다. 사립병원은 돈이 들어도 의료 서비스의 질이 높고 진료가 신속하다. 비교적 현대적인 시설로 의료서비스를 하는 다미아나^{Damiana} 병원이 인기 있는데, 수제브 메트로역에 가깝다. 이곳에서 출산한 사람에 따르면, 시설이 좋고 환자가 적어 쾌적하며 간호원이 친절했다고 한다. 보험에 가입되어 있으면 치료비가 들지 않으나, 보험 안 되는 약이나 치료가 많다. 치과와 안과가 있으나, 의료보험에 들어 있지 않으면 수술을 잘 해주지 않는다.

영어로 의사소통이 되고 외국인들이 많이 찾는 사립병원은 KOTRA 바르샤바 무역관이 예시해놓고 있으므로 참고하기 바란다.

택시 타기

우리나라와 달리 여기는 콜택시가 보편적이다. 콜택시는 요금이 저렴하고 안전하다. 1km당 기본요금이 1.2~2즈워티이다. 택시 요금은 회사에 따라 다르다. 승객이 타는 자동차 뒤 좌석 오른쪽 창문에 요금이 붙어 있다. 밤 10시 이후 새벽 6시까지와 일요일, 공휴일은 할증요금이 적용된다. 할증요금은 km당 1.8~3즈워티이다. 싸고 서비스 좋은 콜택시 전화는 9191, 96-21(Plus Taxi), 96-22(Super Taxi), 96-23(Halo Taxi), 9624(Korpo Taxi)다. 영어가 되는 회사 번호는 9191(MPT), 96-44(Wawa Taxi)다. 전화를 하면 통상 5분 이내 도착한다. 일반택시와 호텔택시는 비싸거나 바가지 씌운다고 알려져 있다.

전기와 방충제

한국과 폴란드는 동일하게 220V 전기를 사용한다. 다만, 폴란드는 50HZ, 우리나라는 60HZ이다. 이 차이로 말미암아 한국에서 가져온 전자제품은 이따금 고장 난다.

아내가 옷장에 넣을 방충제^{insect repellent}(나프탈렌)를 사야 하는데, 폴란드말로 방충제를 뭐라 부르는지 몰라 며칠간 고민했다. 그러다가 폴란드 학생을 만나 방충제의 폴란드말을 물어보니 학생 왈, 그런 거 없고 필요 없단다. 이곳이 항상 서늘하고 여름이라 해도 공기가 차가워 곰팡이가 피지 않기 때문이라고 했다.

저기압과 두통

폴란드는 기압이 상당히 낮기 때문에 두통을 호소하는 경우가 있다. 폴란드에 오래 있다 보면, 정확한 원인은 모르지만 머리가 무겁거나 집에 오자마자 피곤해서 자는 일이 생긴다. 몽블랑과 같은 높은 산을 케이블카로 단숨에 올랐을 때 느끼는 현기증과 유사하다. 대체로 남자보다 여자들에게 증상이 더 많이 나타난다. 그곳 사람들은 생활의 지혜로 저기압을 이기려고 적포도주를 마신다. 어떤 사람은 진한 커피를 많이 마시거나 외출할 때는 두통약과 함께 초콜릿을 준비하고 필요할 때 먹는다고 한다. 그렇게 하면 두통이 완화된다고 한다.

미용과 서비스료

대부분의 미용실Salon Fryzjerski은 이발과 미용실을 겸한다. 폴란드 남성들은 짧은 스포츠 머리를 좋아하며, 가격은 1만 원 안팎 정도다. 10퍼센트 정도의 팁을 주면 서로 기분이 좋다. 원할 경우 가격을 더 받지 않고도 머리를 씻겨준다. 영업시간은 대개 평일은 8시까지, 토요일은 3시까지 영업하고 일요일은 쉰다. 한국 사람이 자주 가는 이발소는 Barber Salon으로 빌라누프 궁전 입구에 있다.

최근 한국 미용실이 바르샤바에 생겼다. H Studio(48-22643-0001)로 소개돼 있다. 메트로 나톨린^{Natolin} 역의 갈레리아 울시누프 1층에 있다.

폴란드는 체제전환 후 팁 문화가 뿌리를 내리지 않았다. 팁을 10퍼센트보다 적게 주거나 주지 않는다고 해서 큰 실수가 되는 건 아니다. 그러나 서비스업에 종사하는 식당 등의 웨이터, 웨이트리스와 택시운전사, 호텔이나 클럽의 벨 보이, 피자배달부, 이발사, 악기 연주자들은 팁 관습을 어느 정도는 기대한다.

노약자와 어린이 보호

여성 우대의 전통이나 장애인을 냉대하지 않는 사회 분위기는 서구에 공통적이지만, 폴란드는 특별히 노인들을 배려하는 관습이 있다. 버스나 트람에서 노인이 타면 대개 젊은이는 자리를 양보한다. 이러한 모습은 서유럽에서는 흔히 볼 수 없는 장면으로 우리와 비슷하다.

폴란드 사람들은 어린아이를 보면 언제나 다정다감한 마음을 드러낸다. 자기와 관계있는 아이에게만 그러는 게 아니라, 길거리에서 만나는 아이에게도 마찬가지 마음을 드러낸다. 아이가 이 나라에서는 거의 공공자산이라도 되는 것 같이 느껴질 정도다.

그런 만큼 이 나라에서는 어린아이가 어디에서 왔든 늘 주목의 대상이 된다. 가끔 폴란드의 할머니가 우리나라 어린아이의 옷차림을 걱정해준다는 이야기를 듣는다. 모자와 장갑, 스카프를 해야 한다느니, 외투가 있어야 될 것이라는 둥, 여름에는 썬 크림을 발라야 한다느니, 소매 긴 옷이나 챙이 긴 모자가 필요하다는 등등 ……. 아이에게 모자 씌우지 않고 다니다가 할머니에게 혼났다는 이야기도 있다.

그런 말들은 폴란드에서 어린이를 바라보는 어른들의 관심과 보호가 어느 정도인지를 말해준다. 그러기에 폴란드 사람들은 엄마가 아이를 데리고 있는 걸 보면 자신의 자리를 내놓기도 하고, 줄서서 기다리는 엄마와 아기에게는 줄 앞으로 가도록 양보한다.

혹시 폴란드 아주머니나 할머니, 할아버지가 유모차의 갓 난 아기에게 다정다감한 눈길을 보내거나 "오! 귀엽네!" 하면서 다가오면, 따뜻한 눈 맞춤으로 인사를 나누어도 좋다.

교통법규 준수

폴란드는 겨울철에 빨리 어두워지고 우기라 눈이 많이 온다. 순식간에 어두워지고 갑작스레 눈발이 날려 도로를 덮는다. 이런 비상 상황에 대비해 폴란드에서는 10월부터 2월까지 자동차는 예외 없이 전조등을 켜고 미끄럼을 막아주는 두툼한 스노우타이어를 달아야 한다. 전조등을 켜지 않는 차는 교통경찰관이 단속한다. 아기가 있는 사람은 차내에 반드시 아기 의자를 달고 있어야 한다. 시내에서 불법주·정차를 하지 않도록 한다. 차가 횡

단보도나 인도를 가로막고 주차하거나 유료주차티켓 없이 주차하면 과징금을 부과한다. 과속과 음주단속도 조심해야 한다.

대중교통수단

폴란드 국철(PKP)은 운행시각이 정확하다. 인터시티와 유로시티 기차가 있어 폴란드의 거의 모든 도시들을 연결한다. 이들 특급열차는 모든 좌석이 지정석이다. 바르샤바 중앙역 1층 홀에서는 당일 승차권을 판매하고, 반대편 2층에는 다음날 이후 지정 좌석 승차권을 판매한다. 중앙역은 매트로 첸트룸에서 내리며, 문화과학궁전 옆, 메리어트 호텔 맞은편에 있다.

버스회사(PKS)는 바르샤바와 지방도시, 폴란드와 유럽 각국 도시를 연결한다. 버스의 이용률이 높은 지역은 열차노선이 발달해 있지 않은 자코파네와 같은 산악지역이라고 할 수 있다.

시내 대중교통수단으로는 버스(autobus), 트람, 매트로가 있다. 대개 새벽 5시부터 밤 11시까지 운행한다. 정류장이나 정차장(Stop)에 가보면 노선별로 도착 시간이 적혀 있고 운행노선도 확인할 수 있다. 표는 한 가지이며, 버스와 트람, 매트로를 구분하지 않고 이용할 수 있다. 하루 동안 모든 종류의 대중교통수단을 자유로이 이용할 수 있는 표도 있다. 표는 정류장의 간이 매점(Kiosk) 혹은 회사체인(Ruch) 등에서 살 수 있다. 늦은 밤이나 매표소가 문 닫혔을 경우에는 운전사에게 직접 표를 구입할 수 있는데 25% 할증이 붙는데다 운전사가 귀찮아 하기 때문에 가능한 한 미리 표를 확보해두는 게 낫다. 매트로는 입구에서 개찰하지만, 버스나 트람은 승차해서 개찰한다. 일일표는 버스나 트람에서 한 번 개찰하면 24시간 개찰 없이 이용할 수 있다. 이따금 사복 입은 검표원들이 무임승차를 적발하기 위해 불시에 들이닥친다. 표를 가지고 있어도 개찰하지 않으면 무임승차로 간주되어 벌금을 물게 되므로 반드시 개찰해야 한다.

식품과 공산품

　　　　폴란드는 공산정부시기 인플레이션과 공급 부족에 시달려온 나라다. 그래서인지 기본 식료품의 값이 아주 싸다. 특히 공산시절 육류가격과 빵 부족으로 파업이 일어났던 만큼 이들 제품에 대해서는 언제나 부담 없는 가격이 매겨지고 있다. 빵과 감자, 잡곡 등 주식과 돼지고기, 쇠고기, 닭고기 등 육류가 그에 해당한다.

　그에 비해 공산품 가격은 낮지 않다. 물가 수준이 지속적으로 올라 현재 우리나라와 가격이 비슷한 상태다. 대부분의 상품들이 수입품 아니면 외국투자 기업들의 제품으로 싸지 않다. 유통구조나 기업의 공급조건 역시 시장반응이 늦어 가격 인하나 생산비 절감에 불리하다. 같은 수입 포도주인데 베를린보다 바르샤바가 더 비싸다든지 자동차 가격이 세계 어느 나라보다 비싸게 형성되어 있는 것이 그 예다.

쇼핑센터와 한국슈퍼

　　　　슈퍼마켓은 MokPol, MarcPol이 대표적이며 주로 주택단지 가까이에 있다. 하이퍼마켓은 시내를 벗어난 외곽에 있다. 대표적인 하이퍼마켓은 쟝트Geant, 오시앙Auchan, 까르푸Carrefeour, 레알Real, 마크로Makro, 테스코Tesco, 엘레크레크E.Leclerc 등이고, 가구종합쇼핑센터는 양키Janki의 이케아Ikea, 전자제품은 미디아Media 마켓이다.

쇼핑센터는 시내 한복판에 있는 갈레리아 첸트룸Galeria Centrum, 북쪽의 아르카디아Arkadia, 서쪽의 블루시티Blue city, 남쪽의 갈레리아 모코투프Galeria Mokotow, 사디바 베스트 몰Sadyba Best Mall, 강 건너편의 프로매나다Promenada, 즈워티 타라스Złoty Taras가 유명하다.

의류와 잡화를 취급하는 막시무스Maximus 도매 매장이 시남쪽의 나다진에 있다. 이중 모코투프 갈레리아가 우리나라 사람에게 가장 친숙하다. 중간 소득층을 대상으로 하고 있어 많은 사람들이 찾는다. 꼭대기 층에 볼링, 식당가, 영화관이 있다. 프로매나다는 상류층 소비자들을 대상으로 고급 매장들이 입점해 있다. 블루시티는 폴란드에 처음 등장했던 대형 쇼핑센터다.

　　　　한국슈퍼는 수제브Służew역 란드LAND 쇼핑센터 건물 2층에 있다. 한식당 겸 일식당 '아카사카 한강'의 내부 코너에 있다. 아시안 마켓Asian House

은 갈레리아 모코투프Galeria Mokotow 1층에 있다. 주로 어류 등 수산물을 취급하며 동양인들이 즐기는 소스와 면류를 판다. 태국산 자스민 쌀 등이 우리 입맛에 맞으며 두부 등이 다른 곳보다 싸다. 굴 소스Fish sauce, 찹쌀, 찹쌀가루, 녹두 등이 있다.

과자, 주류

초코렛이 많다. 그 중 유명한 것은 베델Wedel사의 초코렛이다. 또 다른 특이한 것으로는 토룬Torun의 생강맛 나는 진저브레드 제품(Torunskie Pierniki, Katarzynki)이다. 초코렛은 누구나 좋아하지만, 진저브레드는 독특한 향이 있어 사람에 따라 선호도가 다르다. 참깨 과자는 한국 사람이 좋아하는 제품이다.

폴란드의 술은 부드카로, 이미 소개한 조옹드코바 고르슈카Zoladkowa Gorzka 외 쇼팽의 사진이 실린 쇼팽 보드카, 독특한 식물 향기를 맡을 수 있는 주브루브카Zubrowka, 그 외 미주지역에서 최고급 술로 판매되는 Belvedere 보드카가 있다. 그 외 뷔보르바Wyborwa 보드카와 꿀술(mead)이 있는데 가장 좋은 꿀술로는 푸우토락Pół torak을 추천한다.

선물 품목

호박(Amber)은 발틱 해안이 주산지로 폴란드의 특산물이다. 우리나라 취향에 맞게 잘 세공한 보석을 취급하는 교민 가게가 빌라누프에 있다. 색깔이 진할수록 오래된 호박이라고 한다. 은제품도 특산품이다. 은 매장량이 많은 국가로서 은을 이용한 보석 제품을 많이 생산한다. 풍부한 은과 호박을 결합한 물건이 많다.

파란색 바탕의 물방울무늬 문양이 특색인 폴란드 전통 도자기도 유명하다. 19세기부터 시롱스크(실레지안)에서 작은 상像이나 자기세트를 만들어왔다고 한다. 오늘날에도 도자기의 주산지는 폴란드 남서부의 볼레스와비에치 Boleslawiec다.

크리스탈 제품은 비싸지 않은 게 장점이다. 인기 있는 아이템으로 꽃병과 유리컵, 유리물병, 머그잔, 촛대가 있다. 비엘리츠카 미용소금이 있는데, 물에 타서 거품목욕을 하면 피부가 고와진다고 한다. 비엘리츠카 암염을 깎아 만든 소금등도 인기 있다. 그 외에 가죽 보석함, 동 조각품, 목각조각, 민속인형 등이 있다. 우리나라 사람이 운영하는 보석류 및 그릇 선물가게가 빌라누프 입구에 있다. 그 외에도 가죽 보석함, 모피, 카페트, 자수용품, 실크, 목각조각, 민속인형 등이 있다.

• 그릇 선물가게: 교민이 선물의 집을 운영한다.
Wilanow gallery: 호박, 은, 크리스털, 전통 목공예품, 그림, 거위털 이불 Tel(48) 509-312-866
Kim's Center: 전통 도자기, 그릇, 찻잔, 그림 Tel(48-22) 651-7030

자동차 매각과 국내 반입

중고 자동차를 팔려면 먼저 딜러의 가격산정을 받아볼 필요가 있다. 딜러는 중고자동차 매장, 특히 자동차 메이커 정비소나 신차 매장에 함께 있는 경우가 많다. 자동차 위탁 판매를 요청하면 산정된 가격으로 팔아주고 현금을 원하면 그 가격보다 10퍼센트 낮은 금액을 제시한다. 딜러 산정가격은 매수-매각의 차익을 염두에 둔 평가액이므로 수요자에게 직접 팔 경우 그보다 많은 금액을 받을 수 있다.

살 사람을 찾는 일은 교민 중에 차가 필요한 사람을 찾아보거나 인터넷과 신문에 광고 내는 두 가지이다. 빨리 파는 방법은 가격을 대폭 낮추면 된다. 한국 사람끼리 인수인계하면 의사소통 잘 되고 비교적 간편하게 진행되는 반면, 나중에 원망을 들을 우려가 있다. 또 하나 인터넷 판매사이트 www.allegro.pl을 이용하여 광고 올리는 방법으로 비용은 20즈워티 정도로 싸다.

구매자가 관심을 표명하면 약속을 하고 만나 자동차를 보여준다. 대개 구매자는 기술자나 전문가를 대동하고 자동차의 상태를 상세하게 체크한다. 차의 외관, 사고 여부(페인트 두께 측정), 본네트 내부, 엔진 켜보고 관찰, 직접 시운전, 기타 겨울타이어 구비여부, 각종 옵션 상태를 본다. 수요자들이 중시하는 요소는 수입 중고차인지, 정비기록을 유지하는지, 사고가 있었는지 등이다. 당연히 이 나라에서 출고한 차, 정비기록이 있는 차, 사고 없었던 차를 선호한다. 구매자가 만족하면 바로 가격을 합의하고 계약서를 작성해 주고 받는다. 이때 파는 사람에게 필요한 것은 자동차 카드, 정비기록, 보험증서, 자동차 등록증, 예비 키, 체류증이나 여권 같은 ID 카드이다.

귀국하는 사람은 자동차를 국내에 반입할 수 있다. 다만, 외제 자동차의 경우 일정률의 관세를 부담해야 하고 면세 조건이 까다롭다. 외제차를 면세 받으려면 중고차든 신차든 자신의 명의로 3년간 소유해야 한다. 세금 내고 수송비를 포함하면 국내에 반입할 이점이 적어진다. 그러나 국산차는 국내에 가져갈 경우 면세다. 그렇지만 국내에 흔한 국산차를 폴란드에서 비싸게 주고 사서 다시 국내에 들여갈 이유가 없다.

이삿짐 운송

한국에서 폴란드로 이삿짐을 운송하면(해운 기준) 약 2개월이 걸린다고 한다. 이사비용은 서울에서 바르샤바로 가는 컨테이너 가격은 비싸고, 반대로 가져올 때는 그보다 훨씬 싸다. 바르샤바에서 서울까지 컨테이너 한 개의 이사짐 운송비가 대략 250만 원이 된다. 짐이 적다면 일부는 우체국을 통해 보내고 일부는 비행기 탈 때 화물로 보낸다.

한국으로 이삿짐을 보낼 때 주의할 물건은 그림과 엔틱이다. 이것을 폴란드 밖으로 가져가려면 정부의 허가를 받아야 한다. 엔틱은 모두 한번쯤은 확인할 필요가 있으며, 특히 칼이나 대검 같은 무기류는 국내에서 총포도검화약류단속법에 의해 반입이 제한된다. 사전에 승인을 받은 품목에 한해 반입이 허용된다. 승인 없이 가져오면 압류되고, 몰래 이삿짐 속에 숨겨오면 불법이 된다. 압류된 무기류 엔틱은 일단 유치했다가 폴란드로 되가져가게 하거나 소정의 기간이 지나면 폐기처분한다.

비즈니스 팁

비즈니스 목적으로 폴란드 사람을 상대해본 경험은 없지만, 폴란드 사람들과는 친교관계를 오래 유지했다. 그들과는 서로 약속을 지키고 초대하는 등 신뢰관계가 형성될 경우 유대감이 생긴다. 또한 상대가 정말 원하는 것을 얻어주고, 애로사항을 해결해주면 가족같은 우대를 받을 수 있다. 나는 할 수 있지만, 상대는 할 수 없는 것을 해주는 도움꾼이 되자. 그러면 상대도 보답하게 된다. 물질뿐만 아니라 마음으로 가족이나 친척 같이 대우해준다. 그래야 굳건한 거래관계가 이루어진다.

폴란드에 대한 지식과 역사 문화에 해박한 것도 비즈니스에 도움이 될 수 있다. 더 중요한 것은 그들의 것을 좋아하고 그들과 어울리면서 인간관계를 심화시키는 일이다. 그들의 음식을 좋아하고 그들과 점심을 자주 먹는 것도 한 방법이다. 예전에 나의 경우 2년간 폴란드 친구들과 늘 함께 폴란드 식당에 가서 폴란드 음식을 먹었다. 내가 맛있다고 좋아하니, 그들도 자기나라 음식을 즐기는 나를 좋아해 밥 먹을 때마다 챙겨주었다. 이러한 행동 하나하나가 그들과 친하게 지낼 수 있는 요인이 된다고 생각한다.

한-폴 경제관계

한국과 폴란드는 1989년 11월 1일 수교의정서에 서명하면서 외교관계를 수립하였고, 같은 해 11월 27일에는 주한 폴란드 대사관이 문을 열었다.

양국관계는 주로 경제적 관계를 중심으로 발전하고 있으며, 한국의 폴란드에 대한 투자가 가장 큰 관심사이다. 한국기업들은 유럽연합과 러시아, 동유럽 시장을 공략하기 위해 폴란드를 거점으로 투자한다. 이에 비해 폴란드는 시장경제로 전환하는 과정에 필요한 자본과 기술 도입을 위해 외국인투자 유치에 진력한다. 해외 자본은 폴란드의 수출과 기술도입, 실업문제를 한꺼번에 해결할 수 있는 장점이 있기 때문이다. 한국의 폴란드 투자는 약 13.1억 달러로 아시아 국가들 중에서는 가장 많다. 투자액의 90%는 자동차, 가전을 중심으로 한 생산설비 투자다.

폴란드에 진출한 한국기업은 10여 개에 이른다. 대표적인 회사는 브로추와프의 엘지필립스이며, 그 외 TV 등을 생산하는 LG전자와 대우전자, PET병 원료를 생산하는 SK Eurochem, 자동차용 유리를 생산하는 한국유리 등이 있다. LG전자는 바르샤바 북쪽 무와바시에 TV공장을 가지고 있는데, 추가로 제2공장을 짓고 있어 언론의 주목을 받고 있다. 대우전자는 바르샤바 인근 프루슈쿠프 TV공장을 확장하고 있으며, SK 케미칼은 폴란드 서북부 지역 브오츠와벡에 PET 병 제조공장을 완공하여 현재 가동 중이다.

서비스업으로 자동차 판매 및 정비 서비스업을 하는 현대자동차, 기아자동차를 포함하여 23개 사가 나와 있다. 무역은 2012년 현재 43억 달러 규모로, 우리나라가 흑자를 기록하고 있다. 자동차, 전자제품, 합성직물, 휴대폰 등을 수출하고 폴란드로부터 통신부품, 철강, 화학제품, 돼지고기 등을 수입한다.

한국학과 학생들

바르샤바 대학과 포즈난의 아담 미츠키예비츠 대학은 한국학과를 개설해 한국말, 한글을 가르치고 있다. 여기서 졸업한 학생들은 짧은 기간 우리나라에 와서 어학연수 겸 문화탐방을 하고 가거나 좀 더 긴 기간 동안 학위과정을 밟고 돌아간다.

폴란드에 생활하면서 한국학과 학생들과 졸업생들을 많이 만날 수 있었다. 재학생들은 한국인 가정에 와서 영어나 폴란드어를 가르치는 경우가 많아 만나게 되고, 졸업생들은 한국어 통역관으로서 혹은 공증인, 업무대행으로 일하므로 역시 만날 수 있다. 뿐만 아니라 KOTRA 혹은 엘지전자, 대우, 삼성, SK 등 우리나라 현지 투자업체에 고용되어 근무하는 사람도 있고, 판매망을 운용하는 현대·기아자동차, 전자업체 메이커 등에 와서 종사하기도 하며, 중소 무역업체 직원으로나 한국식당 등 서비스업에 고용되어 종사하기도 한다. 많은 부분 한국 사람을 필요로 하는 곳에 가서 일하므로 한-폴 우호관계에 기여한다고 할 수 있다.

그렇지만 이들 졸업생들은 한국어만 하는 게 아니므로 반드시 한국 업체와 교민사회에 머무르는 건 아니다. 자기발전을 위해 더 나은 직장, 기회가 많은 곳, 발전 가능성이 큰 나라나 업체로 가서 일하고자 한다.

한국 교민 수

외교부 재외동포 현황에 따르면, 2011년 현재 폴란드에는 한국 사람 1,156명이 거주하고 있다. 이중 영주권자가 52명, 일반 체류자가 856명, 유학생이 248명이다.

지역적으로는 바르샤바에 500여 명, 브로추와프에 400여 명, 그 외 크라쿠프, 우찌 등에 110여 명 거주하는데 교민 수는 계속 늘고 있다. 2005년에 516여 명이었다가 2007년에 982명, 2009년에 1,034명, 2011년에 1,156명으로 늘어났다.

이곳 동포들은 지상사 주재원이 50퍼센트, 자영업자가 26퍼센트, 유학생이 14퍼센트로서, 교포사회를 구성하는데 어려움을 겪고 있다. 1999년 대우 사태가 터지기 이전에는 대우 FSO 가족을 중심으로 한인회가 구성되는 등 교민사회가 구성되었으나, 1999년 이후 거의 붕괴되었다. 한때 슬로바키아와 경합하던 기아자동차의 투자가 폴란드로 결정될 듯 했으나, 기대가 깨어져 교민들의 실망이 많이 컸었다. 다행히 엘지전자가 브로추와프에 대규모 투자를 하면서 브로추와프를 중심으로 한국인 민박과 식당, 교회가 생겨 번창하고 있다.

두 나라간 인적 교류를 보면, 한국에서 연간 5만 7천 명이 폴란드를 방문하고 폴란드에서 6천여 명 정도 방한한다.

주요 단체와 한인식당

외교부가 파악한 2012년도 폴란드의 주요단체 현황을 보면, 14개 단체가 활동중이다. 이 단체 속에는 한글학교와 종교단체가 포함된다.

바르샤바와 브로추와프에는 한국 주재관이나 투자기업의 법인장들을 중심으로 하는 지상사협의회가 결성되어 있다.

우리나라 교과과정을 가르치는 학교로는 폴란드에 세 곳이 있다. 바르샤바 한인학교(학생수 75명), 브로추와프 한글학교(59명), 포즈난 한글학교(13명)가 그것이다.

교회는 바르샤바에 네 곳(한인교회, 임마누엘교회, 한인천주교회, 폴란드 대학연합교회)이 있고, 브로추와프에 두 곳(한인교회), 포즈난에 두 곳(한인교회, 아름다운 교회)이 있다. 규모는 바르샤바 한인교회와 프로추와프 한인교회가 가장 크다. 교회 창립은 바르샤바 한인교회가 폴란드의 탈공산 직후인 1992년에 문을 열어 역사가 가장 깊고, 그 뒤를 이어 천주교회가 96년, 임마누엘교회가 99년에 세워졌다. 나머지 교회들은 엘지 필립스가 브로추와프에 들어온 2006년 이후에 세워졌다. 이들 교회는 교민사회의 중추로서 외국에 나와 생활하는 우리나라 사람에게 큰 힘이 되고 있다. 각 교회는 별도의 홈페이지나 카페를 가지고 있으므로 누구나 찾아볼 수 있다.

한인회도 결성되어 있으며, 홈페이지가 있으므로 '폴란드 한인회'를 검색하면 해당 사이트에 들어가 볼 수 있다.

한식당은 이 나라에서 하나의 트랜드이기도 하지만, 대개 일식당을 겸하고 있다. 오래전부터 있었던 대표적인 식당은 바르샤바의 수제브Służew에 있는 아카사카AKASAKA 한강과 빌라누프Wilanów에 있는 라스LAS다. 그 외 서울가든(Oh! Sushi)과 막 오픈했던 아카시아AKASHIA가 있었다. 지금은 가야KAYA, 소라SORA, 신라Shilla가 더 있다고 한다. 브로추와프에는 2006년 이후 다래DAREA,

다원, 서울바가 생겼다. 연락처는 폴란드 한국대사관 홈페이지에 나와 있다.

현지사람과 언어소통

　　한국에서 폴란드로 가는 사람 중 대부분은 폴란드어를 모른다. 교민과 학위과정 유학생, 어학을 전공한 사람 정도만 폴란드어를 기대할 수 있을 것이다. 그렇지만 폴란드어를 배우지 않아도 생활에 중요한 단어들을 익히고 '진 도브리' 같은 간단한 인사말 정도를 구사하면 생활에는 지장이 없다. 모르는 사람끼리도 눈 마주침을 하고 인사를 주고 받으면 현지화 된다. 가게에 들어서거나 아침에 산책하다가 사람을 만났을 때 주저 말고 인사를 하자. 그러면 폴란드 사람들은 금방 얼굴이 밝아지고 친절한 반응을 보인다.

　　폴란드어 알파벳 정도는 알아두자. 최소한 거리 곳곳에 나붙어 있는 폴란드말과 상품명을 어떻게 읽는지 정도는 알아야 원하는 것을 찾고 구할 수 있다. 또 그로 인해 주요 명칭이나 지명, 이름을 읽을 줄 알게 되어 현지 생활에도 도움이 된다.

　　자동차 여행을 할 때도 마찬가지다. 폴란드어는 몇 가지 생소한 알파벳을 발음할 줄 알면 쉽게 읽을 수 있다. 단어를 구성하는 알파벳을 소리 나는 대로 발음하고 단어 앞쪽에 엑센트를 둔다. 단어를 구성하는 알파벳에 S나 Z가 굉장히 자주 들어가니 이들 발음을 잘 하는 게 중요하다. 영어와 마찬가지로 'Z' 발음을 정확하게 하지 않으면 알아듣지 못한다.

a(아), ą(옹), b(ㅂ) c(츠), ć(치), d(ㄷ), e(에), ę(엥), f(ㅍ), g(ㄱ), h(ㅎ), I(이i),
j(이y), k(ㅋ), l(ㄹ), ł(w), m(ㅁ), n(ㄴ), o(오), ó(우), p(ㅍ), r(r), s(ㅅ), ś(쉬),
t(ㅌ), u(우), w(v), y(이), z(z), sz(sh), cz(tch), ch(흐), rz(ż쓰)

한 가지 재미있는 것은 유난히 영어를 구사하고 싶어하는 이 나라 사람들 덕분에 영어밖에 모르는 사람이 종종 대접받는다는 사실이다. 폴란드 말이 유창한 사람은 상대적으로 피해본다고나 할까? 그들로서는 불만이라면 불만 이다. 제나라 말 쓰는 외국인보다 영어를 구사하는 외국인에게 더 친절하기 때문이다.

검색 사이트

폴란드를 방문하기전 아래 웹사이트의 유용한 정보들을 참고한다.
- 대표적인 검색 사이트 : http://www.onet.pl
  http://www.google.pl/
- 쇼핑 및 옥션 : http://www.allegro.pl
- 국가 공식 사이트 : http://poland.pl
- http://www.seoul.trade.gov.pl/ko
- http://www.poland.travel/en
- http://www.poland.gov.pl

▶ 긴급 시 연락처
화재 : 998, 응급환자 : 999, 경찰 : 997, 휴대폰 사용자 : 112, 전화안내 : 913

꼭 알아야 할 폴란드어

간단한 인사

진 도브리Dzień dobry 만나면 하는 인사 ※ 언제 어디서고 폭넓게 쓰이는 인사말

도브리 비에추르Dobry wieczór 저녁인사

도브라노츠Dobranoc 밤 인사

도비제니아Do widzenia, 체시치Cześć 헤어질 때 하는 인사

도 조바체니아Do zobaczenia 다음에 봐

프셰프라샴Przepraszam 미안합니다

지엥쿠에Dziękuję 감사합니다

지엥쿠에 바르죠Dziękuję bardzo 대단히 감사합니다

바르조 미 미워Bardzo mi miło 천만에요

질문과 대답, 접속사, 부사

딱Tak 예

니에Nie 아니오

수함Słucham 다시 한 번 말해주세요

자라즈Zaraz 잠깐

테라즈Teraz 지금

띨코Tylko 단지

도브제Dobrze 좋다

프로셰Proszę 부탁합니다

408

들라체고Dlaczego   왜

지엔dzień   낮에

비에추르wieczór   저녁에

노츠noc   밤에

테라즈teraz   지금

유트로jutro   내일

키에디Kiedy   언제

약 두우고 Jak długo   얼마나, 얼마동안

일레Ile   얼마?

일레 코스튜예 Ile kosztuję   얼마입니까?

드로고Drogo   비싸다

니에 비엠 Nie wiem   모르겠습니다

이i   그리고

알레ale   그러나

양식기입

- 신청서에 기입해야 할 항목들

  판Pan / **파니**Pani   호칭 여자/남자

  나즈비스코nazwisko   성(姓)

  이미엥imię   이름

  신syn   아들

  추르카corka   딸

  이미엥 오이차imię ojca   아버지 이름

  이미엥 마트키imię matki   어머니 이름

  푸에치plec   성별

엠 자미에슈카니아m. zamieszkania 거주지

아드레스adres 주소

울리차ulica 거리

누메르 파슈포르투numer paszportu 여권번호

나로도보시치narodowosc 국적

코레아인스카Koreanska 한국인

오드0d~**도**Do 언제부터 언제까지

자부드zawod 직업

다타data 생년월일

록rok · **미에시옹치**miesiac · **지엔**dzien 년 · 월 · 일

미에이스체 우로제니아miejsce urodzenia 출생지

크라이 우로제니아kraj urodzenia 출생국

스탄 치빌니stan cywilny 사회적 신분 혹은 교육정도

죠나티zonaty 기혼

자멜도바니아zameldowania 일종의 주민등록초본

호텔 등 숙소

포쿠이pokói 방

크루츠klucz 열쇠

펜쇼나트pensjonat 펜션

슈로니스코schronisko 유스호스텔

예드노 오소보비jednoosobowy 1인실

드부 오소보비dwuosobowy 2인실

카나파kanapa 소파

바렉barek 미나바

렝츠닉ręcznik   수건

마그네토비드magnetowid   비디오

피에니옹제pieniądze   돈

쿠르스kurs   환율

칸토르kantor   환전소

즈워티złoty   폴란드 화폐 단위

식사와 의상, 장식

• 식사

시니아다니에śniadanie   아침(오전 7~11시)

오비아드obiad   점심(오후 1~6시)

수페르supper   저녁(오후 7~10시)

• 의류

우브라니에ubranie   옷

부티buty   신발

가르니투르garnitur(男) / 가르손가garsonka(女)   정장

스포드니에spodnie   바지

스푸드니차spódnica   스커트

코슐라koszula   셔츠

푸아슈츠płaszcz   코트

쿠르트카kurtka   자켓

스렙미srebrny   은

콜치키kolczyki   귀걸이

바존wazon   꽃병

꽃과 색깔

미워시치miłość   사랑

크비아티kwiaty   꽃

루자róża   장미

투리판tulipan   튤립

체르보니czerwony   빨강

주우티żółty   노랑

비아위biały   흰색

차르니czarny   검정

니에비에스키niebieski   파랑

브롱조비brązowy   갈색

루조비różowy   핑크

샤리szary   회색

지엘로니zielony   녹색

나라 이름

레푸브리카 코레이 Republika Korei, **코레아 포우드니오바**Korea Południowa
    한국

코레안스키Koreanski   한국인

뽈스카Polska   폴란드

폴카Polka   폴란드 남자

폴콩Polka   폴란드 여자

폴스키Polski   폴란드어

아메리카닌Amerykanin   미국 남자

아메리칸카Amerykanka   미국 여자

앙기엘스키Angielski   영어

프란치아Francja   프랑스

프란추스francuz   프랑스 남자

프란추스카Francuzka   프랑스 여자

프란추스키Francuski   프랑스어

니엠치Niemcy   독일

니에미에치Niemiec   독일 남자

니엠카Niemka   독일 여자

니에미에츠키Niemiecki   독일어

앙글리아Anglia   영국

앙글릭Anglik   영국 남자

앙기엘카Angielka   영국 여자

앙기엘스키Angielski   영어

로시아Rosja   러시아

로시아닌Rosjanin   러시아 남자

로시안카Rosjanka   러시아 여자

로시이스키Rosyjski   러시아어

체히czechy   체코

스워바치아Słowacia   슬로바키아

비아워루시Białoruś   벨라루스

리트바Litwa   리투아니아

워트바Łotwa   라트비아

다니아Dania   덴마크

슈베치아Szwecja   스웨덴

노르베지아Norwegia   노르웨이

장소 표현 단어

뚜따이tutaj 여기

토알레타toaleta 화장실

쿠치니아kuchinia 부엌

두지duży 큰

마위mały 작은

그지에gdzie 어디

스타레 미아스토stare miasto 올드 타운

카비아르니아kawiarnia 카페

스크렙sklep 상점

파브리카fabryka 공장

카사kasa 수납처

미에슈카니에mieszkanie 아파트

까페에서

켈네르kelner 웨이터

켈네르카kelnerka 웨이터리스

라후넥rachunek 영수증

나포에Napoje 음료

헤르바타herbata 차

까바kawa 커피

믈레코mleko 우유

속sok 쥬스

보다woda 물

보다 미네랄나 베즈가주woda mineralna bezgazu 생수

보다 미네랄나 즈 가젬woda mineralna z gazem, **보다 가조바나**woda gazowana
　　탄산수

속 포마란초비sok pomarańczowy　오렌지 쥬스

리키에르likier　술

비노wino　포도주

비노 비아웨wino białe　백포도주

비노 체르보네wino czerwone　적포도주

샴판szampan　샴페인

피보piwo　맥주

부드카wódka　보드카

▎공연, 우체국

- 공연 관련

　　나로도비narodowy　국립

　　테아트르teatr　극장

　　키노kino　영화관

　　슈투카sztuka　연극

　　카사kasa　매표소

- 우편물 관련

　　포츠타poczta　우체국

　　코드 포츠토비kod pocztowy　우편번호

　　파츠콩paczka　소포

　　포츠타 로트니차poczta lotnicza　항공우편

　　포츠타 모르스카poczta Morska　해상우편

　　리스트 폴레초네list polecony　등기우편

프리오리테트priorytet 속달 ※ 항공우편 의미도 있음

에코노미츠네ekonomiczny 일반

즈나츠키 포츠토베znaczki pocztowe 우표

식사와 맛

레스타우라치아restauracia 식당

스마츠네고Smacznego 많이 드세요

나즈드로비에Na zdrowie 건배

즈드로비에zdrowie 건강

수루브카 야지노바surówka Jarzynowa 절임 샐러드

카이제르카kajzerka, 부우카bułka 작은 빵(바게트)

흐렙chleb 큰빵

퐁책paczek 도너츠

프리트키frytki 프렌치 후라이

술sól 소금

추키에르cukier 설탕

피에프르스pieprz 후추

허잔chrzan 서양 고추냉이

주파zupa 수프

바르슈츠barszcz 비트뿌리 수프

로오수rosół 닭고기를 우려낸 수프

포미도로바pomidorowa 마토 수프

쥬렉źurek 빵 수프

짐나zimna 차다, 식었다

자 크바시나za kwaśna 너무 시큼하다, 시다

자 **오스트라**za ostra　너무 맵다

자 **스워나**za słona　너무 짜다

자 **스워드카**za słodka　너무 달다

자 **투우스타**za tłusta　기름기 있다

비고스bigos　스튜

골롱카golonka　돼지 무릎살코기

고옹브키gołąbki　고기를 채운 양배추 요리

피에로기pierogi　러시아식 만두

나레시니키naleśniki　펜케이크

사와트키sałatki　샐러드

스마조니smażony　튀긴

고토바니gotowany　삶은

벵조니wędzony　훈제한

미엘로니mielony　저민

비스마조니wysmażony　웰던(well-done)

로디lody　아이스크림

치아스트코ciastko　쿠키

토르트tort　케이크

크렘krem　크림

체코라다czekolada　초콜렛

▌마트와 음식재료

미엥소mięso　육류

보워비나wołowina　쇠고기

비에프소비나wieprzowina　돼지고기

바라니나baranina   양

치에렝치나cielęcina   송아지고기

코트렛트kotlet   살코기

포렝드비차poledwica   안심

안트리코트antrykot   등심

피에치엔pieczeń   구운것, 스테이크

카르코프카 비에프소바karkowka wieprzowa   돼지 목살

보첵boczek   삼겹살

슈하브schab   돼지고기 토막

골랜 보워비golen wolowy   소 사골

오곤ogon   꼬리

골렘golem   족(足)

와브트카lawtka   장조림용

키에우바사kiełbasa   소세지

쿠르착kurczak   닭고기

카츠카kaczka   오리

인딕크indyk   칠면조

바잔트bażant   꿩

뤼비ryby   생선

마크렐라makrela   고등어

쉬레즈śledź   청어

툰칙tunczyk   참치

프스트롱그pstrag   송어, 산천어

크레베트키krewetki   새우

워소쉬łosoś   연어

민타이mintaj 명태

하리부트halibut 도미

도르슈dorsz 대구

필레트filet 살코기

마카론makaron 국수

지엠냐키ziemniaki 감자

야부코jablko 사과

비쉬니에wisnie 검은 체리 / **체레시네에**czeresnie 빨간 체리

포마란차pomarancza 오렌지

만다린카mandarynka 귤

파프리카papryka 고추

비아와 조드키에프biala rzodkiew 흰 무

카푸스타kapusta 양배추

파솔카fasolka 콩

세잠sezam 깨

포미도르pomidor 토마토

그쥐비grzyby 버섯

소스 오스트리고비sos ostrygowy 굴 소스

타바코스tabacos 핫 소스

오체트ocet 식초

세르ser 치즈

마스워masło 버터

쉰카szynka 햄

몽카mąka 밀가루

몽카 젬냐차나mąka ziemniaczana 전분

미우드miod 꿀
미두오mydło 빨래비누

계절, 월, 요일, 날짜, 숫자

비오스나wiosna 봄   라토lato 여름
예시엔jesień 가을   지마zima 겨울

스티첸styczeń 1월   루티luty 2월
마르제치marzec 3월   크비에치엔kwiecień 4월
마이maj 5월   체르비에츠czerwiec 6월
리피에츠lipiec 7월   시에르피엔sierpień 8월
프제시엔wrzesień 9월   파즈지에르니크październik 10월
리소토파드listopad 11월   그루지엔grudzień 12월

포니에지아웩poniedzialek 월요일   브토렉wtorek 화요일
쉬로다środa 수요일   츠바르텍czwartek 목요일
피옹텍piątek 금요일   소보타sobota 토요일
니에지엘라niedziela 일요일

지시아이dzisiaj 오늘
프초라이wczoraj 어제
유트로jutro 내일

예덴jeden 1   드바dwa 2   취trzy 3
츠테리cztery 4   피엥치pięć 5   쉐시치sześć 6

시에뎀siedem 7   **오시엠**osiem 8   **지에비엥치**dziewięć 9

지에시엥치dziesięć 10   ※11부터는 끝에 **시치에**naście 를 붙이면 된다.

이동수단과 교통, 단속, 안내판

뷔야스트wyjazd 출구

비야스트wjazd 입구

로트니스코lotnisko 공항

사모후드samochod 자동차

트람바이tramwaj 전차

아우토부스autobus 버스

포치옹그pociąg 기차

사모로트samolot 비행기

바르샤바 첸트랄나 Warszawa centralna 바르샤바 중앙역

메트로metro 지하철

벤지나benzyna 휘발유

베조워비오바bezołowiowa 무연의

폴리치아policja 경찰

도쿠멘트dokument 서류(여권, 신분증, 학생증, 운전면허증)

프라보 야즈디prawo jazdy 운전면허증

미이니아myjnia 세차장

우바가uwaga 조심!

토알레타toaleta 화장실

빌렛 아우토부소비bilet autobusowy 버스표

빌렛 노르말니bilet normalny 보통 표

빌렛 울고비bilet ulgowy 학생 할인티켓

교스크Kiosk　매점
루흐Ruch　교스크를 운영하는 회사

탁수브카taksówka　택시
프로스토Prosto　직진
스후트wschód　동쪽
포우드니에południe　남쪽

나 레보na lewo　좌회전
나 프라보na Prawo　우회전
자후드zachód　서쪽
푸우노츠północ　북쪽

병원과 질병, 치료

호리chory　아프다
슈피탈Szpital　병원
포고토비에pogotowie　엠뷸런스
레카르스lekarz　남자 의사
레카르카lekarka　여자 의사
덴티스타Dentysta　치과의사
스토마톨로기야Stomatologia　치과
아프테카Apteka　약국
렉 나 프제지엠비에니에Lek na przeziebienie　감기약
카타르katar　코감기
그리파grypa　감기
카타르Katar, 카셸kaszel　기침
고롱츠카Goraczka　열
불ból　통증
불 궈비Ból glowy　두통
불 젱바Ból Zeba　치통

자팔레니에Zapalenie 염증

스탄 로프니Stan ropny 상처에서 나는 화농성 염증 상태

볼리 므니에 조용덱Boli mnie zoladek 배가 아프다

볼롱 므니에 오취Bola mnie oczy 눈이 아프다

포 예제뉴Po jedzeniu 식후에

세르체serce 가슴

푸우차płuca 폐

프레치plecy 등

가르두오gardło 목구멍

노스nos 코

렝카ręka 손, 팔

코라노kolano 무릎

크레브krew 피

궈바głowa 머리

조옹테크żołądek 위장

우스타usta 입

오코oko, 오취oczy 눈

종브ząb, 젱비zęby 이

노가noga 다리

스토파stopa 발

기타 일상생활

지에치dzieci 어린이

가제타gazeta 신문

미에슈카니에mieszkanie 아파트

제로xero 복사

우니베르시테트uniwersytet 대학교

첸트룸centrum 시내

카르타karta 카드

뷰로biuro 사무실

자멕zamek 성(城)

매블레meble 가구

가보고 싶은 나라
알수록 재미있는 나라 **폴란드**

초판 1쇄 인쇄 2013년 8월 12일
초판 1쇄 발행 2013년 8월 20일

지 은 이 윤 현 중
펴 낸 이 주 혜 숙
펴 낸 곳 역사공간
　　　　　서울시 마포구 서교동 463-31 플러스빌딩 3층
　　　　　전화 : 02-725-8806~7, 02-325-8802
　　　　　팩스 : 02-725-8801
등록　　　2003년 7월 22일 제6-510호
ISBN 978-89-98205-17-1 03920

가격 17,000원